5백년 명문가의 자녀교육

5백년 명문가의 자녀교육

초판 1쇄 발행 2005년 8월 8일 **재판 1쇄 발행** 2006년 8월 19일
재판 28쇄 발행 2022년 5월 20일

지은이 최효찬
펴낸이 이승현

편집1 본부장 한수미
에세이1 팀장 최유연
기획 H2_기획연대

펴낸곳 ㈜위즈덤하우스 **출판등록** 2000년 5월 23일 제13-1071호
주소 서울특별시 마포구 양화로 19 합정오피스빌딩 17층
전화 02) 2179-5600 **홈페이지** www.wisdomhouse.co.kr

ⓒ 최효찬, 2005

ISBN 89-5913-110-5 03900

●● 최효찬 지음

자녀교육의 해법을 일깨워주는 훌륭한 지침서

나는 글자를 알기 전에 먼저 책을 알았습니다. 어머니는 내가 잠들기 전 늘 머리맡에서 책을 읽고 계셨고, 어느 책들은 소리 내어 읽어주시기도 했습니다. 특히 감기에 걸려 신열이 높아지는 시간에도 어머니는 소설책을 읽어주셨습니다. 겨울에는 지붕 위를 지나가는 밤바람 소리를 들으며, 여름에는 장맛비 소리를 들으면서 나는 어머니가 읽어주시는 책을 통해 상상의 세계로 빠져들었습니다.

좀더 자라서 글을 익히고, 스스로 책을 읽게 되고, 무엇인가 글을 쓰기 시작한 뒤에도 나는 언제나 어머니의 손에 들려 있던 책을 기억합니다. 어머니가 들려주시던 그 환상의 책은 60년이 지난 지금 나의 서재에 수만 권의 책을 쌓게 했고, 수십 권의 책을 쓰게 하였습니다. 내가 매일 퍼내 쓸 수 있는 상상력의 우물을 가지고 있다면,

또 언어의 저울을 가지고 있다면, 그것은 오로지 어머니가 들려주신 책에서 비롯된 것입니다. 어머니는 내 환상의 도서관이었으며, 최초의 시요, 끝나지 않는 길고 긴 이야기책이었습니다.

자동차를 운전하려면 면허증이 있어야 합니다. 그런데 내 아이를 미지의 세계로 데려다주는 어머니에게는 다름 아닌 '사랑의 면허증'이 필요합니다. 사랑의 면허증만이 아이를 지식정보 사회에서 창조적인 추리력과 순발력으로 시대를 앞서 나가는 사람으로 만들어주기 때문입니다. 그러나 그 사랑의 면허증은 따뜻한 사랑과 함께 냉정한 면도 있어야 자격을 유지할 수 있을 것입니다.

어머니가 읽어준 동화 한 편과 어머니가 불러준 동요 한 곡조 없이 어린 시절을 보내고 어른이 된다고 상상해 보세요. 그 사람의 마음은 얼마나 삭막할까요. 그런 가슴으로는 다른 사람을 설득할 수도 없으며 미래사회의 리더로 우뚝 설 수도 없을 것입니다.

『500년 명문가의 자녀교육』은 마치 타임머신을 탄 것처럼 어린 시절의 부모님을 만날 수 있게 하고 또 자상하게 머리를 쓰다듬어주시던 할아버지와 할머니의 손길을 떠올리게 해줍니다. 500년이란 짧지 않은 세월 동안 명문가를 유지할 수 있었던 건, 그만큼 엄격하고도 훌륭한 자녀교육 시스템이 있었기 때문입니다. 퇴계 이황, 서애 류성룡, 고산 윤선도, 명재 윤증, 다산 정약용 등 이름만 들어도 알 만한 역사상의 위인들이 어떻게 자신의 자녀를 교육시켰는지 들여다보는 것은 역사를 배우는 것과는 또다른 재미와 감동을 줍니다.

교육이 위기에 처했다고 회자되는 요즘입니다. 풍족한 환경에서

고생을 모르고 자란 아이들은 제멋대로 행동하기 일쑤고 자의식에 사로잡혀 점점 이기적인 사람이 되어갑니다. 또 이런 아이들이 사회로 나가면 냉정한 현실 앞에서 쉽게 좌절하고 맙니다. 인성교육과 생활교육을 중시했던 조상 전래의 자녀교육법은 이런 점에서 매우 교훈적이라고 할 수 있습니다. 여러 명문가에서 오랫동안 전해 내려오는 종가의 교육법과 삶의 철학이 담긴 훌륭한 가르침 속에는 현재 부모들이 고심하는 문제들에 대한 명쾌한 해법이 들어 있기 때문입니다.

요즘처럼 자녀교육에 깊은 관심과 애정을 기울였던 적이 없었던 것 같습니다. 하지만 우리 선조들 역시 오늘날의 부모 이상으로 자식교육에 많은 관심을 기울였지요. 그것도 단지 지식교육에 머무르지 않고 인성교육까지 해가면서 말입니다. 우리의 전통 가운데 후손들이 본받아야 할 좋은 것이 있다면 바로 자녀교육이 아닌가 생각합니다. 『500년 명문가의 자녀교육』은 잊혀져가는 조상들의 자녀교육 노하우를 일깨워 주는 훌륭한 지침서입니다.

2005년 8월

이어령(국문학자, 前 문화부 장관)

500년 명문가에서 전해 내려오는
자녀교육의 노하우

명문가의 자녀교육법에는 뭔가 특별한 것이 있다?

"자식 하나 키우기가 왜 이렇게 힘들까."

자녀를 둔 부모들이라면 누구나 한 번쯤 해보는 말이다. 아이를 어떻게 키워야 할지 난감할 때가 한두 번이 아니기 때문이다. 필자 역시 예외는 아니다. 열 살짜리 아들이 하나 있는데 아이를 키우다 보면 당황스러울 때가 참 많다. 예컨대 아이가 공부를 게을리 하거나 산만하고 집중력이 부족할 때, 거짓말을 할 때나 엄마 지갑에서 몰래 돈을 훔쳤을 때가 그런 경우이다. 또 아이의 적성을 찾아주는 데 소홀한 것은 아닌지, 인성교육은 제대로 하고 있는지 불안할 때도 있다. 이런 경우 아이를 어떻게 대해야 할지, 나아가 자녀교육은 어떻게 해야 할지 그 해법을 구하기가 참으로 어려웠다. 특히 매를

들 경우에 '혹시 내가 하는 행동이 잘못된 것은 아닐까?' 라는 생각
으로 혼란스러웠다.

아내도 눈높이 교육을 어떻게 해야 할지 잘 모르겠다며 "부모
되기는 쉽지만 부모 노릇 하기는 쉽지 않다"는 옛말이 가슴에 저절
로 와닿는다고 한다. 그러다보니 이런 궁금증이 일었다. 500년을 이
어오는 명문가들은 어떤 방법으로 자녀들을 교육했을까, 그들에게
는 뭔가 특별한 자녀교육의 노하우가 있지 않을까?

부모가 되어야 부모의 심정을 안다고 했다. 이 책은 '부모 노릇
을 제대로 하려면 어떻게 해야 할까' 혹은 '아이를 둔 부모가 어떻
게 하면 아이를 잘 키울 수 있을까' 라는 지극히 평범한 호기심에서
출발했다. 그런데 명문가 사람들과 이야기를 나누면 "과연!"이란
말이 절로 나올 만큼, 명문가에는 저마다 놀라운 자녀교육의 비결
들이 수백 년에 걸쳐 대대로 이어지고 있었다. 인터뷰를 하고 난 후
그날 저녁에 먼저 아내에게 이들의 자녀교육 비법에 대해 말해 주
었다. 두 귀를 쫑긋 세우고 귀를 기울이던 아내는 연신 무릎을 쳤
다. 자신이 고민하던 자녀교육의 해법이 모두 그 속에 들어 있다고
하면서 말이다. 아내는 전래되어 오는 조상들의 훌륭한 자녀교육
방식이 있는데도 자신을 포함한 요즘 신세대 부모들이 이를 무시하
기 때문에 아이 하나도 제대로 키우기 힘든 것 같다고 했다.

명문가들은 분명 각기 다른 자녀교육의 비결들을 간직하고 있었
다. 모든 진리가 그렇듯이 그 노하우는 결코 특별한 것이 아니었다.
오히려 누구나 실천할 수 있을 정도의 평범한 것들이었다. 그럼에

도 거기에는 특별한 그 무언가가 담겨 있었다. 500년 명문가의 자녀교육 비결은 바로 '평범한 원칙'을 한두 대에 그치지 않고 수백 년 동안 지켜오며 실천해 온 데 있었다. 명문가들은 집안 대대로 전해 내려오는 자신들만의 자녀교육법을 통해 수많은 인재들을 길러 명가名家의 전통을 유지해 오고 있었던 셈이다.

예전에는 할아버지, 할머니가 한집에 살아서 부모가 제 역할을 다하지 못해도 할아버지나 할머니가 그 역할을 보완해 주었다. 그러나 오늘날 점차 핵가족화되면서부터는 부모의 잘못이 아이에게까지 악영향을 미치는 결과를 낳고 있다. 다시 말해 부모가 잘못하면 아이 역시 낭떠러지로 추락하고 마는 것이다. 따라서 명문가들의 자녀교육 노하우와 그 정신을 되살리고 실천한다면 자식 하나도 키우기 힘들어하는 오늘날의 부모들에게 귀중한 지침서의 역할을 할 수 있지 않을까, 또 그렇게 된다면 위기에 처한 자녀교육은 지금보다 몇 단계 업그레이드할 수 있지 않을까 하는 확신이 들었다.

그래서 먼저 우리 가족부터 실천해 보고 싶었다. 무엇보다 부모가 솔선수범하기로 했다. 옛말에 "아이는 어른의 등을 보고 배운다"는 예가 있듯이 본보기 교육만큼 위대한 교육은 없기 때문이다. 솔선수범은 지극히 평범하지만 역설적으로 그것만큼 힘든 것도 없다. 그 첫번째 실천 방안으로 우선 독서와 글쓰기 습관을 가족 모두 생활화하기로 했다. 책을 멀리하는 한 어떤 가문도, 어떤 사람도 훌륭한 인물이 될 수 없기 때문이다. 한 달 정도 지나자 효과가 나타나기 시작했다. 그리고 지금은 마치 캄캄한 바다에서 등대를 발견한 것처럼 가족 모두가 마음의 평화를 얻고 있다. 아빠를 멀리했던 아들도 요즘에는 언제 그랬냐는 듯 스스럼없이 말을 걸어온다. 아이의 습관이 하나둘 바뀌고 마음이 안정되자 공부하는 습관도 자연스럽게 생겨나기 시작했다. 우리집에는 할아버지, 할머니가 계시지 않지만 수백 년을 이어온 명문가들의 자녀교육 지침 덕분에 지금은 마치 할아버지, 할머니와 함께 살고 있는 것과 같은 교육의 효과를 누리고 있다.

"아이는 어른의 등을 보고 배운다"

흔히 자녀교육의 '바이블'로 통하는 세계적인 명가들이 있다. 그중 대표적인 명문가로는 케네디 가를 꼽을 수 있다. 케네디의 어머니는 자녀들 교육에 극성스러울 정도였다. 케네디 가는 저녁을 먹으면서 『뉴욕타임스』기사에 대해 토론을 벌이는 '식탁 교육'으로 유명하다. 매일 가정에서 이와 같은 토론식 교육을 받은 케네디는 대통령 후보 토론회에서 닉슨을 압도하며 44세 최연소로 미국 대통령에 당선되었다.

또한 자녀교육의 바이블로 통하는 가장 대표적인 민족은 유대인이다. 지나칠 만큼 자녀교육에 열성적인 엄마를 뜻하는 '유대인 엄마(Jewish mom)'라는 말도 여기에서 유래한 것이다. 세계에서 가장 뛰어난 민족으로 평가 받는 유대인들은 『탈무드』와 성경을 통해 어릴 때부터 자녀들에게 실생활에 필요한 지혜를 가르치고 있다.

우리나라에도 500년 대대로 전해 내려오는 명문가들이 있다. 명문가들의 자녀교육법은 유대인이나 케네디 가에 결코 뒤지지 않는다. 퇴계 이황은 이미 500년 전에 요즘 강조되는 '인맥네트워크'를 중시하는 교육을 했는가 하면 근대 교육이 체계화되기 훨씬 이전인 400여 년 전에 이미 체계적인 영재교육 프로그램을 만들었다. 인맥네트워크는 오늘날 사람이 살아가는 데 가장 중요시되는 덕목이다. 퇴계는 학문이 뛰어난 이들이 서로 토론하며 공부하는 것을 중요시여겼기 때문에 서로에게 친구로 소개해 주는 역할을 마다하지 않았다. 또 이러한 인맥네트워크는 자연스럽게 명문가들의 혼맥네트워크로 발전해 500년 동안 이어지고 있다.

우리나라의 명문가들은 자녀교육에서 공부뿐만 아니라 사람들과 어울리고 다른 사람들을 배려하는 '생활교육' 또한 중요시했다. 어떻게 보면 세상을 살아가는 데 가장 중요한 덕목은 지식보다 다른 사람을 배려하며 더불어 살아가는 자세이기 때문이다. 이를 위해 명문가들은 부모가 먼저 모범을 보여 자녀들이 자연스럽게 배우게끔 교육을 시켰다. 일례로 서애 류성룡은 자신이 평생 책을 읽는 본보기를 자녀들에게 보임으로써 이후 8대에 걸쳐 후손들이 벼슬길에 올랐다. 이러한 '본보기 교육'은 유대인들에게서 특히 두드러진다. 유대인들은 흔히 "자녀에게 부모의 모범만큼 훌륭한 스승은 없다"고 말한다. 미국 국무장관을 지낸 헨리 키신저는 어린 시절 책 읽는 아버지와 함께 역사책 등을 읽으며 독서 습관을 들인 것이 성공의 원동력이 되었다고 말했다.

명문가들은 자녀의 교육을 위해 삶의 등불이 되는 지침이나 철학을 제시하고 그 원칙을 대대로 실천해 왔다. 재령 이씨 영해파의 운악 이함 가문은 "지고 밑져라"는 원칙을 할아버지가 손자들에게 가르쳤다고 한다. 또 다산 정약용은 유배지에 있을 당시 자녀들에게는 "반드시 서울 한복판에서 살아야 한다"면서 '서울 입성'이라는 지침을 내렸다. 수백 년 동안 삶의 지혜와 경험에서 우러나오는 지침은 특히 위기에 처했을 때 큰 힘을 발휘한다. 원칙이나 철학이 없다면 목표 없이 항해하는 배와 다를 바가 없다. 위기에 봉착하면 이를 이겨내려 하지 않고 불의와 타협하려 할 수도 있기 때문이다. 당대에 권력의 정상에 오르거나 걸출한 인물을 배출하고도 가문이 쇠락하는 경우를 보면 대부분 삶을 이끄는 원칙이나 철학이 없음을 알 수 있다.

너무 바쁜 우리 시대의 아버지들, 자녀교육은 직무 유기?

이 책에 소개된 명문가들은 하나같이 조상 가운데 자녀교육에 헌신한 사람들에 대해 언급하고 있다. 퇴계 이황이나 서애 류성룡 같은 대학자들도 바쁜 일과를 제쳐두고 자녀와 후손들의 교육에 세심하게 신경을 썼는가 하면, 자녀들이 절에 들어가 공부할 때는 편지를 통해 공부에 소홀함이 없도록 독려하는 것을 잊지 않았다. 또 공부를 게을리 할 때는 엄한 질책과 꾸중이 뒤따랐다. 한편 자녀교육을 위해 자신의 벼슬길마저 포기한 아버지도 있다. 백의정승으로 꼽히는 명재 윤증은 부친(윤선거)과 함께 벼슬보다 인재 양성에 심혈을 기울여 조선시대 최초로 영재교육을 체계화했다.

500년을 이어오고 있는 명문가들에서 가장 귀감이 되는 교훈은 바로 자녀교육에 대한 열정과 헌신이다. 명문가는 수없이 많다. 동서고금을 막론하고 어느 시대든 사회적 지위나 권력, 재력을 지니면 상류층이 되고 명문가라고 부를 수 있을 것이다. 그러나 사회를 밝히는 인재를 키워내지 못한다면 명문가의 명맥을 수백 년 동안이나 지속시킬 수 없다. 자녀교육의 노하우는 바로 수백 년을 이어오게 한 명문가만의 전통인 것이다.

명문가의 자녀교육법, 누구나 실천할 수 있다

어쩌면 명문가 제1의 조건은 자손들을 당당하게 하는 자긍심(지조)이라고 할 수 있지 않을까. 명문가들은 대대로 가문의 자긍심을 드높이는 최상의 방법으로 자녀교육에 심혈을 기울여왔다. 아무리 많은 재산을 가졌더라도 제대로 된 자녀교육이 뒷받침되지 않으면 재물은 한낱 모래성에 불과하다. 대대로 이어지기는커녕 자칫 가문의 몰락을 불러올 수도 있기 때문이다. 우리나라의 경우 아직도 친일파의 후손들이 그 누구 하나 얼굴을 당당하게 드러내지 못하는 것을 보더라도 지조와 자긍심은 그 무엇과도 바꿀 수 없는 고귀한 유산이라고 하겠다. 외국의 경우를 보더라도 가문에 대한 자긍심이 높았던 톨스토이는 그 후손들이 대대로 번창한 반면, 당대에 귀

족이 된 괴테 가는 가문에 대한 자긍심의 결여로 3대를 지속하지
못했다.

여기에 소개된 진성 이씨 퇴계 종가, 풍산 류씨 서애 종가, 양천
허씨 소치 집안, 고성 이씨 석주 종가, 재령 이씨 운악 종가, 해남 윤
씨 고산 종가, 나주 정씨 다산 종가, 한양 조씨 호은 종가, 파평 윤씨
명재 종가, 그리고 경주 최부잣집 등 10개의 가문은 지조와 자긍심
을 대대로 드높이면서 자녀교육의 모범을 보여온 대한민국 최고의
명문가라고 할 수 있다. 이들 명문가의 자녀교육 비법은 마음만 먹
는다면 누구라도 실천할 수 있는 것들이다. 부디 500년 동안 전해
내려온 여러 명문가들의 자녀교육 비법들을 통해 모든 가정이 자녀
들을 경쟁력 있는 인재로 키워 당대 명문가의 초석을 쌓을 수 있기
를 기원해 본다.

2005년 8월
최효찬

책 읽는 아버지가 되라

— 9대째 공직은 이유가 있다

모든 위대한 사람들의 생애가 우리에게 말한다.
우리도 숭고한 인생을 살 수 있으며,
떠날 제엔 시간의 모래 위에
우리의 발자국을 남길 수 있음을.
아마 먼 훗날 다른 누군가가
장엄한 인생의 바다를 항해하다
외로이 부서질 때를 만나면
다시금 용기를 얻게 될 그 발자국을.
— 롱펠로, 「인생찬가」 중에서

바쁜 와중에도 자녀들의 공부를 세심하게 챙긴 '총리' 류성룡

퇴계 이황이나 서애 류성룡, 고산 윤선도, 다산 정약용 같은 위대한
인물들에게서 공통적으로 발견되는 것 중의 하나가 바로 자녀교육
에 열성적이었다는 점이다. 심지어 독서를 어떻게 하는지에 대해서
까지 꼼꼼하게 챙기고 게을리 하면 질책하는 것을 서슴지 않았다.
이들은 당대의 대학자들로 후학 양성뿐만 아니라 공직 업무 등으로
바쁜 일상을 보냈지만 자녀들에게 편지를 보내 공부를 독려했다고
한다. 또 다산茶山과 고산孤山은 후손들이 자신처럼 정치적인 곤경에

◀ 서애 류성룡이 57세 때 낙향해 후학을 가르치며 『징비록』 등을 쓴 옥연정사의 모습.
청빈한 공직자였던 서애가 후학을 가르칠 만한 집이 없자 이를 애석하게 여긴 탄홍 스님이
10년 동안 곡식을 시주해 지었다고 알려져 있다. 옥연정사는 경북 안동시 풍천면
하회마을 건너편인 부용대 기슭에 위치하고 있다.

처하지 않고 살아가도록 실용학문을 공부해 집안의 가풍을 새롭게 만들면서 자손들을 바르게 교육하도록 온갖 정성을 기울였다.

요즘 고위공직자들 가운데 자녀들이 무슨 책을 읽으며, 제대로 공부하고 있는지를 점검하고 조언하는 이들이 과연 몇이나 될까? 더욱이 그가 일국의 총리라면 5명이나 되는 아들의 공부에 신경을 쓸 수나 있을까? 국무총리가 아니라 사무관급 공무원이나 대기업의 임원만 돼도 요즘 아버지들은 '바쁘다'는 그럴듯한 핑계를 대며 자녀교육을 어머니에게 맡겨놓기 예사다. 아버지는 자녀교육에 필요한 돈만 벌어다주면 제 역할이 끝났다고 생각하기 때문이다.

그러나 임진왜란 전후의 혼란기에 영의정 등 최고위 공직을 지낸 서애西厓 류성룡(柳成龍, 1542~1607)은 바쁜 와중에도 자녀들에게 편지를 보내며 학문을 점검하고 독려하는 한편으로 따끔하게 질책하고 조언하는 것을 잊지 않았다. 서애는 공부에 전념하기 위해 절에 들어간 두 아들에게 자신의 심경을 담은 편지를 보냈다. 최고 권력을 누리는 총리로서의 준엄한 모습 대신 자식들이 공부에 더욱 매진하기를 바라는 아버지의 애틋한 마음이 절절히 담겨 있는 편지였다.

> 며칠 동안 너희들을 생각하니 마음이 괴로웠다.
> 산사는 조용하고 편안하니 독서를 하는 데
> 아늑하고 평온하지 않겠느냐.
> 퇴계 선생이 손자에게 주신 이 시를 너희들도 본받기 바란다.

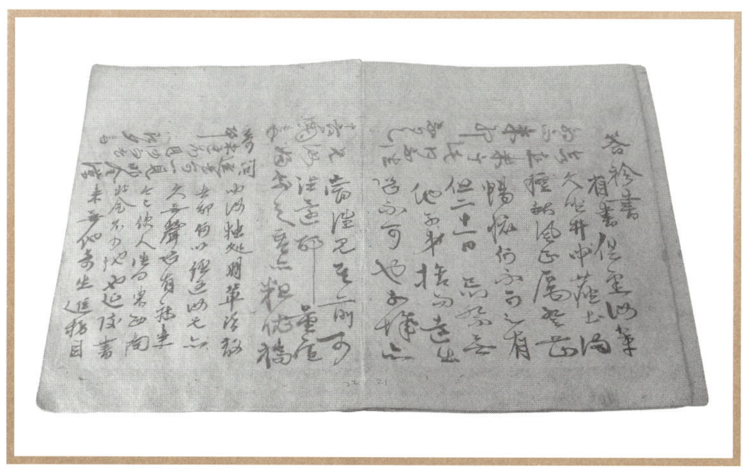

서애 친필 하회마을에 있는 서애 종택인 충효당 내 서애유물전시관(영모각)에 전시되어 있다.

"나이 어린 때는 산속 절에서의 즐거움을 가장 사랑하였기에
벽사를 드리운 창 깊은 곳에 등 하나 밝혀놓았구나.
평생 동안 이뤄낸 많은 사업들은 모두가
이 한 등 아래서 나온 것이었네."
— 국역서애전서, 『서書』 중에서

서애는 산사에 들어간 자녀들이 공부를 게을리 하자 자녀들에게 '어린 시절 산사의 적막한 등불 아래서 읽은 책들이 평생 동안의 나침반 역할을 해주었다'는 퇴계의 시를 들려주며 공부에 매진하기를 당부했던 것이다.

미국 교육과학연구소가 2002년에 발표한 '미국의 리더는 어떻게 만들어지는가'라는 보고서를 보면 미국 사회를 이끌어가는 지도

자들은 초등학교 시절에 좋은 책을 많이 읽었다는 공통점을 갖고 있는 반면, 범죄자들은 대부분 거의 책을 읽지 않았거나 교육적인 가치가 없는 책을 읽은 것으로 조사되었다. 결국 이 보고서는 "초등학교 시절에 읽은 책이 그 사람의 인생을 결정한다"며 결론 짓고 있는데, 이는 450년 전에 퇴계가 했던 말과도 일맥상통한다.

서애 류성룡은 아이들의 글이 별로 진전이 없자 심지어 "젖비린내가 난다"면서 단호히 꾸짖으며 학문에 더욱 힘쓸 것을 당부했다.

청송부사를 지낸 김홍미의 편지에서 말하기를 "자제분들의 글 짓는 바가 자못 향상되었습니다"라고 하였으나, 나는 크게 향상된 모습을 발견하지 못하겠다. (……) 너희들은 아직도 젖비린내 나는 모양을 하고 있으나, 그렇다고 해서 스스로 몹시 비루하고 약해져서 다른 사람의 비웃음을 사서는 아니 될 것이다.

퇴계가 가르친 대로 그의 제자인 서애 역시 자녀들에게 학문의 정도正道를 가라고 권고했다. 퇴계는 과거에 합격하기 위한 '점수 따기'식 공부가 아니라 몸과 마음을 닦는 기초적인 공부, 즉 경전에 충실하라고 가르쳤으며, 서애는 스승의 뜻을 받들어 『소학』과 『논어』, 『맹자』, 『대학』, 『중용』 등의 사서四書를 공부했다. 『소학』은 본격적인 공부로 들어가기 이전에 공부를 위한 자세를 가다듬는 입문서라 할 수 있고, 사서四書는 유학의 기본 경전이다. 과거시험은 바로 이와 같은 공부가 무르익을 때 합격할 수 있는데, 과거시험을 치르기 위해 점수 따기식 공부를 하는 대신 학문하는 자세로 공부한 결과 과거에도 합격하고 학문도 깊어졌던 것이다. 이는 요즘 학생들의 공부 방식에 경종을 울려주기에 충분하다.

최근의 신문 보도를 보면 고등학교 학생들은 대부분 국어 시험에서 큰 곤욕을 치른다고 한다. 영어와 수학은 평소에 과외 지도를 받고 학원에 다니면서 공부를 해둔 덕에 좋은 성적을 얻는 반면, 국어는 문학과 비문학 등 광범위한 분야에 걸친 독서를 요구하기 때문에 책을 읽지 않은 학생들은 그야말로 전전긍긍할 수밖에 없다는 것이다. 그렇지만 학생들은 당장의 성적을 의식한 나머지 한가하게 소설책이나 읽고 있을 여유가 없다. 그러다보니 변변한 소설책이나 '서울대 권장도서 100권'에 나오는 고전들은 한 권도 읽지 못하고 있는 실정이다.

반면 평소에 책을 많이 읽어 '책벌레'라는 별명이 붙은 학생들은 그야말로 '진가'를 발휘해 국어 시험에서 다른 학생과 비교가 되지 않을 정도로 성적이 높다. 이것이 바로 '점수 따기'식 공부와 '정도 공부'의 차이다. 결국에는 점수 따기식 공부를 하는 학생보다 정도 공부를 하는 학생이 막판 뒤집기에 성공해 더 높은 성적을 얻는다는 결론이다. 퇴계와 서애는 한결같이 편법 공부보다 정도 공부를 부르짖었다. 서애는 아이들에게 다음과 같이 말했다고 한다.

"나는 과거 공부를 하면서 합격하는 길로 통하는 문을 살핀 일이 없다. 다만 경서(성현들이 저술한 유교 서적)를 연구하는 학문은 비록

서애 류성룡의 종택인 충효당(보물 제414호)의 입구(위)와 전경
사랑채인 충효당은 서애 사후 그의 업적을 기려 제자들이 세웠다. 서애는 총리까지 지냈지만 청렴하게
살아 평생 자기 소유의 집이 없었다고 한다. 말년에 하회에 내려왔지만 있을 곳이 없어 하회에서 20여 리
떨어진 풍산군 서미동에 초가를 짓고 살았다.

얻는 것이 없다 하더라도 평생토록 아끼며 귀중하게 여기고 있으니, 너희들도 부질없는 과거 공부를 잠시 접어두고 『논어』, 『맹자』, 『대학』, 『중용』을 가져다가 정밀하게 사색하고 익숙하게 읽어서 자기의 것이 되도록 한다면 안목은 저절로 높아지고 마음도 저절로 넓어질 것이니 기타의 보잘것없는 것들이야 힘들이지 않고도 할 수가 있을 것이다. 태산에 오르고 나면 모든 산들이 언덕과 개미둑처럼 작아 보이는 것을 알 수 있으니 부디 노력하기 바란다."

자녀의 교육을 직접 챙기는 어머니나 아버지들의 딜레마가 바로 이것이다. 부모는 아이에게 '점수 따기' 식 공부를 하게 할 것이냐, 아니면 다양한 양서를 읽게 해 이해력과 사고력을 높이는 정도 공부를 택할 것이냐의 문제에 부딪치게 된다. 필자 역시 이러한 고민을 한 적이 있다. 결국 기초를 중시하는 후자의 방식을 택했는데 책을 많이 읽은 아이, 즉 기초가 튼튼한 아이가 세상을 더 많이 이해할 수 있고 사회성을 갖춘 아이로 자랄 수 있다는 확신 때문이었다. 더욱이 미국 교육과학연구소의 보고서를 보더라도 독서가 평생을 좌우한다고 말한다. 또 퇴계는 평생의 등불이 된 것이 바로 어린 시절에 등을 밝히며 읽은 책들이라고 하지 않았던가.

다섯 자녀를 키운 서애는 자신이 비록 국가의 최고 직위인 영의정이라는 막중한 자리에 올랐지만 바쁜 와중에도 아버지로서의 본분을 단 한 번도 잊지 않았다. 정도 공부를 강조했던 서애는 아이들의 공부하는 자세는 물론 독서와 학문의 순서 등에 이르는 지나치

게 세세한 부분까지 관여할 정도로 질책과 조언을 아끼지 않았다고
한다.

9대째 공직의 비결은 서애의 독서 습관

그럼 서애 자신은 어떻게 살았을까? 아이들에게 부모의 모범만큼
더 훌륭한 교육은 없다. 서애가에 전설처럼 내려오는 것이 바로 서
애의 독서 습관이다. 서애는 임진왜란을 겪으면서 위기의 시대를
살았지만 항상 집에서는 독서하는 자세를 잃지 않았다. 실제로 그
는 집에서 항상 책을 읽으며 다섯 아이들에게 모범을 보였다고 한
다. 서애는 퇴계 이황으로부터 "그는 하늘이 내린 인물이다"라는
평가를 받으면서 네 살 때부터 붓을 잡기 시작해 66세로 죽을 때까
지 붓을 놓지 않았던 당대의 훌륭한 선비였다. 이러한 서애의 독서
습관은 문학작품에서도 묘사되고 있다. 『징비록』을 바탕으로 서애
의 일대기를 다룬 소설 『우국의 향기』(2004)에서는 서애의 집에 가
면 아이들(5형제)의 책 읽는 소리로 집안 전체에 묵향이 은은했다고
묘사한다.

서애는 독서로 입신한 대표적인 인물로 꼽힌다. 그는 열여덟 살
때 관악산으로 들어가 절에서 몇 달 동안 『맹자』를 스무 번이나 읽
어 처음부터 끝까지 암송했다. 또 이듬해에는 고향인 하회에서 『춘
추』를 서른 번도 넘게 읽었는데, 이때부터 문장 짓는 방법을 조금씩
알게 되었다고 한다. 서애는 처음부터 과거 공부를 한 것이 아니라

『맹자』와 『춘추』 등을 암송했으며, 이것이 도움이 되어 과거에 급
제할 수 있었다. 또한 서애는 자신의 이런 경험을 자식들에게 끊임
없이 일깨워주었다.

　서애는 독서를 게을리 하는 자식들에게 다음과 같은 편지를 보
내 준엄하게 꾸짖고 있다. 독서를 하면 모르는 부분이 있기 마련이
고, 또 궁금한 것이 생겨 질문을 해야 하는 것이 마땅한데 자식들이
그렇게 하지 않았던 모양이다.

　"너희는 모두 『맹자』를 읽었느냐. 학문은 정밀히 사색하고 자세히
　질문하는 것을 중요시하는데, 너희들은 언제나 사색을 깊이 하지

충효당의 전서체 현판　조선 중기의 명필인 미수 허목(許穆, 1595~1682)의 친필로,
서애가 충과 효를 겸비한 인물이라는 뜻으로 써주었다. 한편 허목은 과거시험을
치르지 않고 우의정까지 오른 흔치 않은 인물이다.

않기 때문에 의문이 생기지 않으며, 궁금한 점이 없기 때문에 질문을 하지 못하는 것이다. 만일 이와 같이 한다면 책을 많이 읽는다 한들 무슨 도움이 되겠느냐. 진정으로 노력하기를 바란다."

— 국역서애전서, 『서書』 중에서

책 읽는 집안에서 인재가 난다는 옛말이 있다. 서애의 다섯 형제 가운데 장남 여는 벼슬이 장수도찰방長水道察訪에 이르렀고, 차남과 삼남은 각각 세자익위사 세마世子翊衛司洗馬 와 사헌부 지평持平에 올랐다.

서애의 장남 류여가 찰방을 지낸 데 이어 류여의 장남 원지는 현감을, 류원지의 장남 선하는 익찬을, 류선하의 장남 후상은 교관을, 류후상의 장남 성화는 현감을, 류성화의 장남 운도 현감을, 류운의 장남 종춘은 도사를 각각 지냈다. 탕평책을 써 남인을 등용했던 정조 때는 류종춘의 장남 상조가 병조판서를 지내기도 했다. 이어 종손은 아니지만 고종 때 류후조가 우의정과 좌의정에 올랐다. 물론 음직(국가에 공을 세웠을 경우 그 자손에게 벼슬을 주는 제도)도 있었고 과거에 급제한 경우도 있었지만, 노론의 정권 장악으로 대부분 남인인 영남인들의 벼슬길이 막힌 조선 후기의 상황을 감안하면 9대째 대대로 공직에 나아가기는 쉽지 않았을 것이다.

서애에서 시작해 그의 아들과 손자 등 내리 9대에 걸쳐 벼슬길에 나선 서애의 후손들은 풍산 류씨의 대종가에서 분리되어 새로운 종가를 만들었다. 하회마을에 있는 풍산 류씨 대종가는 서애의 친

5백년 명문가의
자녀교육

형인 겸암 류운룡이 살던 '양진당' 이다. 서애는 대종가에서 분리된 소종가로 양진당과 이웃하고 있으며 '충효당' 이라고 불린다. 하회에 정착한 풍산 류씨는 서애의 부친 류중영이 문과에 급제해 황해도관찰사 등을 지냈고, 그의 아들인 겸암과 서애에 이르러 명문가의 지위를 더욱 공고히 했다.

영남의 남인 집안은 당쟁에서 밀려 과거에 급제해도 관직이 주어지지 않는 경우가 있었기 때문에 그들 대부분은 일찌감치 벼슬길을 포기하고 학문과 후학을 가르치는 데 전념했다. 벼슬을 하지 못한 선비들을 '백두白頭'라고 불렀는데, 이들 중에는 몰락양반으로 전락하는 경우도 많았다. 서애의 14대 종손인 류영하 씨와 함께 서애 종가인 충효당을 지키고 있는 종부 최소희 할머니는 서애가의 경우 한 대도 거르지 않고 벼슬길에 나아가 '백두'로 지낸 사람이 없다고 말한다.

"낮은 관직도 있고 음직으로 오른 벼슬도 있지만 대대로 9대째 벼슬에 오르는 게 그리 쉬운 일이겠어. 그게 다 서애 할아버지의 공 때문이지. 우리 집안에서는 대대로 책 읽는 소리가 끊긴 적이 없었다고. 그게 이 집안의 전통인걸."

서애는 인재를 키운 조선 최고의 CEO였다

그렇다면 국가적 위기 시대를 살아간 서애 류성룡은 어떤 인간적인 면모를 지녔기에 종가에서 나와 자신만의 새로운 계보를 만들 수 있었을까? 서애는 인재를 키우는 데 누구보다 탁월한 안목을 가진 인물이었다. 알려진 대로 당시 좌의정이던 서애는 임진왜란 직전 이순신을 적극 천거했고, 선조는 이순신을 종6품 정읍현감에서 정3품 전라좌수사로 7품계나 올려 파격 승진시켰다. 요즘으로 보면 중대장에서 사단장으로 진급한 셈이다. 당연히 파격 인사에 대한 비판적인 여론이 있었지만 서애는 이에 개의치 않았다. 결과적으로는 서애의 인재를 키우는 안목이 왜구로부터 조선을 구할 수 있었던 것이다. 서애는 『징비록』에서 이순신의 사람됨을 이렇게 이야기한다.

> "말과 웃음이 적고 얼굴은 아담하여 마치 수양하며 근신하는 선비와 같다. 가슴속에는 대담한 기운이 있어 일신一身을 잊고 나라를 위해 목숨을 바쳤으니 본래부터 수양이 깊은 까닭이다."

서애는 이순신뿐만 아니라 종5품 판관 권율 장군도 5품계 특진시켜 정3품인 의주목사에 기용했다. 이순신과 권율의 인사는 조선왕조 500년 사상 전례가 없던 일이었다. 그는 국가적으로 인재를 키우는 데 소신껏 임했고, 가정에서는 아버지로서 솔선수범하며 언제나 집안을 독서하는 분위기로 이끌었다.

서애는 평생 청렴결백하게 살아 66세(1607)로 세상을 떠날 때에는 장례 비용조차 없었다고 한다. 서애의 제자였던 우복 정경세는 아들 계화에게 남긴 시에서 "어찌 10년 동안이나 재상을 지내고도 제갈량이 남겼다는 뽕나무 800그루도 없단 말인가"라고 전했다. 서애는 중앙조정의 관직에 있을 때에도 서울에 변변한 집 한 칸 없었으며 전셋집을 얻어 생활했다고 한다. 서애는 첫째 부인(세종대왕의 아들인 광평대군의 5대손 이경의 딸)과 사별하고 재혼했는데 그 밑으로 다섯 형제를 두었다. 14대 종부인 최소희 할머니는 이렇게 말했다.

"당시 양반들은 첩을 두는 게 묵인되던 시절이었어. 당시 지방에서 올라온 벼슬아치들도 한양에 첩을 두었는데, 이를 '경첩京妾'이라고 불렀지. 물론 서애 할아버지는 경첩을 두지 않았어. 그만큼 서애 할아버지는 자녀들에게 모범을 보이면서 살았던 거지."

스물네 살에 과거에 급제해 벼슬에 올라 영의정을 지낸 서애는 중국에 사신으로 갔을 때 중국 관리들이 '서애 선생'이라고 칭할 정도로 학문에 능했다. 다만 『조선시대 사관이 쓴 인물평가』에 따르면 서애는 30여 년간 관직에 있었지만 임금에게 직간直諫을 하지 못했다는 비판도 있다. 그러나 이러한 그의 성정은 오히려 위기의 시대에는 필요하지 않았을까 생각해 본다. 온 국토가 왜군에 짓밟혀 있는 상황에서 정쟁의 단서가 될 만한 발언을 하거나 시비를 하는 것은 고위공직자로서의 올바른 길이 아닐 것이다. 난세일수록 화합을 도모하면서 민심을 추스르는 절충과 통합의 정신이 필요한 것이다.

옥연정사의 소나무 마당에 있는 소나무는 서애가 63세 때 심은 것이다. 서애는 소나무를 심고 난 후 이렇게 말했다. "일찍이 백낙천白樂天의 「소나무를 심고」란 시를 읽은 적이 있는데 그 시에 이르기를 '어찌하여 나이 사십이 되어 몇 그루 어린 나무를 심는가. 인생 칠십은 예부터 드물다는데 언제 나무가 자라 그늘을 볼 것인지' 하였다. 올해 내 나이 예순셋인데 새삼 나무를 심었으니 내가 생각해도 웃음이 절로 나온다."

서애는 57세 때(1598) 파직되어 고향인 하회로 돌아와 이른바 귀전은거(歸田隱居, 전원, 즉 고향으로 돌아가 부귀영화를 탐하지 않으면서 살아가는 것)의 소원을 이뤘다. 서애는 이른바 '정응태 무고사건'으로 파직된다. 이는 명나라 정응태가 조선이 일본과 연합해 명나라를 공격하려 한다고 무고한 사건으로, 진상을 변명하러 가지 않는다는 이유로 탄핵을 받았던 것이다.

청백리로 산 서애는 고향에서도 마땅히 거처할 곳이 없어 사찰에 기거하기도 했다. 하회에서는 겸암 큰집에 머물렀지만 그를 보러 수많은 문사들이 찾아오자 풍산 서미동의 깊은 산중에 초가를 짓고 칩거했다. 여기서 그는 임진왜란을 후세의 교훈으로 전하기 위해 회고록인 『징비록懲毖錄』(국보 134호)을 썼다고 한다.

서애는 국난에 처한 위기의 시대에 리더로서의 진면목을 보이는 동시에 자녀교육에 열정적인 부모의 모습도 보여주었다. 그는 마지막으로 남긴 유시에서 "충효만큼 더 중요한 사업은 없다忠孝之外無事業"는 교훈을 주며 후손들에게 삶의 지표를 제시한다. 그의 후손들은 이처럼 서애의 정신을 본받아 명문가의 전통을 이어갔던 것이다.

서애는 한 가문의 가장으로서 귀감을 보였다. 이는 요즘으로 치자면 기업의 최고경영자(CEO)와 같은 면모를 보인 것이나 다름없다. 무엇보다 서애는 공직자로서 청렴한 생활을 앞장서 실천했다. 또 최고경영자가 기업에 꼭 필요한 인재를 키우듯이 이순신 등 국가에 꼭 필요한 인재를 천거했고, 가정에서는 자녀들의 교육에 헌신했다.

서애는 하회마을이 내려다보이는 부용대 기슭의 옥연정사에서 후학을 양성했다. 옥연정사는 서애가 학문 연구와 후진 양성을 위해 작은 서당을 세우고자 했으나 가세가 빈곤해 걱정하던 중 탄홍 스님이 10년 동안 곡식과 포목을 시주해 완공했다고 한다. 서애는 노모를 봉양해야 한다면서 상주목사를 지원했는데, 이때에도 이 지역의 인재들을 직접 가르쳐 우복 정경세(서애에 이어 퇴계학의 적통을 이음) 같은 대학자를 배출하기도 했다.

서애가 국가적 위기 상황에서 보인 우국충정은 아직도 인구에 회자되고 있다. 왜군이 북상해 오자 여러 신하들이 왕을 모시고 요동으로 피란을 떠나자고 주장하자 서애는 다음과 같이 말했다고 한

다. "임금께서 우리 땅을 단 일보라도 떠나신다면 조선 땅은 더 이상 우리 것이 아닙니다." 그리고 신하들에게는 "신하들이 어째서 나라를 버리고 간다는 말을 경솔히 내는가. 이 말이 밖에 새어 나가면 민심이 와해될 것이다"라고 말했다.

서애가 태어난 하회河回는 낙동강 물이 태극형으로 돌아 흐르는 데서 붙여진 이름이다. 강성준의 박사 논문인 『서애 류성룡의 시문학 연구』(단국대, 2004)에서는 풍산 류씨가 명문가로 발돋움한 배경에 대해 이렇게 적고 있다.

낙동강 지류인 화천花川 건너 부용대에서 내려다본 하회마을 전경
서애 류성룡과 그의 친형인 겸암 류운용 등 대학자를 비롯해 최근에는 류찬우(서애 12대손)
풍산그룹 창업자 등 수많은 인재들을 배출해 왔다.

"풍산 류씨로 하회에 처음 정착한 인물은 서애의 6대조인 류종혜이다. 본래 류씨는 선대의 고향이 풍산 상리로, 대대로 고려조에 벼슬을 한 지체 높은 가문이었다. 류종혜의 할아버지인 류난옥이 유명한 풍수장이를 찾아가 택지를 구했더니 3대에 걸쳐 남에게 착한 일을 베풀어야 한다고 일러주었다. 이에 류난옥은 명당터를 얻고자 하는 일념으로 하회의 동구 밖 큰길가에 관가정觀稼亭이라는 큰 집을 짓고 오가는 불쌍한 이들을 모두 불러들여 따뜻하게 보살폈다. 이러한 선행은 아들과 손자 대까지 이어졌다고 한다. 이렇듯 3대에 걸쳐 쌓은 공덕으로 서애의 선조가 하회에 정착했다고 전하며 이로써 풍산 류씨의 하회 집성촌이 형성된 것이다."

이로 미루어 보면 명문가가 되기 위해서는 먼저 가난한 사람들을 돕는 게 그 출발점이라는 생각이 든다. 요즘 부자들은 베푸는 데 너무 인색한 건 아닐까. 그 때문인지 한국에는 부자는 많아도 진정한 명문가는 흔치 않다. 부모가 먼저 베푸는 모범을 보이면 자녀들은 당연히 이를 본받기 마련이다.

인터넷으로 자녀교육을 실천하는 종손

"서애 선생과 경주 교촌 최부잣집은 북한에서도 알고 있다고 그래. 안동 군수 했던 양반이 북한에 다녀와서 그런 말을 하더라고. 우리 충효당에는 현재 서애의 14대 종손인 류영하 씨(1927년생)와 종부 최소희 씨(1929년생)가 살고 있다. 류씨는 당시 종손으로는 드물게 세브란스 의대(현 연세대 의대)를 다니다 적성에 맞지 않다며 그만두고 성균관대에 입학했다. 그는 졸업 후 동덕여고에서 생물교사를 하다 1971년 부친이 돌아가시자 종가로 내려와 종손으로 살아왔다.

서애 종가의 종부 최소희 씨는 12대째(300여 년) 부자로 전 재산을 대학 설립에 쏟아부어 한국판 ‘노블레스 오블리제’를 실천한 경주 최부잣집의 2녀로, 맏딸은 거창에 있는 동계 정온가의 종부인 최희 씨다. 또 최부잣집 12대 종손인 최염 씨는 최소희 씨의 동생으로, 최씨 가문의 세 명이 명문가의 대를 잇고 있는 셈이다.

서애가도 통혼 문화에서 예외는 아니었다. 근래의 경우를 예로 들면, 종손 류영하의 부친 류시영은 처가가 상주의 명문가인 우복 정경세 종가이고 외가는 퇴계 종가이다. 이러한 현상은 아직까지도 명가끼리의 ‘통혼’ 풍습이 계속되고 있음을 의미한다. 통혼通婚이란 자신들의 신분에 걸맞은 배우자를 맞아들이는 풍습으로, 통혼권은 예부터 신분 세습의 유력한 수단이 되었다. 통혼 풍습에 대해 최소희 할머니는 혹시 세간의 오해를 받을까 조심스럽게 말을 꺼내셨다.

“조선시대는 양반과 평민이 엄격하게 구분된 신분제 사회여서 신분이 비슷한 사람끼리 결혼하는 걸 당연하게 받아들였어. 격이 다

할머님의 말처럼 요즈음 통혼은 재벌이나 부유층의 문화로 자리
잡고 있다. 그런데 조선시대부터 내려오는 500년 된 명가들을 취재
하다 보면 통혼으로 인해 얽히고설킨 가문의 내력을 엿볼 수 있다.
조선 중기 이후에는 당색이 다르면 결혼조차 금했고, 벼슬길이 막
힌 영남의 명가들은 결혼을 통해 당대의 고난을 함께하면서 명가로
서의 자존심을 이어갔다. 10대에 걸쳐 벼슬을 하지 못하더라도 가
문의 격이 떨어지는 집안과 결혼하는 '낙혼落婚'은 하지 않았던 것
이다.

류영하, 최소희 부부는 슬하에 2남 1녀를 두었다. 서애 종손의
자녀교육은 여느 집안과 크게 다르지 않다. 차종손 창해(1957년생)
씨는 직장 때문에 대구에서 살고 있다. 분가해 사는 차종손을 위해
고육지책으로 택한 것이 바로 전화를 통한 종손 교육이다. 창해 씨
부부는 부모님께 일요일마다 문안 전화를 드린다고 한다. 공부를
핑계 대거나 다른 이유를 댈 수 없으며, 이유 불문하고 일요일에는
반드시 문안 전화를 드려야 한다.

노종손은 두 살 때부터 할아버지와 함께 사랑방에서 지냈고 밥
상도 조부와 겸상을 했다. 즉 숙식을 함께하면서 할아버지는 손자
의 자녀교육에 힘썼던 것이다. 요즘 류영하 씨는 사랑방에 있는 PC
를 통해 아들이나 손자와 이메일을 주고받으며 인터넷을 통해 자녀

교육을 한다. 이전에 할아버지가 했던 그런 스킨십 있는 가정교육에는 미치지 못하지만 섭섭한 마음을 그나마 인터넷으로 달래는 것이다. 자녀교육에서 주안점을 두는 것은 청렴과 근검절약이다. 서애 가문은 예부터 청렴하고 검소한 가풍을 이어왔으며, 그의 후손들도 조선시대에 청백리로 존경 받았던 서애 할아버지의 유지遺旨를 본받으려고 애쓴다.

최소희 할머니 역시 부산에서 여고를 다녔는데 최부잣집 딸이면서도 학창시절에는 용돈조차 받지 못했다고 한다. 그러면서 요즘 아이들은 너무 버릇없이 자란다고 타박을 했다. 텔레비전에서도 며

14대 종부 최소희 할머니
경주 최부잣집이 친정이
다. 서애의 기일(음력 5월
5일)을 맞아 손수 송편을
빚으며 제사 음식을 준비
하고 있다.

느리가 시어머니를 대놓고 무시하는 장면들이 거리낌 없이 나오고,
이혼을 부추기는 드라마도 문제라며 목소리를 높였다.

> "요즘에는 고생을 모르고 커서 남의 사정을 잘 몰라. 어릴 때 고생
> 을 해봐야 세상 보는 눈을 가질 수 있지. 가끔 우리집에 오는 학생
> 들에게 옛날이야기를 해주면 '할머니, 밥이 없으면 라면이라도 사
> 먹으면 되잖아요?' 하면서 말하는 아이들도 봤어. 자식교육을 그렇
> 게 시키면 안 되지. 그게 다 자기 부모를 욕되게 하는 게야."

이 말을 하면서 할머니는 대뜸 집에 손님으로 왔으니 우리집에
서 담근 술은 한잔하고 가야 하지 않느냐고 했다. 할머니의 친정인
경주 최부잣집의 가양주가 바로 무형문화재인 '교동법주'이다. 이
전에는 경주에서 이곳 안동까지 300리 길을 오가며 술독을 날라 시
댁 어른들에게 술을 대었다고 한다.

대대로 이어지는 서애의 '충효사업'

"충효忠孝밖에 사업이 없다"는 서애의 유언은 오늘날까지 남아 후
손들에게 이어지고 있다. 한국의 대표적 방위산업체인 풍산그룹은
바로 서애의 후손이 창업한 회사이다. 풍산그룹 창업자인 류찬우
(서애 12대손) 씨는 1968년 비철금속 전문 방위산업 기업인 (주)풍산
을 설립했다. 소비재 공장 일색인 당시에 기술이 일천한 우리나라

에서 비철금속을 하겠다고 나선 것으로, 창업정신은 자주국방과 제
동구세(制銅求世, 구리 즉 신동으로 세상을 구한다)로 서애의 충효정신
을 이어받았다. 류찬우는 생전에 이런 말을 했다고 전해온다.

> "풍산의 목표는 자주국방입니다. 서애 할아버지의 정신을 이어받아
> 자주국방에 앞장서는 게 풍산을 세운 이유죠. 돈을 벌려고 했으면
> 투기를 하는 게 더 손쉽겠지만 충효보다 더 큰 사업은 없습니다."

고 류찬우와 그의 아들 류진 회장(서울대 영문과)은 미국의 부시
대통령 부자와 친한 사이여서 미국의 정권 교체기마다 재계의 주목
을 받아왔다. 류진 회장은 일본의 아메리칸스쿨과 서울대를 마치고
미국의 '귀족학교'로 통하는 다트마우스 칼리지에서 1년간 공부했
다. 국제화 시대에 필요한 덕목과 인맥을 갖추기 위해 유학을 했던
것이다. 외국어를 완벽하게 구사하고 세계적인 부유층과 명문가의
자제들이 입학하는 학교에 진학할 수 있도록 부모가 이끌어주었기
때문에 가능한 일이었다.

이러한 교육 덕분에 류진 회장은 영어와 일어를 네이티브 스피
커보다 더 유창하게 구사하는 것으로 재계에서 정평이 나 있다. 그
는 폭넓은 인맥을 바탕으로 1997년에는 콜린 파월 전 국무장관의
자서전을 국내에 번역 출간해 화제를 모으기도 했다. 그는 서애 선
생 기념사업회 이사장을 맡아 『징비록』 등 '국역서애전서'를 발간
했는데, 이는 여타 재벌 2세들과는 다른 행보가 아닐 수 없다.

서애 종가의 사람들 서애 기일을 맞아 14대 종손 류영하 씨(앞줄 왼쪽 첫번째),
차종손 창해 씨(최소희 할머니 뒤), 장손 승환 씨(뒷줄 오른쪽 첫번째) 등 3대가 한자리에 모였다.

후손들이 제대로 되지 않으면 선대들의 업적도 세상에 잘 알려지지 않는 법이다. 서애처럼 자녀들에게 모범을 보여야 그 후손들도 사회적으로 성공해 가문의 전통을 잘 이어 나가게 되고, 후손은 또 선대의 업적을 세상에 알리며 기릴 수 있다. 결국 이 모두가 바른 자녀교육에서 비롯되는 것이라 할 수 있다.

풍산 류씨 후손들은 현재 정치, 경제, 사회, 문화 등 여러 분야에서 두각을 나타내고 있다. 어쩌면 난세에 서애가 보인 화합과 절충의 리더십이 후손들에게 이어지고 있는 것은 아닐까. 서애 후손으로는 유도발이 경술국치를 당하자 일제의 항거하며 단식으로 순국했고, 이어 그의 아들 류신영도 일제에 저항해 67세에 자결했다.

류시열 전 제일은행장(서울대 법대), 류돈우 전 국회의원(고려대 정외과), 탤런트 류시원(동국대), 재일 바둑기사 류시훈 9단 등이 바로 서애의 후손들이다. 서애 역시 바둑의 고수로 알려져 있는데, 임진왜란 때 명나라 장수 이여송이 바둑을 둘 줄 모르는 선조에게 대국을 요청하자 그는 우산에 구멍을 뚫어 훈수를 둠으로써 이여송을 무릎 꿇게 했다는 일화가 전해지고 있다.

평생 책 읽는 아이로 만들어라

자녀에게 올바른 독서 습관만 길러주어도 자녀교육의 절반을 이룬 것이나 다름없다. 독서와 글쓰기를 열심히 하면 성적은 저절로 오르기 마련이다. 다만 부모가 책을 읽으면서 본보기를 보여주는 게 무엇보다 필요하다. 부모는 텔레비전 앞을 떠나지 않으면서 자식에게는 독서를 외쳐본들 무슨 소용이 있겠는가.

한국교육개발원이 발표한 보고서에 따르면 고등학교 1, 2학년 중 성적이 상위 10퍼센트 이내인 학생들의 첫번째 특징으로 '독서광'을 꼽고 있다. 이와 같은 분석 자료에서 눈길을 끄는 것은 공부 잘하는 아이들의 특징이 대부분 독서와 관련되어 있다는 점이다. 구체적으로 살펴보면 어려서부터 책 읽는 것을 좋아했다, 공부는 스스로 혹은 자기 주도적으로 한다, 학원보다는 도서관이나 집에서 혼자 조용히 공부한다, 공부하는 것이 매우 즐겁다, 문학작품이나 신문을 즐겨 읽는다 등이다.

예나 지금이나 독서의 중요성은 아무리 강조해도 지나치지 않다. 위인이나 성공한 사람, 학자들의 단 한 가지 공통점이 있다면 그것은 그들 모두가 독서광이었다는 점이다. 서애 류성룡은 10대 때 산사 등에서 독서에 정진한 것이 밑바탕이 되어 특별히 공부를 하지 않았지만 과거 시험에 합격할 수 있었다고 한다. 이는 요즘 논술시험에 쩔쩔매는 고3 수험생들을 보면 알 수 있다. 어릴 때부터 꾸준히 독서를 해온 학생들은 논술시험에 별도로 대비하지 않아도 되지만, 독서와 담을 쌓아온 학생들의 경우 뒤늦게 과외를 받으면서 논술에 대비한다 해도 시험에서 좋은 성적을 기대하기는 어렵다.

어린 시절 몸이 상할 정도로 독서에 매진했던 퇴계 이황은 "어디에 있든지 독서를 게을리 하지 않아야 한다何處不可讀"는 말을 항상 제자와 후손들에게 일깨워주었다. 다산 정약용 또한 유배지에서 아들에게 보낸 편지에 "집안이 몰락해도 자신과 가문을 일으키는 방법은 오직 독서밖에 없다. 오직 독서만이 살 길이다"라고 호소했다.

독서하는 습관은 하루아침에 만들어지지 않는다. 무엇보다 집안 분위기가 크게 좌우한다고 할 수 있는데, 집 안에 책이 가득하고 늘 부모가 책을 읽는 습관을 갖고 있으면 자녀들도 대부분 책을 가까이 한다. 가장 모범적인 자녀교육은 자녀에게 이래라저래라 간섭하지 않고 부모 스스로 본보기를 보이는 것이다. 부모가 TV를 보지 않고 그 시간에 책을 읽는다면 아이들은 자연스럽게 책을 읽게 된다. 부모는 TV를 보면서 아이들에게 책을 읽으라고 강요한다면 과연 아이들이 수긍하겠는가.

교육 전문가들은 독서 습관을 기르는 방법으로 주1회씩 아이들의 도서관 이용을 습관화할 것을 권유한다. 요즘은 과거에 비해 아이들과 함께 도서관을 찾는 부모들이 점차 늘고 있다. 이런 경우 다만 책을 읽는 데 그칠 것이 아니라 감상문을 써보라고 권하고 싶다. 감상문을 잘 쓰는 게 중요한 것이 아니라 그러한 습관을 들이는 것 자체가 중요하기 때문이다. 감상문의 내용은 어떻게 쓰든 간섭하지 말아야 한다. 책은 읽는 사람마다 감상이 다르고 또 그날의 기분에 따라 느낌이 다를 수 있기 때문이다. 짧게 쓴 감상문이라도 존중해 주어야 한다. 또 아이들로 하여금 도서 반납일까지 책을 다 읽도록 해야 한다. 그래야 규칙적으로 읽을 수 있고 습관을 들일 수 있기 때문이다.

역사적으로 유명한 독서광으로는 단연 미국 대통령 링컨을 꼽을 수 있다. 계모 슬하에서 자란 링컨은 여덟 살이 되던 해 가난한 집안 형편 때문에 더 이상 학교에 다닐 수 없었다. 그런 아들을 위해 계모는 이웃 부잣집에 가서 그 집 아이가 읽는 책을 5년 동안이나 빌려다 주었다고 한다. 어린 링컨은 그런 어머니 덕에 독서광이 될 수 있었고, 그의 독서 습관은 대통령이 되어서까지 지속되었다.

디지털 시대의 영웅인 빌 게이츠도 독서광으로 정평이 나 있다. 빌 게이츠는 "하버드대 졸업장보다 독서하는 습관이 더 소중하다"며 책 읽기의 중요성을 강조했다. 그는 공식석상에서 "내가 살던 마을의 작은 도서관이 지금의 나를 만들었다"고 말했을 정도이다. 그는 바쁜 일과 중에도 매일 밤 한 시간씩, 주말에는 두세 시간씩 책을 읽는다고 한다. 빌 게이츠는 디지털 전도사인 자신의 입으로 "컴퓨터가 책을 완전히 대체할 수는 없다"고 말한다. 국내의 대표적 보안기업인 '안철수연구소'의 안철수 역시 평소 책을 많이 읽는 것으로 유명하다. 그는 초등학교 시절부터 글을 깨우치자마자 책에 파묻혀 살았다고 한다. 독서를 위해 따로 시간을 내기 힘들 정도로 바쁘지만 그는 지금까지도 일하는 틈틈이 책을 읽는다.

이스라엘은 학교 교육에서 독서를 매우 중요시한다. 아침에 등교한 학생들은 학교 도서관에서 자신이 읽을 책을 세 권씩 빌려오는데, 하루 동안 세 권의 책을 읽고 독서카드에 그 책의 요약문을 작성하기 위해서이다. 한 학기가 끝나갈 무렵 도서관 사서선생님은 학생별 독서카드를 분류해 학생의 관심 분야와 취미 등을 일러주고, 특정 책에 편중되거나 취약한 독서 습관에 대해서도 꼼꼼히 짚어준다. 이처럼 꾸준하게 책을 읽으며 13년간의 의무교육을 마치면 대략 1만 권 정도의 책을 읽게 된다고 한다.

유대인의 집에 유난히 많은 것이 세 가지 있다. 그릇과 포도주 그리고 책이다. 그릇과 포도주는 그들의 신앙생활 때문이고 책은 유대인들의 왕성한 독서욕 때문이다. 그래서 유대인들 사이에서는 이런 속담도 전해온다.

"잉크가 옷과 책에 묻었다면 책의 잉크부터 먼저 닦아라. 지갑과 책이 땅에 떨어졌다면 책을 먼저 주워라."

시아버지가 며느리에게 『논어』를 가르치는 가풍

─단 한 명의 과거 합격자를 배출하고도 명문가를 이어온 힘

장미라면 언젠가는 꽃을 피운다

─ 이탈리아 속담 중에서

명가로서의 당당한 자긍심

시아버지는 독립운동을 하면서도 며느리에게 『맹자』를 가르치고

어머니는 아들에게 『논어』를 가르치며

아버지는 청년들을 모아 『천자문』을 가르친다.

1910년 온 가족을 이끌고 서간도로 망명해 독립운동에 나선 할

아버지는 며느리에게 『논어』와 『맹자』 등에서 여성에게 꼭 필요한

◀ 고성 이씨 종가인 임청각의 사랑채(군자정) 모습
안동시 법흥동에 있는 별당형 정자로 퇴계 이황 등 수많은 문인들이 다녀간 유서 깊은 곳이다.
임진왜란 때 두 아들과 함께 순국한 제봉 고경명도 사돈집인 이곳을 방문해 '제임청각題臨淸閣'
이라는 글을 남겼다.

덕목을 뽑아 '맞춤식 과외'를 했는데, 평소에는 시간이 없어 짧은 산후조리 기간을 이용했다고 한다. 『논어』를 배운 그 며느리는 아들에게 『맹자』를 가르치고, 사회주의자였던 아버지는 청년들을 모아 글을 가르쳤다. 그때 아버지에게 글을 배운 아들은 대학을 나와 교사가 되어 수많은 제자들을 길러내고 있으며, 그의 자녀도 아버지를 이어 교사의 길을 걷고 있다.

　여기서 할아버지는 상해임시정부 초대 국무령을 지낸 석주 이상룡의 아들 이준형이고, 아버지는 석주의 손자 이병화이며, 며느리는 그의 부인 허은이다. 또 그 아들은 중앙중학교 이범증 교장이고

상해임시정부 초대 국무령을 지낸 석주 이상룡의 증손자인 이범증 중앙중학교 교장. 사회주의계열 독립운동가인 이병화의 여섯 형제 중 막내로 아버지에게 천자문을 배웠고 어머니(이육사의 종고모인 허은 여사)에게서 『맹자』를 배웠다. 늦게 태어난 덕에 6형제 가운데 유일하게 대학에 진학할 수 있었다.

자녀는 이범증의 딸로 풍문여교 교사인 이윤명이다. 이범증의 부인과 두 딸은 모두 고려대 동문이며 3명이 교사로 재직중이다. 이범증 교장은 독립투사 가문이라는 말을 꺼내자 대뜸 필자를 타박했다.

"나라가 위기에 처했을 때 나라를 위해 일하는 건 당연한 일입니다. 그건 자랑도 아니고 보상 받을 일도 아니에요. 나라가 없는데 어떻게 국민이 존재할 수 있겠어요. 나라를 위하는 일에 보상을 바란다는 게 더 우습지 않습니까? 석주 할아버지나 아버지 모두 뭘 바라고 독립운동을 한 게 아닙니다. 우리 선조들의 피에는 이런 DNA가 있나봅니다."

상해임시정부 초대 국무령을 지낸 석주石洲 이상룡(李相龍, 1858~1932)은 이범증 교장의 증조부로 경상북도 안동시 법흥동에 있는 500년 된 고택 임청각을 지키던 고성 이씨 종손이다. 석주는 1910년 일제가 조선을 강제 병합하자 서간도로 50여 명이나 되는 가족을 이끌고 망명해 독립운동을 펼쳤다. 마치 로마의 귀족이 전쟁 때마다 평민들보다 먼저 전장으로 달려가 몸을 바쳤던 것을 떠올리게 한다. 석주의 선대들은 임진왜란이 일어났을 때 명나라 원군에게 임청각을 숙소로 내주었고 군량미를 제공했다. 그리고 300여 년 뒤 일제가 조선을 강점하자 분연히 일어나 온 가족이 서간도로 망명해 독립운동을 감행했던 것이다. 석주를 비롯해 독립운동으로 건국훈장을 받은 이가 가까운 친족만 해도 9명에 달하고 처가까지 합치면

47명에 이른다고 한다.

그런 반면 안동에 정착한 지 500여 년, 22대에 걸쳐 석주 가문에서 과거에 합격해 벼슬길에 나아간 이는 이후영 단 1명에 불과했다. 이는 엄청난 아이러니가 아닌가. 임청각은 안동뿐만 아니라 대한민국에서 내로라하는 명문가에 속하지만, 과거를 통해 벼슬길에 오른 이가 500년 동안 단 1명에 불과하고 관직도 그리 높지 않았던 것이다. 그렇다면 이 집안이 500년 동안 명문가를 유지해 온 노하우가 궁금하지 않을 수 없다.

이범중 교장은 필자의 생각을 뇌리에서 꼭 집어내듯이 말을 이었다. 그가 말한 첫번째 노하우는 "어떠한 위기 상황에서도 자녀교육만은 결코 소홀하지 말라"는 것이고, 다음으로는 "명가로서의 당당한 자긍심"이었다.

"비법을 말해 달라고 하는데 그게 뭐 특별한 게 없어요. 집안 대대로 항상 붓글씨 전통이 내려와 글 읽고 가르치는 가풍이 배어 있지요. 또 나라가 위태로울 때에는 언제나 이를 외면하지 않았습니다. 증조부(석주 이상룡)는 500년 고택을 버리고 망명해 독립운동을 하셨어요. 다른 가문은 아들을 일본에 유학 보내고 일본과 협조하며 당시에도 잘 살았고, 요즘에도 그 후손들은 잘 살고 있지요. 하지만 그들은 항상 친일파라는 낙인이 찍혀 떳떳하게 얼굴을 내밀고 살지는 못합니다. 요즘도 친일파 문제로 시끄럽잖아요. 그 후손들에게 아무리 재산이 많다 한들 얼굴을 떳떳이 들고 살 수 있겠어요?

5백년 명문가의
자녀교육

18세기 임청각의 모습 시서화詩書畵에 능한 당대의 문필가로 음악에도 조예가 깊었던 허주 이종악이 그렸다. 일제는 독립운동가 집안의 기를 꺾기 위해 마당과 고택을 헐어 그 위에 철길(중앙선)을 놓아 지금은 옛 모습이 크게 훼손된 상태로 남아 있다.

우리 집안은 독립운동 하느라 일본 유학은 꿈도 꾸지 못했고, 대부분 대학에도 못 들어간데다, 요즘에도 넉넉한 형편은 아닙니다. 그럼에도 우리는 그들에게 조금도 꿀릴 게 없어요. 어떻게 살아가는 게 더 올바르고 당당한 것입니까? 이런 자긍심을 후손들에게 심어주는 것이 가장 중요하다고 봅니다. 흔히 '정신적 귀족'을 지향한다는 말도 있잖아요. 우리 가문이 그렇다는 건 아니지만, 후손들에게 물려줄 수 있는 가장 고귀한 유산은 바로 역사와 후세 앞에 당당할 수 있는 자긍심이라고 생각합니다. 자녀교육에서도 이것보다 더 중요한 덕목이 있을까요? 자녀교육은 단지 지식을 가르치기보다 어떻게 처신하고 행동해야 하는지를 알게 하는 것이 더 중요하다고 생각합니다."

자긍심이 얼마나 중요한지는 박경리의 소설 『토지』에서도 유추할 수 있다. 필자가 『토지』를 읽으면서 자주 고뇌했던 부분이 바로 '내가 일제시대에 살았다면 과연 어떻게 살았을까' 였다. 친일파가 되어 일본 정부로부터 작위를 받고 고관대작으로 산 사람은 이 소설에서는 결코 행복하지 않았다. 물질적으로는 넉넉했지만 언제나 열등감에 사로잡혀 불우한 인생을 보내야 했기 때문이다. 소설 속에서 조용하와 조찬하 형제는 친일의 낙인을 평생 부끄러워하며 살아가는데, 결국 형은 자살했고 가문도 파국을 맞기에 이른다. 소설 말미에서는 조찬하에 대해 이렇게 설명하고 있다.

"그의 의식 속에는 조씨 가문을 묻어버리고 싶은 생각이 있었는지 모른다. 형, 그 인간성에 대한 증오감은 혈통에 대한 증오감으로, 나라를 강탈한 일본으로부터 작위를 받은 조씨 가문의 치욕스러움은 혈통에 대한 열등감으로, 찬하는 가문을 묻어버리고 말살하고 싶었는지 모른다. 결국 그는 집안을 매장하고 만 것이다."

이범중 교장의 말처럼 고성 이씨 사람들은 임진왜란의 시대를 살다간 그들의 먼 선조들이나 일제에 항거하며 만주에서 독립운동을 벌인 사람들 모두 늘 당당했다. 나라가 위기에 처하면 로마의 귀족이 그랬던 것처럼 그들은 먼저 나라를 구하는 데 앞장섰다. 그런 그들에게 가문에 대한 열등감이 있을 리 없다. 오히려 그들은 선조들이 몸소 실천했던 그 고귀한 정신을 닮으려 노력할 것이다.

한편으로는 무장투쟁, 또 한편으로는 자녀교육

석주는 1907년 안동에서 류인식 등과 함께 근대교육기관인 협동학교를 만들었고, 만주로 간 이후에는 중국어학강습소를 설립해 동포들로 하여금 중국어부터 배우게 했다. 일제 초기에 많은 독립운동가들을 배출하고 무장투쟁을 주도한 신흥무관학교는 석주가 세운 신흥학교에서 시작되었다. 석주의 동생 이봉희는 신흥무관학교 교장을 지냈는데, 석주는 독립운동과 함께 동포들의 자립을 돕기 위해 교육계몽운동도 펴 나갔다. 이는 석주 선대로부터 대물림되어 내려온 '문필文筆 중시'의 가풍에서 비롯된 것이라고 할 수 있다.

이와 더불어 가정에서도 '교육계몽' 운동은 계속되었다. 석주와 함께 만주에서 독립운동을 하던 장남 이준형은 힘든 여건 속에서도 며느리(허은)에게 직접 공부를 시켰다. 며느리가 출산 후 잠시 몸조리 할 때 『논어』와 『맹자』 등에서 중요한 대목을 선별해 며느리가 꼭 알아두어야 할 덕목을 공부시켰다는 것이다. 허은 여사의 집안은 당시 만주에서 독립운동을 하던 터라 제대로 된 교육을 받을 만한 여건이 못 되었다. 또 만주에서 부랴부랴 결혼을 했기 때문에 시아버지의 며느리에 대한 교육은 명문가의 종부에 대한 일종의 '재교육' 인 셈이었다. 시부모가 며느리를 직접 교육하는 것은 학행을 중시하는 집안의 오랜 가풍이 아니고서는 불가능한 일일 것이다.

허은 여사는 고모인 이육사의 모친에게서 배운 한글과 시아버지에게 배운 『논어』 등을 자녀들에게 가르쳤다. 이범증은 중학교를 마치고 모친인 허은 여사에게 『맹자』를 배웠다고 한다. 허은 여사의 남편이자 이범증의 부친인 이병화(李炳華, 1906~1952)는 한국전쟁 당시 아산에 피신중인데도 동회에 교실을 만들어 청년들에게 글을 가르쳤다. 해방 전해에 태어난 이범증은 이병화의 막내아들로 그 당시 피난학교에 가지 않고 부친에게서 천자문을 배웠다고 한다.

신흥무관학교를 나온 이병화는 압록강을 건너 일본경찰주재소를 습격하는 등 항일무장투쟁을 주도했던 인물이다. 그는 좌익계열 독립운동가에 대한 사회적 냉대 속에 서훈敍勳조차 받지 못하다가 1990년에서야 그 공로를 인정받았는데, 이는 국내 독립운동가들 중

사회주의계열로는 처음 있는 일이었다.

임청각 종손들에게 교육은 첫번째로 중요한 덕목이다. 학문에 힘써온 수백 년간의 전통을 이어가야 했기 때문이다. 그래서 일제에 항거하면서도 자녀들을 교육시키는 문제가 집안의 제일 큰 과제였다. 이병화의 부친 이준형은 일제에 항거해 자결하면서 종손이 될 손자의 교육 문제를 유언으로 남겼다. "도증의 학업은 비록 전답을 줄이고 재물을 쏟아부을지라도 중도에 그만두지 말아라." 반면 일제는 독립운동가의 집안이라며 온갖 압력을 행사해 종손이 중학교에 다니는 것조차 막았다고 한다. 이병화의 장남 이도증은 안동에서 공부를 계속하지 못하고, 결국 만주로 건너가 하얼빈중학교를 마칠 수 있었다. 이러한 가르침은 오늘날 종손인 이창수 씨에게로 이어지고 있다. 그는 어릴 때부터 받은 가정교육의 첫번째 덕목이 학업에 관한 것이었다고 한다.

첫째, 어떤 처지에 있더라도 공부를 게을리 하지 말 것.

둘째, 무슨 일이 있더라도 정도正道를 걸을 것.

셋째, 무슨 일을 하더라도 오점을 남기지 말고 깨끗하게 살 것.

넷째, 남에게 폐를 끼치지 말 것.

다섯째, 집안의 화목을 위해 형제간이라도 말조심을 할 것. 특히 시집간 시누이들이 며느리에 대해 이러쿵저러쿵 참견하지 말 것.

여섯째, 아무리 어려워도 해야 할 일과 해서는 안 될 일을 정해 반드시 실천할 것.

20대에 걸쳐 문집文集을 내는 전통

명문가의 정신은 하루아침에 이루어지지 않는다고 한다. 다산 정약용은 3대에 걸쳐 의원이라야 약에 효험이 있다고 했고, 또 3대에 걸쳐 글을 읽어야 다음에 제대로 된 문장이 나온다고 했다. 그만큼 명문가를 만들고 유지하기란 쉬운 일이 아니다. 그래서인지 석주 이상룡과 그 자손들은 만주에서 독립운동을 하면서도 오직 한 가지 게을리 하지 않은 것이 바로 학문과 교육이었다.

> "우리 할아버지들은 입향조入鄕祖 이래 1500년대부터 20대에 걸쳐 모두 필첩이나 서첩을 내는 전통을 이어오고 있어요. 한 분도 빠짐없이 낸다는 게 결코 쉬운 일은 아니죠. 이게 우리 가문의 문화적 자부심입니다."

지금도 임청각 후손들이 자긍심을 가지는 것이 바로 시詩, 서書, 화畵 등을 중시하는 학행(學行, 학문과 덕행)의 가풍이다. 이러한 전통은 자그마치 700년을 거슬러 올라간다. 임청각의 가계도는 고려 말 송설체의 대가로 『한단고기桓檀古記』*의 「단군세기」 편을 저술한 행촌 이암(1297~1364)에서 시작한다. 특히 글씨를 즐겨 쓰는 가학의

---

* 계연수桂延壽가 1911년 초기에 편집한 저술로 단군 조선을 대통일 민족국가로 서술한 역사책이다. 내용은 「삼성기三聖記」, 「단군세기檀君世記」, 「북부여기北夫餘紀」, 「태백일사太白逸史」로 구성되어 있으며 고대 한국의 역사, 신앙, 풍습, 정치, 경제, 예술, 철학 등에 대한 풍부한 자료가 담겨 있다.

퇴계 이황이 쓴 임청각 현판　퇴계 후손인 이육사는 종고모집인 임청각에 자주 드나들었고 그 역시 석주의 뒤를 이어 독립운동에 몸을 바쳤다.

전통은 무려 20대에 걸쳐 서첩이나 시문집을 펴냈을 정도이다. 1519년 현감직을 사직하고 임청각을 건립한 이명부터 석주까지 종손 20명이 모두 서첩을 내는 전통을 이어온 셈이다.

호를 빈배虛舟라고 지은 이종악(李宗岳, 1726~1773)은 우리나라 최초의 낙동강 유람기인 『산수유첩山水遺帖』을 남겼다. 한국학중앙연구원은 서화 명품 특선시리즈의 첫 권으로 『허주 이종악의 산수유첩』을 펴냈다. 허주에게는 5벽癖이 있었다고 한다. 바로 고서벽古書癖, 탄금벽彈琴癖, 화훼벽花卉癖, 서화벽書畵癖, 주유벽舟遊癖이었는데 고서를 수집하고 글을 쓰는 취미로는 요즘 말로 '마니아' 수준이었다. 거문고 실력도 빼어나 그의 거문고가 지금까지도 전해 내려오며, 이러한 성품으로 허주는 고위공직에 오르지는 않았지만 당대의 명필로 이름을 날렸다.

석주 이후에도 그의 아들(이준형)과 손자(이병화)가 각각 『동구유고東邱遺稿』와 『소파유고小坡遺稿』를 남겼으며, 특히 『소파유고』에는 박정희 전 대통령의 형인 박병희에게 보낸 편지가 들어 있어 귀중한 사료적 가치(좌익 관련)를 지닌다. 편지에서는 박병희가 감옥 생활을 했다는 구절도 나오는데, 이병화는 그를 깍듯이 형이라 불렀다.

既奪我田宅 (기탈아전택)　이미 내 논밭과 집 빼앗아가고
復謀我妻努 (복모아처노)　다시 내 아내와 자식을 해치려 하네.
此頭寧可斫 (차두녕가작)　이 머리는 차라리 자를 수 있지만
此膝不可奴 (차슬불가노)　이 무릎을 끓어 종이 되게 할 수 없도다.

1911년 석주가 안동의 임청각을 떠나 압록강을 건너기에 앞서 비분한 마음을 이기지 못해 지은 시이다. "내 아내와 자식을 왜놈의 종이 되게 할 수 없다"는 석주의 이 시 한 구절에서 올곧은 선비정신이 온몸으로 전해온다. 석주는 삭풍이 몰아치던 1911년 1월 5일, 52세의 나이에 온 가족을 데리고 망명길에 올랐다. "공자, 맹자는 시렁 위에 얹어두고 나라를 되찾은 뒤에 읽어도 늦지 않다"는 것이 망명의 변이었다. 그 와중에 석주가 이런 시를 남겼다는 것은 평소 학문을 가까이하는 가풍이 아니고서는 쉽게 나올 수 없는 일이다.

고려대학교 중앙도서관에 가면 '석주문고'를 볼 수 있다. 여기

에 있는 임청각의 서적들은 모두 395종으로 1,309권에 이른다. 1973년에 기증할 당시 고려대 김상협 총장이 4,000만원을 보상하겠다고 하자 이범증 교장은 "조상의 정신적인 유산을 팔아먹을 수는 없다"면서 거절했다고 한다. 당시 이 교장은 사글세를 살고 있었다.

500년 명문가에서 과거합격자는 단 한 명뿐

"우리 가문은 벼슬에 나아가기보다 학문하는 집안으로 명문가를 유지했습니다. 벼슬로는 세종 때 좌의정을 배출했고, 퇴계 문하에서 수학한 이용(李容, 1513~1563) 할아버지가 참봉에 오른 이후에는 별다른 고관을 배출하지 못했어요. 과거에 합격해 벼슬길에 나아간 분은 이후영 할아버지 한 분뿐입니다. 그래서 고관대작의 지위에 오르는 것보다 안동유림들이 최고의 명예직으로 여긴 유향좌수留鄕座首나 도산서원의 전교(典敎, 서원의 원장격)에 오르는 것을 더 명예롭게 생각했죠. 고위공직에 오르지도 않았으면서 명문가와 통혼하며 안동의 명문으로 성장할 수 있었던 것은 바로 이암 이후 700여 년 동안 문필로 다져진 학행 중시의 가풍 때문입니다."

이범증 교장의 말처럼 임청각 사람들은 공직에는 그다지 뜻이 없었다. 공직에 오른 사람은 세종 때 좌의정을 지낸 이원을 비롯해 이증(영산현감), 이명(형조좌랑), 이용(참봉), 이후영(병조정랑) 등에 그쳤다. 1500년 초 안동에서 살기 시작한 이후 과거에 합격해 벼슬 길에 오른 이는 500년 동안 이후영 단 1명뿐이었다. 이후영의 병조 정랑兵曹正郞은 요즘으로 말하면 국방부의 5급 사무관급에 해당하는 직위로 그다지 높은 벼슬은 아니었다. 즉 임청각은 단 1명의 과거 합격자를 배출하고서도 500년 동안 명가를 이어오고 있는 셈이다.

비록 벼슬길에 오르지는 않았지만 후손들 중에는 도산서원 전교 에도 여럿 뽑혔고, 안동유림의 최고 명예직인 유향좌수에는 이의수 (1813), 이찬(1869) 등이 올랐다. 유향소는 토착 양반들로 구성된 자 치기구로 향리의 악폐를 막고 지방의 풍기를 단속하던 곳이다. 다 른 군현에서는 유향좌수에 오르는 것을 기피했으나 안동의 선비들 은 이를 가장 명예롭게 여겼다고 한다. 따라서 안동유림의 원로격 인 '안동좌수'가 되기 위해서는 우선 학식이 있고 집안이 좋아야 했지만 무엇보다 온 고을을 감화시킬 수 있는 인격자라야 했다. 따 라서 유향좌수에 오를 수 있었다는 것은 임청각의 후손들이 지역사 회에서 신망이 두터웠음을 의미한다.

유향좌수에 대해서는 서애의 일화가 전해 내려온다. 한번은 서 애가 싱글벙글하며 선조 임금과 마주하자 이를 궁금하게 여긴 선조 가 그에게 이유를 물었다. 그러자 서애는 안동에서 자신을 유향좌 수로 천거해 너무 기뻐 그런다고 대답했다. 이에 "유향좌수가 일국 의 영의정보다 더 지위가 높냐"며 선조가 물었다. 이에 서애가 대 답하기를 유향좌수는 '양반들의 대표'로 안동에서는 영의정보다 더 영광스럽게 생각하는 자리라고 답했다. 즉 안동에는 골짜기마다 양반들이 즐비한데 유향좌수는 그 양반들의 대표로 뽑히는 것이어서 벼슬보다 더한 가문의 영광으로 여겼다는 말이다.

　임청각의 선조들은 학행을 실천하기 위해 250년 전에 일종의 학술모임인 '문회계文會禊'를 만들었다고 한다. 요즘으로 말하면 '아카데미'나 '학회'와 같은 것으로, 문회계를 만들면서 이것이 계기가 되어 자녀들을 교육하는 전통이 그후로도 계속 이어졌다. 유교 경전 중 하나로 우리나라에서 가장 오래된 『효경孝經』의 판본을 임청각이 소장하고 있었던 것은 바로 이러한 학행의 전통이 있었기에 가능했으며, 아울러 모든 종손들이 문집이나 서첩을 낼 수 있었던 것으로 보인다. 또 이러한 학행이 바탕이 되어 지방 명문가들과의 결혼으로 이어질 수 있었다. 우리나라는 예나 지금이나 결혼을 위해 고위공직에 있는 집안이나 부유층보다 학문이 높은 집안을 더 선호하는 경향이 있는데 임청각이 여기에 해당한다.

　이범증은 "이른바 권력 지향적인 가문이 아닌데도 당대의 명문가들과 통혼이 이루어진 배경에는 학행의 가풍이 있다"고 말한다. 특히 서애 류성룡의 부친인 류중영과 사돈관계(서애의 형인 류운용의 부인이 고성 이씨 종손인 이용의 딸임)를 맺어 고성 이씨의 지위가 명가로 크게 상승되었다. "오랫동안 벼슬에 나아가지 못해도 사위가 정승이 되기도 했죠. 혼인관계를 통해 경제력이 크게 나아지기도 했고, 아울러 가학의 전통에 따라 서첩과 문집을 대대로 내면서 명문가를 유지해 올 수 있었습니다."

임청각은 임진왜란이 일어나기 73년 전인 1519년에 건립되었다. 임진왜란 당시에는 석주의 13대손인 이지李遲가 의병활동을 전개했으며, 정유재란 때는 임청각에 주둔한 명나라 군대에게 군량미를 지원하기도 했다. 이때 임청각의 일부가 왜병이 놓은 불에 소실되었다. 임진왜란 때 호남의 의병장으로 아버지 고경명, 동생 고인후와 함께 순국한 고종후의 처가도 이곳 임청각이다.

임청각에는 3명의 재상이 나온다는 '영실靈室'이 있다. 방 앞에

3명의 정승이 태어난다는 임청각의 우물방. 고종 때 좌의정을 지낸 류후조와 석주 이상룡이 태어난 산실이다. 임청각은 2004년부터 전통문화 체험장으로 일반인에게 개방되어 누구나 이용할 수 있는데, 우물방은 '영실靈室'로 알려져서 예약이 가장 많은 방이다. 자녀와 함께 임청각 우물방에서 하룻밤을 지새우며 대화의 시간을 가져보는 건 어떨까.

우물이 있다고 해서 '우물방'이라고 이름 붙여진 이 영실에서 부부
관계를 맺고 임신을 하면 비범한 인물이 태어난다는 것이다. 우물
방에서는 대원군 때 좌의정을 지낸 풍산 류씨 류후조와 석주 이상
룡 등이 태어났다.

임청각은 독립운동으로 이상룡, 상동, 봉희 삼형제와 이들 삼형
제의 자녀들인 준형, 형국, 운형, 광민에 이어 석주의 손자 병화 등
한 집안에서 9명이 건국훈장을 받았다. 또 이상룡－준형－병화 이
렇게 3대가 독립운동을 한 가문으로 기록되고 있으며, 이외에도 이
승복, 이종영 등이 독립운동으로 건국훈장을 받았다. 임청각 사람
들이 다른 가문이 갖지 못한 자긍심을 가질 수밖에 없는 이유가 바
로 여기에 있다.

자긍심으로 부활하는 석주의 집안

석주의 가족사는 그야말로 한국의 현대사와 함께한다고 해도 과언
이 아니다. 일부는 사회주의 노선을 추구하면서 월북해 북한에서
활동했는가 하면, 일부는 19세기 후반에 이미 기독교를 수용해 경
북 지역의 기독교사에 큰 역할을 담당했다. 물론 이들 모두 독립운
동을 해 각기 그 공로로 건국훈장을 받았음은 더 말할 것도 없다.

석주가에서 가장 먼저 기독교를 받아들인 사람은 독립운동가로
애족장을 받은 석주의 동생 이상동(1865~1951)이다. 그는 평양신학
교를 나와 1912년에 장로가 됐다. 그의 둘째 아들인 이운형(1892~

1972)은 1900년대 초기에 목사로 활동하며 경북 일원에 개척교회를 7개나 세우는 등 이 지역 기독교사에 한 획을 그었다. 특히 이운형의 자녀들은 미국으로 이민을 가 교수와 의사, 목사 등으로 일하며 저마다 두각을 나타냈다. 반면 이상동의 장남인 이형국(1883~1931)만은 기독교를 수용하지 않았다. 석주는 1910년 만주로 떠나면서 그에게 '종손 대리 역할'을 하도록 지시했는데, 그는 맡은 역할을 충실히 이행하며 독립운동을 했고 1968년에 건국훈장(애족장)을 받았다.

석주의 막내 동생으로 역시 독립운동을 해 건국훈장을 받은 이봉희의 자녀들 중 일부는 북한으로 갔는데, 장남인 이광민의 아들 이석화(1920~1978)는 해방 직후 서울대 공대 교수를 지내다 월북해 공업성 차관을 지냈다. 또 둘째 아들 이광국은 평양시당위원장을 지내는 등 북한에서 입지가 높았으나 이후 숙청 당한 것으로 알려졌다. 이범증은 "우리 집안은 대부분 사회주의 노선에 서서 독립운동을 했지만 해방 이후 남과 북의 선택에 따라 운명이 갈렸다"고 말한다.

"한 집안에서 세 가지 독립운동의 노선이 나온 셈이죠. 석주는 혁신유림으로 독립운동에 나섰고, 동생은 사회주의 노선을 걸었으며, 또 일부는 기독교를 수용하면서 독립운동을 했습니다. 그중 우연인지 모르겠지만 기독교를 수용한 집안이 가장 번성했어요. 그래서 기독교를 수용한 분들은 '우리 집안이 기독교와 궁합이 잘 맞는 것 같다'는 이야기를 하기도 하죠."

1519년에 지은 임청각은 조선시대의 가장 오래된 민가로 꼽힌다. 99칸이었지만 일제에 의해
일부가 헐리고 현재는 70여 칸이 남아 있다. 석주 이상룡은 1910년 일본에 강제 합병되자 조상의
위패를 땅에 묻고 온 가족을 데리고 만주로 망명, 독립투쟁의 불길을 당겼다. 하지만 일제는 이에
대한 보복으로 중앙선을 개설하면서 임청각 마당에 철로를 건설하는 '만행'을 저질렀다.
지금도 임청각은 기차가 통과할 때마다 심한 소음과 진동에 시달리고 있다.

이범증의 어머니인 허은 여사로 이육사의 종고모이다. 만주로 망명한 김해 허씨 왕산
허위 가문의 후손으로 서간도 망명 시절에 석주의 손자인 이병화와 결혼했다.
허은 여사는 출산 후 산후 몸조리 기간에 시아버지인 이준형에게 『논어』 등을 배워 훗날
자녀들에게 이것을 가르쳤다. 지팡이는 석주가 김규식에게서 선물 받은 것으로
용의 형상과 매우 흡사해 '석주용장'이라고 한다.

석주는 형제와 아들, 손자, 며느리를 이끌고 온 가족이 망명길에
올라 이국에서 독립투쟁을 벌였는데 해방 이후 남한과 북한, 미국
과 중국, 러시아 등지로 후손들이 뿔뿔이 흩어졌다. 그중 석주의 동
생들 집안은 후손들이 대대로 번창하고 있다. 반면 석주 집안은 어
려움을 겪었는데, 종손인 이병화의 여섯 형제 가운데 오직 이범증
만이 대학 공부를 마쳤을 뿐이다. 현재 중앙중학교 교장으로 있는
이범증은 석주의 정신을 이어 교육자의 사표가 되고 있다.

반면 이병화의 장남은 부친의 독립운동을 도운 혐의로 일제의 가혹한 고문을 견디다 못해 그 후유증으로 스물네 살에 요절했고, 차남은 종손 대행 역할을 하러 고향으로 가려다 인민군에 붙들려 전사하는 등 불행이 겹쳤다. 부모가 독립운동을 하면 3대가 망한다더니 그 말이 결코 허튼소리는 아니었다. 그러나 길게 보면 석주와 그 아들, 그 아들의 아들들이 보여준 나라 사랑의 정신과 빛나는 자긍심으로 집안은 다시 부활할 수 있을 것이다. 그리고 이제 부활하려 한다. 500년 명가의 자긍심은 그 무엇과도 바꿀 수 없는 가장 위대한 유산이기 때문이다.

석주의 집안뿐만 아니라 석주의 처가인 의성 김씨도 독립운동에 투신해 우리나라 독립운동사에서 큰 족적을 남겼다. 석주의 처남은 백하白河 김대락(金大洛, 1845~1914)으로 그는 안동 지역 최초의 중등 교육기관인 협동학교를 석주와 함께 만들었다. 백하는 1910년 경술국치를 당하자 엄동설한에 바로 석주와 함께 만삭의 손부와 손녀를 데리고 서간도로 망명한 인물이다. 또 백하의 아들은 1948년 남북연석회의 때 사회를 본 월송 김형식이다.

이범증의 어머니 허은 여사(1997년 사망)는 의병운동의 대부격인 왕산旺山 허위(許蔿, 1855~1908)와 같은 집안 출신으로, 이 집안은 서간도에서의 독립운동으로 점철돼 있다. 의병전쟁이 한창이던 1907년 전국의병연합체인 13도 창의군의 군사장으로 서울 동대문 밖 10리까지 진격하는 성과를 거둔 의병장 왕산 허위는 을사오적을 암살하려다 체포되어 1908년 서대문형무소가 생긴 이래 최초로 교수형을 당한 인물이다. 왕산이 청량리에서 의병을 이끌고 동대문으로 진격하려다 패배하고 물러선 것을 기려 동대문—청량리까지의 길을 '왕산로'라 부르기도 한다. 허은의 부친 허발(왕산이 당숙부)은 왕산이 죽은 후에 일제의 탄압을 견디다 못해 1915년에 식구들을 데리고 만주로 갔다. 결국 허은은 독립운동이 인연이 되어 서간도에서 고성 이씨 가문의 이병화를 만나 결혼을 하게 되었다.

임청각은 2004년 9월부터 전통문화 체험 장소로 일반인들에게 개방하고 있다. 임청각은 국가에 헌납할 예정인데 아직 이전 절차가 마무리되지 않아 이병화의 다섯째 아들인 이항증 씨(전 조흥은행 검사역)가 관리인 역할을 하고 있다. 이곳을 다녀간 이들 가운데는 역사를 전공한 사람들뿐만 아니라 일반인과 외국인들도 있다. 외국인 가운데는 일본인들이 가장 많다. 일제는 야만스럽게도 당시 99칸의 대저택이던 임청각의 앞마당과 저택 일부를 헐어 철길을 냈다. 바로 앞이 낙동강이고 강 건너에 산이 있어 그쪽으로 철길을 돌릴 수 있었는데도 굳이 임청각을 허무는 만행을 저질렀던 것이다. 석주의 기상을 꺾으려는 일제의 저의를 그대로 읽을 수 있는 대목이다. 필자가 임청각에서 하룻밤을 묵을 때 기차가 지나갈 때면 마치 집 안쪽으로 기차가 달려오는 것 같은 착각을 불러일으킬 만큼 그 소리가 지척에서 요란하게 들렸다.

임청각을 다녀간 신용하 서울대 명예교수는 방명록에 "이상룡 선생님의 애국정신을 열심히 공부하겠습니다"라는 글을 남겼다. 또 어느 가족은 "먼 훗날 힘들고 어려울 때 지금의 시간들이 우리 아이들에게 힘이 되어주길 바라며"라고 써놓았다. 아이들에게 '자긍심'을 일깨워주는 훌륭한 자녀교육의 장소가 아닐 수 없다. 석주는 낙동강변 양지바른 곳에 자리한 임청각을 버리고 엄동설한에 온 가족을 데리고 만주로 건너갔다. '지금 우리들이 과연 석주와 같은 호연지기를 발휘할 수 있을까' 자문해 보지 않을 수 없다.

자긍심 있는 아이로 키워라

러시아의 대문호 톨스토이는 명문 백작 집안의 아들로 태어났다. 톨스토이는 항상 조상에 대한 긍지를 지닌 채 살았다고 한다. 자신의 작품에도 이러한 긍지가 반영되곤 했는데 『전쟁과 평화』에서는 외조부가 나이든 볼콘스키 공작으로 등장하는가 하면 여주인공 나타샤는 처제인 타냐 베르스를 모델로 한 것이다.

어린 시절 톨스토이는 할아버지를 닮고 싶어했다. 점차 성장하면서 톨스토이는 선조들로부터 얼마나 큰 은혜를 입었는지 깊이 깨닫게 되었는데, 그는 집안 곳곳에 있는 선조들의 작은 초상화를 보는 걸 좋아했다고 한다. 선조들의 초상화에는 과거가 아로새겨져 있었고, 톨스토이는 이러한 과거를 떠올리며 자주 생각에 잠기곤 했다.

톨스토이에게 아버지, 조부, 증조부를 떠올리는 것은 매우 즐거운 일이었다고 한다. 선조들의 운명과 성격, 그들의 삶의 순간들은 톨스토이에게 창작의 힘을 불어넣어주고 상상의 날개를 펼칠 수 있게 해주었기 때문이다. 결국 톨스토이에게 자신과 처가가 몸담고 있던 귀족 가문의 전통은 그의 사상과 문학에 큰 영향을 끼치는 재료였던 셈이다.

톨스토이는 자긍심이 왜 중요한지를 일깨워주는 대표적인 사례이다. 물론 명문가의 후손으로 태어나는 사람은 지구상에서 1퍼센트 정도에 불과하지만, 후손에게 이러한 자긍심을 물려주기 위한 노력은 계속되어야 하지 않을까. 반면 대문호 괴테의 사례는 톨스토이와는 상반된 측면에서 교훈으로 삼을 만하다.

괴테의 부친은 할아버지의 재력을 빌려 프랑크푸르트 시 고문관이라는 명예직을 샀다. 제철공이라는 신분의 굴레에서 벗어나기 위해 괴테의 조부가 여관업을 하면서 모은 재력을 바탕으로 이른바 매관매직을 한 것이다. 이러한 가족사로 인해 괴테는 부친이나 가문에 대해 마음속에서 우러나오는 존경심을 가질 수는 없었던 것으로 보인다. 괴테의 부친이 최고의 가정교사를 붙여 어린 괴테를 교육한 것은 어쩌면 귀족 가문 출신이 아닌 데서 오는 콤플렉스를 벗어던지기 위한 것이었는지도 모른다. 덕분에 괴테는 다방면에 걸쳐 공부를 할 수 있었지만 말이다.

스물여섯 살에 집을 떠나 바이마르에 정착한 괴테는 문학적으로 성공을 거두면서 귀족의 지위에 오를 수 있었다. 그렇지만 괴테는 33세 때 부친이 사망한 이후 30여 년 동안 어머니가 홀로 사는 프랑크푸르트의 생가를 단 4번밖에 방문하지 않았다고 한다. 어린 시절 침대 머리맡에서 매일 밤 책을 읽어주었던 괴테의 어머니는 평생 얼마나 자식을 그리워했을까.

괴테는 그의 부친이 했던 것처럼 외아들 아우구스트의 교육에 남다른 열정을 보였지만, 아들은 아버지만큼의 재능을 드러내지는 못했다. 결국 아들은 아버지의 그늘을 벗어나지 못한 채 알코올 중독으로 마흔한 살에 요절했고, 손자 대에 이르러 가문의 대가 끊기고 말았다. 괴테 가는 아들에 대한 지나친 요구가 오히려 큰 부담으로 작용해 결국 자녀의 앞날까지 불행하게 만든 경우이다. 지나치면 모자란 것보다 못하다는 '과유불급過猶不及'이라는 말이 있듯이 지혜로운 부모라면 마땅히 경계해야 할 사항이다. 그런 점에서 괴테의 자녀교육은 시사하는 바가 크다. 톨스토이와 괴테의 사례에서 볼 수 있듯이 명문가와 명문가의 정신은 하루아침에 이루어지지 않는다. 다산 정약용이 말한 것처럼 3대에 걸쳐 글을 읽어야 제대로 된 문장이 나오듯 그만큼 명문가를 만들고 유지하기란 쉬운 일이 아니다.

고성 이씨 석주 이상룡 가문은 500년 동안 단 1명의 과거 합격자를 배출하고서도 명문가의 명성을 이어오고 있다. 그것은 500여 년을 이어온 문필의 전통과 교육을 중시하는 가풍, 지조와 자긍심이 있었기에 가능했다. 석주 이상룡과 그 자손들이 만주에서 독립운동을 하면서도 오직 한 가지 게을리 하지 않은 것이 바로 학문과 교육이었다.

조상들은 대대로 붓글씨를 쓰면서 마음을 갈고 닦았으며, 무려 20대에 걸쳐 단 한 명의 종손도 빠지지 않고 필첩과 문집을 남겼다.

또 250여 년 전에 이미 학회를 만들어 요즘과 같은 학술토론회를 열었는가 하면, 만주에서 독립군을 키우기 위해 신흥학교를 세우기도 했다. 한편 독립운동을 하는 와중에도 시아버지가 산후조리를 하는 며느리에게 『맹자』를 가르쳤는데, 며느리는 시아버지에게 배운 『맹자』를 다시 아들에게 가르쳤고, 아버지는 전쟁중에도 청년들에게 천자문을 가르쳤다고 한다. 일제에 항거해 자결을 하면서도 "전답을 팔더라도 교육은 시켜라"는 유언을 남기는 가풍에서 비롯된 행동이었다.

석주 가문은 3대째 9명의 독립운동가를 배출하면서 명문가로서의 의무를 앞장서 실천한 '항일명문가'로 꼽힌다. 그렇지만 독립운동에 전 재산을 바치는 바람에 해방 후에는 자녀들이 큰 시련을 겪어야 했다. 일제 시대에는 서슬 퍼런 감시로 중학교도 다니지 못했고, 해방 후에는 가난 탓에 학교에 다니기조차 어려운 형편이었다. 하지만 석주가에는 다른 어떤 가문보다 더 고귀한 유산이 남아 있다. 그것은 그 무엇과도 바꿀 수 없는 '자긍심'이다. 개인적인 손익을 따지지 않고 나라를 위해 분연히 일어서는 이와 같은 호연지기의 정신은 오늘날 그 후손들이 다시 일어나는 원동력이 되고 있다.

자긍심에는 두 가지 요소가 있다고 한다. 하나는 '자신감'이요, 또 하나는 살아오면서 느끼고 경험하는 가운데 형성된 자신의 존재 가치에 대한 감각, 곧 '자존감'이다. 자긍심은 자신감과 자존감의 조화를 통해서 이루어진다. 자긍심은 먼저 자신을 사랑하고 존중하는 데서부터 시작된다. 자신을 가치 있게 여기고 존중하는 사람이 남도 귀하게 여기고 존중할 줄 아는 것이다. 자긍심은 남과 경쟁하거나 비교해 얻어지는 것이 아니다. 따라서 자긍심이 높다고 해서 남에게 우월감을 갖거나 교만해서는 안 된다.

자긍심이 높은 사람은 어려운 문제나 곤란한 상황에 직면했을 때 그 문제를 해결할 수 있는 능력을 갖추고 있지만 자긍심이 낮은 사람은 최선을 다해보지도 않고 쉽게 포기해 버리는 경향이 있다. 다시 말해, 자긍심이 높은 사람은 의지가 강하고 참을성과 끈기가 있으며 독립심이 강하다. 연구 결과에 따르면 자긍심이 높은 아이가 학업 성적도 뛰어나다고 한다. 유태인들이 명석한 이유도 그들이 선민사상選民思想에서 비롯된 최고의 자긍심을 갖고 있기 때문이다.

어떤 아이는 자긍심이 높은데 다른 아이는 왜 그러지 못할까? 그 해답은 아이가 부모와 얼마나 역동적인 관계를 맺는지에 달려 있다. 자주 접촉하고, 껴안고, 달래고, 사랑을 준 아이는 무의식중에 자신이 중요하고 가치 있는 사람이라고 인식한다. 반대로 자주 무시 당하거나, 꾸지람을 듣거나, 구박 받은 아이들은 자신이 보잘것없는 사람이라고 인식하게 된다. 당신의 아이는 자긍심 있는 아이로 크고 있는지 다시 한 번 생각해 보아야 할 문제이다.

밑지고 살아라, 그러면 세상을 얻는다

─할아버지가 들려주는 상생相生의 철학

장사는 이문을 남기는 것이 아니라 사람을 남기는 것이다.

상업이란 이익을 추구하는 것이 아니라 의義를 추구하는 것이다.

소인은 장사를 통해 이윤을 남기지만 대인은 무역을 통해 사람을 남긴다.

─최인호, 『상도』 중에서

마이너스가 결국은 플러스가 된다

"대접 받고 싶거든 먼저 대접하라"는 성경 구절은 유대인들의 자녀교육에서 고전으로 통하는 율법이다. 일본 굴지의 대기업 가네보의 사장을 지낸 미타니 야스토 씨는 "마이너스가 결국은 플러스가 된다"는 경영 철학으로 기업을 경영해 일본 최고의 기업으로 우뚝 섰다.

이러한 철학을 500여 년 전부터 자녀교육에 적용해 온 명문가가 있다. 바로 재령 이씨 영해파 운악 종가이다. "지고 밑져라." 운악

◀ 경북 영덕군 창수면 인량리에 있는 재령 이씨 운악 이함 종가인 충효당.
이함이 성종 때 건립했으며 500년 된 집 앞의 은행나무도 그가 손수 심었다고 한다.
옛 성현들은 나무를 즐겨 심었다. 자녀들과 함께 자신의 집 마당이나 아파트 화단에
500년을 살 수 있는 한 그루의 나무를 심어보는 건 어떨까!

종가 17대 종손인 이용태 삼보컴퓨터 창업자는 할아버지가 들려준 이러한 가르침을 실천하면서 맨손으로 삼보컴퓨터를 창업하고 국내 정보통신업계의 대부로 자리매김하고 있다.

이용태는 언뜻 어울릴 것 같지 않은 직함을 여러 개 가졌다. 물리학 박사, 전 이화여대 교수, 삼보컴퓨터 창업자, 전경련 부회장, 한국전자거래진흥원 이사장, 박약회 회장, 퇴계학연구원 이사장, 숙명학원 이사장 등등. 그의 이력에서 볼 수 있듯이 이용태의 삶에는 전통과 현대, 유학과 첨단 테크놀로지가 공존한다. 국내 처음으로 컴퓨터 회사를 만들었는가 하면 새로운 유림단체인 '박약회'를 이끌며 "자녀교육을 제대로 해야 나라가 산다"는 취지로 교육에 앞장서고 있다.

명문가의 후예로 가난한 시골 출신인 이용태가 컴퓨터 신화를 이룰 수 있었던 원동력은 과연 무엇일까?

"할아버지는 항상 자신보다 남을 먼저 배려하라고 가르치셨습니다. 어릴 때 동네 아이들에게 맞고 들어오면 칭찬을 해주셨고 반대로 때리고 들어오면 크게 혼을 내셨어요. 할아버지는 이유를 설명해 주지 않으셨지만 남을 해치지 않는 인간관계를 염두에 두셨던 것 같아요. 다만 그런 어려운 개념을 일일이 설명하는 것보다 나중에 스스로 알도록 했던 거죠. 할아버지의 가르침은 제 평생의 이정표였고 기업 경영에도 그대로 적용하는 대원칙이 되고 있어요."

　　이용태는 종손의 고정관념을 완전히 깨뜨린 주인공이다. 종가를 지켜야 했던 종손은 사회적으로 성공할 수 없었고, 그래서 때로는 성공한 종친들에게 무시를 당하는 처지가 되었다. 그래서 대부분 종가의 종손보다 그의 동생들이 사회적으로 더 성공하는 경우가 많았다. 그러나 이용태는 달랐다. 그는 정규학교도 제대로 다니지 못했지만 독학과 고학으로 서울대 물리학과에 수석 합격했다. 또 결혼을 한 늦은 나이에 미국으로 유학을 떠나 박사학위를 받고 교수를 거쳐 대기업 회장이 되었다.

한국 IT업계의 신화를 일군 이용태는 서예와 함께 한시에 능한 유학자이기도 하다.

"한번은 어머니가 좁쌀과 보리쌀을 팔아 만든 돈을 실로 묶어 보내셨어요. 등록금이었던 거죠. 어머니가 그 돈을 마련하기 위해 겪은 고초를 생각하면 도저히 돈을 학비로 쓸 수가 없었습니다. 마음이 무거워 그 돈을 다시 어머니에게 부쳐드리고 검정고시에 도전했어요."

이용태는 경북 영덕군 창수면 인량리의 재령 이씨 영해파 운악 종가인 충효당에서 1933년에 태어났다. 충효당은 운악雲嶽 이함(李涵, 1554~1632)의 조부 이애가 영해부사인 숙부를 따라 이곳에 와 정착하면서 지은 집이다. 이애는 이곳 토호의 외동딸과 결혼해 단숨에 명가의 초석을 다질 수 있었다고 한다. 이애는 처가로부터 상속 받은 재산으로 경제적인 부를 이루었고, 이를 바탕으로 그의 손자인 이함 이후 차례로 학자를 배출해 명문가의 자리를 굳혔다.

"이는 조선시대 명가의 전형적인 형태로 볼 수 있습니다. 조선시대의 명가名家들은 먼저 부를 쌓은 후에 그 후손들이 벼슬이나 학문을 통해 사회적 지위에 오름으로써 명가로 거듭나는 과정을 거쳤어요. 우리 집안도 그래요. 이애 할아버지가 외동딸과 결혼하면서 큰 재산을 상속 받은 덕에 단숨에 상류층으로 올라갈 수 있었던 겁니다."

운악 종가는 의령현감을 지낸 이함에 이어 석계 이시명—갈암 이현일—밀암 이재 등 3대에 걸쳐 퇴계 학맥을 잇는 대학자를 배출해 영남의 명문가로 자리를 굳힐 수 있었다. 이들은 영남에서 높은 벼슬보다 더 존경하는 대유학자로 우뚝 섰다. 운악의 셋째 아들인 석계石溪 이시명(李時明, 1590~1674)은 병자호란 때 오랑캐에게 치욕을 당하자 산촌에서 20년을 은거하며 살았다.

이시명의 부인인 정부인 장씨(아들인 이현일이 이조판서를 지내 정부인의 품계를 받음)도 효행, 학문, 예술적 재능 등을 고루 갖춰 신사임당에 버금가는 인물로 알려져 있다. 정부인 장씨는 문화관광부에서 시詩, 서書, 화畵에 능하고 자녀교육에 귀감을 보였다며 '이달의 문화인물'로 선정하기도 했다.

장씨의 아버지 경당 장흥효는 퇴계의 수제자인 학봉 김성일의 학맥을 잇는 유학자로 무남독녀인 장씨를 직접 가르쳤다고 한다. 장씨는 아버지 경당에게 『소학』 등을 배워 학문과 시문에 능했다. 무남독녀로 부친의 사랑을 한 몸에 받고 자란 장씨는 남자로 태어났다면 입신양명에 나설 만한 인물이다.

장씨는 어느 날 병자호란으로 수치를 당하고 벼슬에서 물러난 남편에게 "공께서 세상을 버리고 숨으셨으니 마땅히 시와 예로써 자손들을 가르치셔야 하는데 어찌 세월을 그냥 보내십니까? 아이들에게 학문을 강론하고 예의를 익히게 하여 앞날을 밝히시고 뒤를 열어주는 일을 어찌 하지 않으십니까?"라고 조언했다고 한다. 남편은 그 말을 듣고 뒤에 소학과 성리학을 가르치는 등 후학들을 힘써 지도했는데, 장씨가 내조했던 공이 크다는 기록이 남아 있다. 여성으로서 남편과 자식을 통해 자신이 이루지 못한 길, 즉 학문에 정진하고 후학을 양성하는 일을 이루었던 셈이다. 특히 그녀는 어린 시절 부모님의 칭찬이 중요한 역할을 했음을 알고 시를 지어 손자를 칭찬했다고 한다.

손자 성급에게
새해가 되어 경계하는 글을 지으니
너의 뜻은 지금 사람 같지 않구나.
아이로서 배움에 뜻을 두었으니
참된 선비가 되고 말리라.

계모로 들어온 장씨는 전처의 자녀를 포함해 7남 3녀를 키웠다. 자녀들 중 존재 이휘일과 갈암 이현일은 외조부인 경당 장흥효에게 배워 퇴계 학맥을 이은 대학자가 되었다. 장씨는 자신의 재주를 숨긴 채, 한 가정의 평범한 가정주부이면서도 자녀들을 대학자로 키웠던 것이다. 그렇지만 자녀들에게는 늘 "너희들이 비록 글 잘한다는 소리가 있지만 나는 귀하게 생각하지 않는다. 다만 한 가지 선행을 했다는 소리가 들리면 나는 기뻐하여 잊지 않을 것이다"라고 가르쳤다. 퇴계의 학문을 잇는 부친의 가르침을 받은 장씨 역시 과거시험 공부보다 『소학』의 본질을 하나라도 몸소 실천하기를 더 바랐던 것이다. 퇴계의 가르침대로 장씨 역시 근본이 없으면 학문이나 재력, 명성 모두 모래성에 불과하다고 판단했다. 그래서 자녀들에게도 공부보다 먼저 행동거지를 중요시했다고 한다.

충효당 1602년에 이함이 후진 양성을 위해 지은 것으로 퇴계 학맥을 이은 석계 이시명—갈암 이현일—밀암 이재 등 3대에 걸쳐 대학자를 배출했다. 이함의 셋째 아들인 석계는 이로 인해 새로운 종가를 이뤘다.

경북 영양 출신의 소설가 이문열은 바로 석계 이시명의 둘째 아들인 항재 이숭일의 12대손으로 알려져 있다. 이용태는 이러한 퇴계 학맥을 이어온 정통 유학자의 후예로 유년시절부터 고리타분할 만큼 옛날 생활방식대로 살았다고 한다. 이용태는 미국 유학중에도 매일 부모님께 문안편지를 쓴 것으로 유명하다.

자녀교육에는 할아버지가 더 적격이다

격대교육隔代敎育이라는 말이 있다. 이는 할아버지가 손자, 할머니가 손녀를 맡아 잠자리를 함께하면서 교육한다는 의미이다. 아버지가 아들을 교육하면 감정에 휩쓸리기 쉬워 오히려 자녀교육에 부정적인 영향을 끼칠 수 있다. 즉 부모는 자녀에 대한 기대가 높고 욕심이 앞서 자녀가 잘 따라오지 않는다고 화를 내며 질책을 하게 된다. 그렇게 되면 아이는 주눅이 들어 마음속에는 저항심이 생기는 탓에 교육이 제대로 될 리 없다.

이런 때에는 지혜와 경륜을 갖춘 할아버지가 감정을 통제하며 자녀들을 교육하기에 더 적격일 수 있다. 조부모는 세상사를 관조하는 나이가 되어 손자손녀를 소중하게 여기고 아이의 생각과 요구를 귀담아들을 여유를 가지며, 감정을 절제한 상태에서 타이르므로 아이가 저항 없이 그 뜻을 따르기에 저절로 교육이 된다고 보았다. 이러한 격대교육은 우리 선조들이 예전부터 해오던 자녀교육의 한 방식이었다.

요즘에도 할머니가 기른 아이들은 쉽게 알아볼 수 있다. 젊은 부부가 홀로 키운 아이들은 밥이나 된장, 김치 등을 제대로 먹지 않고 패스트푸드를 더 선호한다. 반면 할머니가 키운 아이들은 군것질을 하지 않고 된장국과 김치 등 토종음식을 비롯해 음식을 가리지 않고 잘 먹는다. 또 엄마가 키운 아이들은 낯가림이 심하지만 조부모 밑에서 자란 아이들은 누구에게나 잘 다가가는 등 대체로 사회성이 좋은 편이다.

비단 할아버지, 할머니뿐만 아니라 큰아버지나 작은아버지가 조카의 교육을 맡는 경우도 있다. 생후 7개월에 부친을 여읜 퇴계 이황은 처음에 독학하다 참판을 지낸 작은아버지에게 가르침을 받으면서 학문의 기초를 배웠다.

이용태는 "사람들은 지금 세상이 도덕적으로 무너져가고 있는 것을 개탄하며 그 책임을 정부나 학교, 방송 탓으로 돌리고 있다"면서 "그러나 따지고 보면 젊은 세대나 어린아이들이 문제가 있는 건 바로 가정에 책임이 있다"고 강조한다.

"남을 탓하기에 앞서 자신부터 자녀를 올바르게 가르쳐야 해요. 요즘 할아버지들은 대개 손자와 떨어져 삽니다. 할아버지는 시골에, 손자는 서울에 사는 경우가 많아요. 또 다 같이 서울 하늘 아래 있다 해도 조손祖孫이 따로 사는 경우가 허다합니다. 나는 어릴 적부터 할아버지 옆에서 자면서 많은 이야기를 들었는데, 그 이야기는 내 인격 형성에 결정적인 영향을 미쳤어요. 그런데 요즘 아이들은 이 소중한 기회를 잃고 있습니다."

유년 시절 이용태는 고조모, 증조부, 조부모, 부모님 등 5대가 한 집에 살았다. 이용태는 독립운동으로 옥고까지 치렀던 할아버지에게서 가르침을 받았는데, 특히 종손이었던 이용태를 할아버지는 조석으로 정성껏 가르쳤다. 할아버지는 일제 치하에서는 교육을 받을 필요가 없다는 이유로 학교에 가는 것을 반대했다고 한다. 대신 손자에게 『입본』, 『동몽선습』, 『계몽편』, 『소학』, 『대학』, 『중용』, 『논어』, 『맹자』, 『시경』 등을 가르쳤다. 그는 열 살 때까지 한문 공부만 한 셈인데, 이런 교육을 받아서인지 이용태 회장의 동생인 이장우 영남대 교수도 한문학에 밝다.

삶을 변화시킨 가훈 "지고 밑져라"

이용태는 할아버지의 교육관이 전혀 엄격하지 않았다고 회고한다. 요즘 표현을 빌리면 자유방임형에 가깝다고 볼 수 있다. 가끔 일과를 걸러도 그의 조부는 매를 들지 않고 꾸중도 하지 않았다. 그날 배운 내용을 다 외워 이튿날 아침에 암송해야 하는 것도 아니었다. 흔히 옛날 서당에서는 배운 것을 외우지 못하면 목침 위에 올라 종아리를 맞았다. 그러나 어린 이용태는 단 한 번도 맞아본 적이 없었다고 한다.

“할아버지는 선비나 도덕군자가 되라든가 문장가나 명필가가 되라고 한 번도 말씀하시지 않았어요. 흔히 하는 말처럼 '큰 뜻을 품어라'든지 그런 말씀도 없었죠. 그냥 자유롭게 내버려두고 스스로 깨달아 공부하게 하셨습니다.”

집안 분위기나 문화적인 배경 때문에 늦고 빠른 차이는 있으나 결국에 가서는 스스로 공부해 자기 앞가림을 한다는 믿음이 할아버지의 교육 방침이었다. 요즘 말로 '자율'을 중시한 것이다. 공부에는 엄격하지 않았지만 할아버지는 언제나 “반듯한 인격으로 사람들과 조화롭게 살 수 있도록 노력해야 한다”고 가르쳤다. 할아버지는 많은 이야기를 들려주면서 어린 손자의 마음속에 자연스럽게 인격이 갖춰지기를 바랐던 것이다. 부모에게 효도하고 어른들에게 공손한 사람들의 얘기도 많이 들려주셨는데, 그중에는 이런 이야기도 있었다고 한다.

“옛날 집에서 흔히 볼 수 있는 솟을대문이 우리집엔 없다. 큰 마루에도 앙토를 바르지 않았단다. 집을 지을 때는 서까래 위에 나무를 걸친 뒤 흙을 덮고 기와를 얹어 바깥 모양을 완성한 다음 방 안쪽으로 천정의 흙을 바르는데, 이 흙이 바로 앙토다. 이를 두고 할아버지는 '우리 조상은 힘이 있다고 해서 그 힘을 다 쓰지 않고 여유를 두며 살았다. 재물이 있다고 해서 과시하지 않고 검소해야 한다는 교훈을 자손들에게 일깨워주는 예'라고 설명했다.”

특히 할아버지는 기회가 있을 때마다 "사람들과 사귀거나 일을 할 때는 네가 '지고 밑져야' 한다"고 가르쳤다. 그리고 이런 가르침이 은연중에 그의 생활철학으로 뿌리를 내렸다고 한다. 요즘 사람들은 흔히 '남을 밟아야 내가 산다'고 생각하는데 할아버지는 그와 정반대로 가르쳤던 것이다. 이용태는 할아버지의 말씀에 대해 나름대로 현대식 해석을 내렸다.

"세상을 살아가려면 혼자서는 되는 일이 없어요. 다른 사람과 협동해야 하는데 남의 도움을 받기 위해서는 내가 먼저 베풀 줄 알아야 합니다. 그때그때 짧은 시간으로 보면 손해가 될지 모르나 한평생을 놓고 보면 그게 가장 현명한 처사라는 것을 알 수 있어요. 밑그림을 작게 그리는 사람보다 큰 그림을 그리면 남에게 줄 수 있는 것도 많고, 또 그만큼 많이 되돌려 받을 것입니다."

이용태는 "지고 밑져라"는 가풍을 기업 경영에도 적용해 위기를 극복한 적이 있다. 알려진 대로 이용태는 이화여대 교수를 지내는 등 교육자로 살아왔다. 한때는 학원을 세워 학원재벌로 통하기도 했다. 그는 학원을 운영하면서도 "지고 밑져라"는 원칙만 지키면 어느 사업이든 잘할 수 있다고 믿었다.

1970년에 문을 연 학원이 몇 차례 쓰러질 위기를 겪기도 했다. 예상만큼 수입이 나지 않아 3년 가까이 자금난을 겪다가 결국 문을 닫든지 빚을 얻어야 하는 선택의 기로에 놓였다. 그는 동업자에게

"학원을 계속 운영하려면 추가 증자를 하거나 빚을 얻어야 한다. 이 빚은 모두 내가 책임지겠다"고 약속했다. 이같은 결정에는 남과 더불어 일할 때는 희생하고 손해도 볼 줄 알아야 한다는 할아버지의 교훈이 밑바닥에 깔려 있었다. 이렇게 하자 동업자들은 그를 더욱 신뢰하게 되었고, 그가 하는 일에 협력을 아끼지 않는 분위기가 싹텄다. 결국 학원은 크게 성공해 장안의 명문으로 떠올랐다.

이용태는 여세를 몰아 두 번째 학원을 세웠고 1989년에는 세 번째, 네 번째 학원을 차렸다. 그는 장안의 학원가를 모두 휩쓸 수 있을 것 같았지만 거기서 멈췄다. 원래 부자가 되려고 학원 사업을 시작한 게 아니었기 때문이다. 동종업자를 쓰러뜨리고 혼자 잘사는 것도 도리가 아니라고 생각했다.

그 뒤 이용태는 학원 사업에 별로 열을 올리지 않았다. 물론 사교육에 대한 비판적 시각 등 다른 이유도 있었지만 이러한 결정을 내린 근본적인 계기는 할아버지에게 물려받은 가풍 때문이다. 대문이 없고 앙토를 바르지 않은 미완성의 집을 물려준 정신을 학원 경영에도 그대로 적용했던 셈이다. 돈이 있으면 사치하고 힘이 있으면 힘을 쓰고 재물이 있으면 뽐내는 게 인지상정이다. 그래서 가득 차 넘치기 전에 그만두어야 한다는 선조의 가르침대로 그는 학원 사업의 절정기에 한발 물러나는 경영을 실천했던 것이다.

"흔히 요즘 젊은이들은 '남을 밟아야 내가 산다'고 교육 받습니다. 또 그렇게 하지 않으면 손해 보기 쉬운 것도 사실입니다. 그래서 직장에서도 남에게 손해 보지 않으려고 치열하게 경쟁하죠. 어떻게 해서라도 남보다 먼저 승진해 출세하려고 수단과 방법을 가리지 않게 되는 것입니다. 그런데 길게 보면 이런 상황에서는 사회가 제대로 돌아갈 리 없습니다. 결국에는 서로가 서로를 불신하는 사회가 되는 거죠. 먼저 손해를 보더라도 나중에는 결국 자신에게 이익이 돌아옵니다. 최대 이익을 거두려면 먼저 남을 도와주어야 한다는 말입니다. 남을 돕는다는 건 내가 먼저 손해 본다는 것과 같은 얘기죠. 하지만 그것은 손해를 보는 게 아니라 남의 마음속에 저축을 하는 겁니다. 일생을 통해 보면 그 저축은 이자에 이자가 붙어 자기에게 돌아오죠. 세상에 혼자 되는 일은 없습니다. 만약 어떤 사람이 자기 이익만 챙긴다면 주위 사람들이 그 사람을 좋아할 이유가 없겠죠. 그래서는 작은 성공은 할 수 있을지 몰라도 큰 성공은 거둘 수 없습니다. 이건 분명한 진리입니다.”

이용태는 요즘도 만나는 사람들에게 늘 ‘지고 밑지는’ 삶의 자세를 강조한다. 요즘 사람들은 손해는 적게 보고 이익은 크게 보려고 하기 때문에 인간미 없는 사회가 되어간다고 그는 말한다. 덧붙여 그 이유를 가정교육의 붕괴에서 찾을 수 있다고 강조하는데, 이것은 그가 가정에서 자녀교육의 복원을 부르짖는 이유와도 일치한다.

“우리 세대가 자손들에게 할아버지의 가르침을 줄 수 있는 마지막

5백년 명문가의
자녀교육

세대일 거예요. 우리 같은 세대가 죽으면 더 이상 이런 잔소리를
할 사람도 없지 않겠습니까?"

전통과 첨단기술이 공존하는 이용태의 삶

이용태 회장의 이력은 학원장에 대학교수, 대기업 회장 등 참으로
화려하다. 그렇지만 청년시절 이용태는 고학생이었다. 닥치는 대로
일을 했고 밤에는 학원강사로 뛰다 직접 학원을 차려 학원재벌이
되기도 했다. 1966년 그는 서른넷의 늦은 나이에 미국의 유타대로
유학을 떠나 물리학 박사학위를 받았으며, 그후 이화여대에서 교수
로 재직했다. 그리고 데이콤을 창립해 사장으로 있으면서 1970~
1980년대 정보통신업계의 선두주자로 자리 잡았다.

이용태에게서 빼놓을 수 없는 것이 바로 1980년 삼보컴퓨터의
창업이다. 비록 삼보컴퓨터가 창업한 지 25년 만에 경영 위기에 처
해 있지만 한국 정보기술(IT) 역사에서 그의 공헌은 절대적이다. 국
내 최초로 교통신호 전산화를 주도했고, 정부의 전산행정망이 그의
손을 거쳐 탄생했다. 국내 최초로 퍼스널컴퓨터를 개발, 생산하고
인터넷의 새로운 장을 연 초고속인터넷 '두루넷'을 설립한 것도 바
로 그였다. 토인비식으로 표현하자면, 이용태의 삶은 "도전과 응전
의 역사"라고 할 수 있다. 이용태가 PC를 만들어야 한다고 생각한
것은 미국의 인텔사가 고밀도집적회로(LSI)를 내놓은 1970년으로 거
슬러 올라간다.

경북 영양군 석보면에 있는 이문열의 광산문학연구소. '광산문우' 의 현판 글씨는
재령 이씨 영해파 17대 종손인 이용태 삼보컴퓨터 창업자가 썼다. 이문열은 석계 이시명의
둘째 아들인 항재 이숭일의 12대손으로 이들 모두 운악 이함의 후손이다.

이용태의 선택은 결국 삼보컴퓨터 창업으로 이어졌다. 1980년에 국내에 유례가 없는 정보통신 벤처기업이 탄생한 것이다. 벤처기업이라는 말이 1990년대 후반부터 유행하기 시작했는데 이보다 20년이나 앞서 벤처기업을 만들었던 셈이다. '벤처'라는 생소한 개념으로 시작했지만 자금과 인력 확보 등 창업 과정은 어렵지 않았다. 큰돈이 필요하지도 않았고 전두환 정권이 연구소들을 통폐합하는 바람에 많은 고급 인재들이 일자리를 잃었던 터라 인력 수급에도 어려움이 없었다.

이때 할아버지가 가르쳐준 "지고 밑져라"는 가훈이 비로소 위력을 발휘하기 시작했다. 그는 늘 '지고 밑지는' 생활자세로 살았다. 처음에는 늘상 손해를 보았지만 나중에 보면 결코 손해를 본 게 아니라는 사실을 알았다.

1980년대 초 삼보컴퓨터를 창업할 수 있었던 것도 바로 '지고 밀
져라'는 가훈 덕분입니다."

이용태는 대한민국 정보기술의 개척자이자 전도사의 역할과 전
혀 상반되는 듯하지만 박약회 회장과 퇴계학연구원 이사장, 도산서
원 원장의 역할도 하고 있다. 박약회는 『논어』에 나오는 '박문약례
博文約禮', 즉 '글을 널리 배우고 익혀 예로써 요약해 실천한다'는
뜻에서 이름을 따온 새로운 유림단체이다. 1987년 당시 포항공대
학장이던 고 김호길 박사의 주도로 도산서원에서 출범해 현재 전국
22개의 지회에 4,000명의 회원을 두고 있다.

박약회 회장을 맡게 된 것은 그가 IT 전도사 이전에 재령 이씨의
종손이라는 운명과 닿아 있다. 그의 처가도 퇴계의 종가이다. 이 회
장은 박약회를 통해 가정교육의 중요성을 알리고 있는 셈이다.

"사람의 도덕성이라는 것은 학교 교실에서 지식교육을 통해 형성
되는 것이 아니라, 어릴 때부터 가정교육이 몸에 배어야 합니다. 그
런데 가정에서 할아버지는 있지만 할아버지의 자리는 없습니다. 또
아버지는 있지만 늘 바쁘게 살아가다 보니 자녀들에게 신경 쓸 시
간이 없어요. 결국 가정교육이 빈자리로 남게 되는 거지요. 먼저 가
정에서 할아버지에게 자리를 찾아주어야 합니다. 그렇게 하려면 할
아버지들이 적극적으로 나서야 해요. 가정교육의 부활이야말로 '마
지막 선비'들이 해야 할 일입니다."

박약회는 각 가정에서 쉽게 활용할 수 있는 가정교육 교본을 만들어 배포하는 사업을 추진하고 있다. 나아가 그는 "기업에서도 최근 윤리경영을 하고 있듯이 비즈니스에서도 가장 큰 경쟁력이 도덕성이라는 인식이 확산되고 있다"고 말한다.

집에 손님이 오면 자녀들을 불러 대화와 토론을 듣게 하는 가풍

요즘 할아버지들은 대개 손자와 떨어져 사는데 할아버지는 시골에, 손자는 서울에 사는 경우가 많다. 또 다 같이 서울 하늘 아래 있다 해도 할아버지와 손자가 따로 사는 경우가 허다하다. 이용태는 어릴 적 할아버지 방에서 함께 자면서 많은 이야기를 들었다고 한다. 할아버지가 들려주던 옛날이야기는 이용태의 인격 형성에 결정적인 영향을 미쳤다. 지금 생각해 보면 상상할 수 있는 능력이 그때 싹튼 것 같다고 한다.

"요즘 아이들은 소중한 기회를 잃고 있어요. 모처럼 할아버지와 손자가 만나도 썰렁할 때가 많죠. 할아버지가 손자들과 할 수 있는 이야기는 5분이면 바닥이 나니까요. '공부 열심히 하느냐', '어떤 대학에 가고 싶냐' 등을 묻고 나면 대개는 더 이상 화제가 없어요. 관심 분야가 다르기 때문에 이야기할 게 별로 없는 것은 당연합니다. 아이들과 대화를 하려면 할아버지도 책을 읽든지 신문을 보든지 노력을 해야 합니다. 단순히 '옛날 할아비가 살았을 적에는······' 식으로는 안 됩니다."

이용태는 자녀교육에 관한 한 솔선수범을 보인다. 그는 자녀교육에 '사랑방문화'를 접목하고 있다. 그는 집에 사람을 초대하거나 손님이 방문하면 반드시 어린 자녀들을 불러 대화하고 토론하는 것을 듣게 했다. 보통 가정에서 어른들이 오면 아이들은 얼씬도 못하게 하고 놀기 십상인데 이용태는 달랐다. 반드시 동석을 시켜 어른들의 대화와 토론 문화를 엿보고 익히도록 했던 것이다. 그는 이게 바로 '산교육'이라고 말한다. 함께 어울려 살아가기 위해서는 상대방을 배려하는 토론 문화를 일찍부터 익힐 필요가 있기 때문이다. 토론의 중요성은 기업 문화에서도 그대로 드러난다고 이용태는 말한다.

"처음 사업을 시작할 때 100개의 기업을 만들겠다고 다짐했습니다. 그리고 20여 년 동안 60여 개 남짓한 기업을 세웠는데 그 가운데 살아남은 기업은 5개 남짓에 불과했어요. 그 원인을 분석한 결과 살아남은 기업과 죽은 기업의 차이는 한 가지, 즉 성공한 회사들은 구성원들이 대화를 많이 하고 토론 문화가 정착된 기업들이라는 점입니다."

이용태는 가정교육이나 학교교육에서 가장 중요한 것이 바로 아이들에게 토론 문화를 체득하게 하는 것이라고 말한다. 복잡한 문제가 발생했을 때 이해 당사자끼리 모여 머리를 맞대고 해결책을 찾는 대화와 토론 교육이 제대로 되어야 기업이나 사회, 국가가 발전할 수 있다는 것이 그의 주장이다. 이용태는 21세기에 정작 절실히 요구되는 창의적인 인재는 "대화할 줄 아는 아이"라고 정의했다.

할아버지가 손자를 교육하는 '격대교육' 전통의 부활

이용태는 수년째 한 달에 한 번씩 손자, 손녀들을 집으로 불러 직접 교육을 하고 있다. 그에게는 손자, 손녀가 모두 10명이나 된다. 이 자리에서 자신이 할아버지에게 교육을 받았듯이 자신도 그 역할을 수행하는 것으로 이른바 격대교육의 부활을 실천하는 셈이다.

아이들에게 강조하는 덕목도 그의 할아버지가 해온 것에서 벗어나지 않는다. 그는 먼저 "지고 밑져라"는 가훈을 들려준다. 그 역시 1등을 했다고 할아버지에게 칭찬받은 적이 없었던 것처럼 아이들이 1등을 해도 좀처럼 칭찬을 해주지 않는다고 한다.

두 번째는 문제해결 능력과 합리적으로 판단하는 능력에 대한 것이다. 정보기술의 전도사답게 그는 아이들에게 의사를 결정할 때의 정보처리 과정에 대해 설명해 준다. "우리가 접하는 정보가 진실인가, 날조된 것인가, 억측인가, 소문에 불과한 것인가를 따져보아야 한다. 이를 구별하는 능력이 어쩌면 지식의 습득보다 더 중요하다." 그는 이렇게 이야기하면서 아이들이 성장해서 중요한 위치에 있을 때 결코 소문만으로 결정을 내려서는 안 된다는 점을 거듭 강조한다. 정보의 진위는 그가 기업 경영을 하면서 항상 겪는 중요한 문제이기 때문이다. 잘못된 정보를 바탕으로 결정을 내릴 경우 기업에 막대한 손해를 끼칠 수 있고, 심할 경우에는 기업의 존립에도 치명적인 영향을 줄 수 있다.

다음으로 강조하는 덕목은 사람 사이의 신용과 신뢰에 관한 것이다. 이용태는 다음과 같은 옛 이야기를 들려주었다.

예전에 경상도의 한 마을에서 두 청년이 한양으로 과거시험을 보러 갔다. 시험을 본 후 한 달이 지난 후에 한 친구만이 고향에 도착했다. 그는 함께 간 친구 집에 찾아가 친구의 부친에게 아들이 돌아오지 못한 이유를 설명했다.

"나룻배를 탔는데 사람이 너무 많이 타 그만 전복되고 말았어요. 겨우 헤엄쳐 나왔는데 친구가 보이지 않더군요. 아마도 죽은 모양이에요."

그러자 그 아버지는 "그럴 리가 없네. 아마도 내일이면 틀림없이 돌아올 걸세" 하며 아들의 죽음을 믿지 않았다. 이튿날이 되었는데 아버지의 말처럼 죽었다던 아들이 살아 돌아왔다. 아들의 말인즉 배에 사람이 너무 많이 타 위험하다고 생각해 배를 타지 않았는데 먼저 배를 탄 친구에게 미처 말을 전하지 못했다는 것이다.

먼저 온 청년이 친구의 부친에게 "어떻게 아들이 살아 돌아올 줄 알았느냐"고 묻자 "애비가 자식을 그 정도는 믿어야 하지 않겠느냐"고 말했다고 한다. 평소 아들에게 지혜롭게 처신하라고 강조해 온 아버지의 가르침을 아들은 잊지 않았고, 아버지는 그런 아들을 믿었던 것이다.

　　운악 종가의 가훈인 "지고 밑져라"의 정신은 이용태에 이르러 한국 정보기술의 초석을 낳은 원동력이 되었다. 아울러 운악 종가의 자녀교육 방식은 시공을 초월해 새삼 더불어 사는 삶을 되새겨 보게 한다. 운악 종가의 좌우명은 얼핏 현실과 동떨어진 것처럼 보인다. 하지만 이용태는 밑지고 지는 일을 하면 당장에는 손해를 보는 것 같지만, 그것은 결국 남의 마음속에 저축을 해놓은 것과 같다고 말한다. 이것이 바로 유교의 선비정신과 현대 비즈니스의 접합점인 셈이다. 이 좌우명은 그의 선조가 경북 영해에 처음 터를 잡은 이래로 500년 동안 대대로 전해 내려오는 가르침이었다.

때로는 손해 볼 줄 아는 아이로 키워라

흔히 요즘 세태를 빗대어 "남을 밟아야 내가 산다"고 말한다. 부모들도 그렇고 심지어 교사들도 이런 말을 한다. 물론 그렇게 하지 않으면 손해 보기 쉬운 것도 사실이다. 그러나 운악 종가의 "지고 밑져라"는 가훈은 '마이너스가 결국에는 플러스로 변한다'는 신념에 근거하고 있다. 처음에는 손해를 보는 것 같지만 나중에는 결국 이익으로 돌아온다는 것이다. 따라서 처음 손해 보는 것은 다른 사람에게 그 이익을 먼저 주는 것에 불과하다.

다른 사람이 이익을 취한 뒤에는 결국 자기에게 이익이 돌아오는데도 사람들은 그렇게 생각하지 않는 경향이 있다. 아니 그 사이를 기다리지 못하는지도 모른다. 당장 내 손 안에 들어오지 않으면 안 된다고 생각한 나머지 이를 차지하려고 발버둥을 쳐댄다. 그렇게 되면 당장에는 이익을 취할지 모르지만 크게 남기지는 못한다. 대신에 단기적으로 손해를 보면 나중에는 사람도 얻고 이익도 챙길 수 있다. 이것이 더불어 살아가는 사회에서 가장 필요한 덕목이다.

이용태 회장이 어린 시절 할아버지에게 들었던 "지고 밑져라"는 교훈은 오늘날 더 유용한 덕목으로 다가온다. '상생相生의 처세술'이라고나 할까. 경영 관련 서적에서 자주 언급되는 '윈윈 전략'도 서로 조금씩 손해 보지 않으면 불가능한 것이다.

경제경영 관련 도서 가운데 최고의 베스트셀러로 꼽히는『성공하는 사람들의 7가지 습관』에서 스티븐 코비는 성공하는 사람들의 특성 가운데 하나로 상호이익을 추구하는 습관을 들고 있다. 즉 성공하는 사람들은 서로 이기는 '윈윈 게임'을 한다는 것이다. 스티븐 코비는 상대방을 깔아뭉개고 내가 이겨야만 한다는 사고방식을 과감히 깰 것을 요구한다. 오직 한 사람만이 승자가 되기보다는 서로 승자가 됨으로써 오히려 서로에게 더 큰 이익이 된다는 말이다.

손해 볼 줄 아는 자세는 장기적인 안목이 있을 때 실천할 수 있다. 따라서 자녀를 손해 볼 줄 아는 사람으로 키우려면 자녀들이 장기적으로 인생의 목표를 설계하도록 조언을 아끼지 말아야 한다. 장기적인 인생의 목표가 없으면 단기적인 이익에 눈이 멀 수 있기 때문이다. 장기적인 목표가 서 있으면 당장에는 손해를 보더라도 더 멀리 내다보며 처신할 수 있다. 그렇지 않으면 손해를 볼 경우 쉽사리 이를 포기하려 하지 않을 것이다. 특히 장기적인 목표가 없으면 어느 순간에 목표의식을 잃고 방황하기 쉽다.

미국에서 한국계 학생들은 아시아계 가운데 아이비리그 진학률이 가장 높다고 한다. 반면 낙제율도 제일 높은데 동양계 낙제생 10명 중 9명은 최고의 성적으로 입학한 한국계 학생이다. 하버드 교육위원회에서 그 이유를 분석한 결과, 한국계 학생에게는 "인생의 장기적인 목표가 없다(Nothing! Long term life goal)"는 결론을 내렸다. 일부 한국계 학생들에게 최고의 목적은 하버드에 들어가는 것이고, 하버드를 정복한 학생들은 그만 목표의식을 상실하고 방황하게 된다는 말이다. 하버드 진학이라는 단기적인 목표만 있고 하버드대를 거쳐 궁극적으로 어떻게 인류에 기여하겠다는 인생의 궁극적인 목적은 없다는 것이 대다수 한국 학생들의 문제점이다.

자녀교육은 막연하게 접근해서는 안 된다. 막연히 좋은 대학에 보내야지, 막연히 훌륭한 사람으로 키워야지 하는 생각은 효과적인 자녀교육 방법이 아니다. 이 점에 대해 교육전문가들은 '모델 퍼슨(model person)'을 정할 것을 권한다. 자녀를 이 사람처럼 훌륭하게 키워보고 싶다고 할 정도의 모델이 될 만한 인물을 정하라는 것이다. 자신이 닮고자 하는 '모델 퍼슨'을 찾는 것은 자신이 어떻게 살아가야 하는지 삶의 목표를 정하는 것과 마찬가지다. 목표가 없으면 결국 오래 버티지 못하고 이내 무너지기 마련이다.

우선 명문대에 들어가는 것이 당면 목표인 경우에는 인생의 장기적인 목표를 생각할 겨를이 없다. 장기적인 목표가 있다면 이에 따른 독서나 사회봉사 같은 체험들이 수반되어야 하는데, 명문대 진학이 목표이다 보니 온통 여기에 에너지를 쏟는다. 우리나라의 교육이 잘못된 이유도 바로 여기에 있다.

멀리 내다보고 큰 그릇을 만드는 것이 무엇보다 중요하다. 요즘에는 명문대를 나오고 미국에서 MBA(경영학 석사학위)를 받아도, 또

로스쿨을 졸업하거나 박사학위를 받아도 '별 볼일 없는' 직장인에 그치는 경우가 허다하다. 자신보다 공부를 훨씬 못하던 친구가 오히려 사회에 나와서는 성공해 부자가 되고 더 탁월한 능력을 발휘하기도 한다. 혹시 여러분도 자신의 아이에게 똑같은 전철을 밟으라고 하는 것은 아닌지 겸허하게 성찰해 볼 필요가 있다. 장기적인 계획을 세우고 난 후에 어떻게 공부해서 그 목표에 접근할 것인지 자녀와 함께 충분한 대화를 통해 마스터플랜을 세우는 게 급선무일 것이다.

퇴계 이황은 독서를 할 때도 먼저 『소학』과 사서四書 등을 읽어야 과거시험에 합격해 벼슬길에 나아가서도 훌륭한 인재가 될 수 있다고 강조했다. 이는 제대로 된 독서를 하지 않고 시험과목만 달달 외워 과거시험에 합격해 벼슬길에 나아가는 것을 경계한 말이다. 이렇게 제대로 공부하지 않고 점수만으로 벼슬길에 오른 사람은 부정부패를 일삼고 백성을 괴롭히며 자신의 이익에 눈이 멀어 결국에는 사회에 해를 끼치는 사람으로 전락할 수도 있기에 이를 경계한 것이다.

요즘에도 교양서적 한 권 제대로 읽지 않은 채 시험공부만 열심히 해서 고시에 합격하고 공직에 나아가는 사람들이 많다. 그러나 과연 이런 사람들에게서 국민에게 봉사하는 공직자 상을 기대할 수 있을까. 더욱이 손해 볼 줄 아는 사람이 있기나 할까. 그래서 옛 성현들은 근본의 중요성을 항상 강조해 왔다. 독서에도 근본이 있고, 사람관계에도 근본이 있으며, 공직에도 근본이 있는 것이다.

학문이 얕으면 결코 붓을 들지 말라

─강요하지 않는 재능, 5대째 화가를 길러낸 비결

'배운다는 것'은 배우는 자세를 '흉내 내는 것'에서 시작된다
─루스 실로, 『유대인의 자녀를 낳고 기르는 53가지 지혜』 중에서

재능은 억지로 이어지지 않는다

한 가문에서 인재 한 사람을 키우기도 쉽지 않은데, 5대째 화가를 길러낸다는 것은 더더욱 쉬운 일이 아닐 것이다. 그렇다면 소치 허련과 남농 허건으로 대표되는 이 집안이 약 200년에 걸쳐 걸출한 화가를 배출하고 있는 비결은 과연 무엇일까? 혹시 이 가문에만 비밀스럽게 전해 내려오는 비전秘傳이라도 있는 것일까?

그러나 비결이나 비전은 없었다. 굳이 비결을 말하자면 그것은

◀ 소치 허련이 만년에 그림을 그리던 화실인 운림산방의 전경. 전라남도 진도군 의신면 사천리에 있다. 이 집에서 막내아들 미산 허형과 손자 남농 허건이 태어났으며, 의재 허백련이 미산에게 그림을 배웠다. '운림산방'이란 이름은 첨철산 주위로 수많은 봉우리가 어우러진 깊은 산골에 아침저녁으로 피어오르는 안개가 구름 숲을 이룬 모습을 보고 지었다고 한다. 이곳은 1982년에 손자인 남농 허건이 복원했다.

다름 아닌 부모의 엄격한 대물림에 있었다. 부모는 아이가 자신이 정한 기준에 부합하지 않으면 결코 재능을 인정하지 않았다. 더욱이 아이가 그림에 재능이 있어도 학문을 소홀히 하면 어떤 경우에도 자신의 후계자로 받아들이지 않았다. 재능은 억지로 이어지지 않는다는 판단에서이다. 학식을 겸비하지 않은 그림은 단지 흉내에 지나지 않기 때문에 소치 허련은 흉내가 아닌 자신만의 정신세계를 화폭에 담는 것이 단지 재능만으로는 불가능하다고 판단했다. 한마디로 그것은 냉정한 대물림이었다. 그렇게 하지 않으면 결코 아버지의 벽을 넘어 더 나은 경지에 오를 수 없기 때문이다.

전남대 미대 교수인 허진은 바로 소치에서 시작되어 5대째 화가의 길을 걷고 있는 운림산방의 후예다. 허진은 소치 할아버지에서 시작된 한국 화단의 '거대한 뿌리'를 운림산방의 역사와 함께 이야기하기 시작했다.

"운림산방이 이제는 전국적인 명소가 되었습니다. 19세기 후반에는 소치 할아버지가 은거해 그림의 이상향을 꽃피우셨지만 가난 때문에 자신의 아들에게는 궁벽한 이곳을 떠나 살 것을 유언으로 남기셨어요."

운림산방의 역사는 소치小痴 허련(許鍊, 1808~1893)에서 시작해, 2대는 소치의 넷째 아들인 미산米山 허형許瀅이 그 뒤를 잇는다. 3대는 허형의 두 아들 남농南農 허건許楗과 임인林人 허림許林으로 이어지

소치가 살았던 초가 소치는 이곳에서 마지막
그림에 대한 열정을 불태웠지만 너무 가난하게
살아 아들에게는 "이곳을 떠나 반드시 도시로
나가 살아라"는 유언을 남겼다.(위)

허진 전남대 미대 교수. 남농의 손자로 5대째
화가의 길을 가고 있다.(아래)

고, 4대는 허림의 아들 임전林田 허문許文으로, 그리고 5대는 남농의
손자 허진으로 이어지고 있다. 허진 외에도 같은 5대 항렬로 허은,
허청규, 허재 등이 줄줄이 화가의 길을 걷고 있다고 한다. 이외에도
미대를 졸업하고 미대 대학원에 재학중인 예비 화가까지 포함하면
소치 후손으로만 13명에 이른다고 하니, 아마도 이런 경우는 동서
고금의 역사에서 그리 흔치 않을 것이다. 더구나 한반도의 서남쪽
구석 척박한 섬에서 어떻게 이런 명문 예술가의 집안이 형성될 수
있었는지 궁금하지 않을 수 없다.

양천이 본관인 운림산방 사람들은 원래 경기도에서 살다가 전남
진도로 내려갔다. 진도에 처음 정착한 허대許岱는 광해군의 형인 임
해군의 처조카였는데, 광해군 즉위 후 임해군이 역모로 몰리면서
임해군을 수행하기 위해 먼저 진도로 들어왔다가 그대로 눌러앉은

추사 김정희의 「세한도」 소치가 화가로 대성할 수 있었던 배경에는 스승인 추사의 제자 사랑이
있었기에 가능했다. 이에 소치는 추사의 유배지(제주도)를 넘나들며 스승에 대한 예의를 다했다.

5백년 명문가의
자녀교육

것이다. 허대의 장남은 용, 순, 방 세 아들을 두었는데, 순의 후손이 소치이고 막내 방의 후손이 의재毅齋 허백련許百鍊이다. 허백련은 남 농과 함께 남화의 거대한 두 뿌리를 형성하고 있는데, 따지고 보면 모두 한 핏줄에 속한다.

예나 지금이나 사람은 자신을 알아주는 사람을 만나야 성공한다 고 한다. 소치도 그랬다. 진도의 섬 소년 허련이 후에 화가로 대성 할 수 있게 된 것은 바로 '추사'라는 큰 스승을 만났기 때문이다. 조선 후기 전통 남종문인화를 마지막으로 꽃피운 소치는 추사秋史 김정희(金正喜, 1786~1856)의 제자로 추사가 제주도로 유배될 당시에 도 그곳으로 가서 가르침을 받았다. 당시 그림을 좀 그린다 하면 추 사 휘하에 들어갈 정도로 그의 명성은 절대적이었다. 그러나 추사는 소치의 재능을 한번에 알아봤다. "압록강 동쪽에 소치를 따를 자가 없다." 추사는 소치의 문기文氣를 이렇게 극찬했다고 한다.

소치는 추사가 제주도로 유배를 가자 자칫 높은 파도에 밀려 사 지로 떨어질 수 있음에도 불구하고 세 번이나 제주도로 향하는 배 에 올랐다. 추사와 소치의 목숨을 건 사제의 정을 보여주는 대목이 아닐 수 없다. 이에 추사는 소치가 재능을 펼 수 있도록 당대의 권력 자들을 소개해 주는 등 후원을 아끼지 않았다고 한다.

소치가 추사를 만나기까지는 화가의 꿈을 이루고야 말겠다는 청 년 소치의 집념이 있었기에 가능했다. 소치는 육지와 멀리 떨어진 진도에 살았던 탓에 그림을 배울 만한 사람이 없었다. 그러던 중 소 치가 처음 보고 따라 그린 것이 바로 「삼강행실도」였는데, 그림에 대한 끼를 주체할 수 없었던 그는 28세가 되던 해에 자신의 꿈을 펼치기 위해 울돌목을 건너 해남의 녹우당을 찾았다. 당시 녹우당은 『어부사시사』를 쓴 고산 윤선도의 집이자, 국보 「자화상」을 남긴 공재恭齋 윤두서(尹斗緖, 1668~1715)의 장원莊園이고, 다산 정약용의 학문적 젖줄이자 외가이면서, 수천 권의 진기한 장서와 화첩을 소장한 호남의 최고급 살롱이었다. 특히 공재 윤두서를 비롯해 아들 낙서 윤덕희와 손자 윤용 등 3대째 화가를 배출한 명문가여서 진귀한 명품과 화첩 등이 많았다.

소치는 녹우당에 기거하며 『공재화첩恭齋畵帖』 등을 보고 독학으로 그림 수업을 시작했으며, 33세 때에는 녹우당 인근에 위치한 대둔사 일지암의 초의선사(草衣禪師, 1786~1866, 조선 후기의 승려로 다도茶道를 정립했다)를 찾아가 그에게서 가르침을 받았다. 인연은 인연을 낳아 그의 재능을 아낀 초의선사는 소치를 추사 김정희에게 소개하게 된다. 소치는 그림에 대한 자질도 있었겠지만 누구의 도움도 없이 스스로 자기가 가야 할 길을 찾아 나섰기에 화가의 꿈을 이룰 수 있었던 것이다.

"소치 할아버지가 구현해 낸 화풍은 추사가 추구했던 품격 있는 문인화인 남종화였습니다. 추사는 시, 서, 화가 일치하는 '격조 높은 문인화'를 원했는데 이를 소치가 구현해 냈던 거죠. 화가라고 해서 자신이 원하는 그림을 그릴 수 있는 것은 아닙니다. 자신이 생각하는 이상적인 화풍이 있는데, 추사도 그런 이상적인 화풍을 가지고

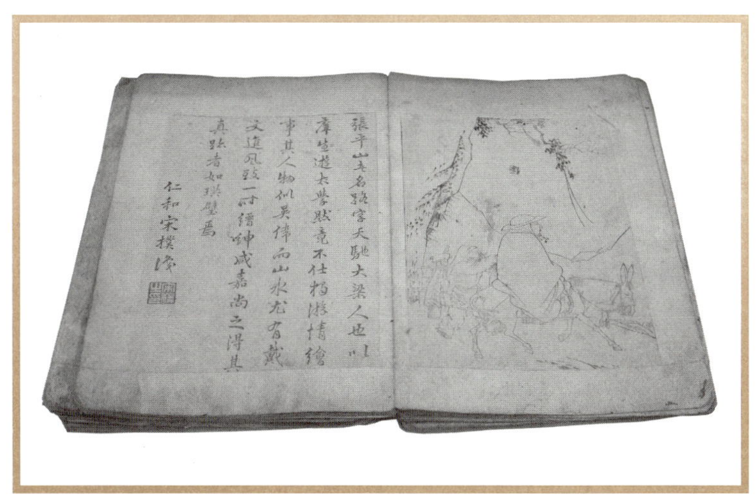

녹우당에 소장되어 있는 「고씨화보」 소치는 녹우당을 찾아 『고씨화보』와 『공재화첩』 등을
보며 그림 공부를 해 추사가 그 재능을 찬미할 정도의 수제자로 발돋움하게 된다.

있었고 그것을 그리고 싶어했을 겁니다. 그런데 자신의 제자 중에
서 소치가 바로 자신이 생각하는 이상적인 화풍을 구현해 냈던 거
죠. 정치가이자 문인이며 서예가이면서 화가였던 추사로서는 직업
화가인 소치와는 차원이 달랐습니다. 아무래도 그림을 그리는 면에
서는 프로가 더 낫지 않겠어요."

소치가 마흔두 살이 되던 해(1849)에는 당시 임금인 헌종 앞에서
어연(御硯, 임금이 쓰는 벼루)에 먹을 갈아 그림을 그렸다고 한다. 화
가로서는 실로 대단한 영광이 아닐 수 없다.

조선시대의 화가는 크게 화원화가와 사대부 화가로 나뉜다. 화

운림산방 현판 남종화의 대가 의재 허백련의 글씨로, 의재는 소치의 아들이자 남농의 아버지인 미산 허형에게 그림을 배웠다.

원화가는 직업화가로 대개 왕실에 소속되어 있으며, 사대부 화가는 정치적 탄압이나 과거에 합격하지 못해 벼슬길이 막혔을 경우 또다른 출구로 그림을 그리는 양반 출신들이다. 겸재 정선(1676~1759)의 경우도 과거를 몇 번 보다 떨어져 결국 화가의 길을 택한 것으로 전해진다. 이러한 사대부 화가들이 주로 그리는 그림이 문인화(남화)였다.

이러한 분위기로 인해 화단의 권력은 직업화가들에게 있지 않고 사대부 화가들에게 있었다. 사대부 화가들이 그리는 격조 높은 문인화가 이상적인 것으로 평가받았기 때문이다. 직업화가가 그리는 북화보다 양반이나 사대부가 그리는 남화를 숭상하는 '상남폄북尙

5백년 명문가의
자녀교육

南貶北’의 풍토는 이렇게 해서 생겨났다고 한다. 문인화가들이 그린 남종화는 고아하고 미적 가치가 높으며, 직업화가들이 그린 북종화는 천박하고 미적 가치가 떨어진다는 것, 곧 상남폄북론은 중국뿐만 아니라 한국의 회화사에도 큰 영향을 미쳤다.

이상적인 문인화를 그리는 화가로 추사의 신임을 얻고 헌종의 후원을 받은 소치는 쉰 살에 귀향해 진도에 ‘운림산방’이라는 화실을 세웠다. 그의 호인 소치小痴는 추사가 원나라 말 4대가四大家의 한 사람인 대치大痴 황공망黃公望에 비유할 정도로 재능이 뛰어나다고 해서 ‘대치’를 빗대어 ‘소치’라고 지어준 것이다.

“학문이 짧으면 붓을 들지 말라”

운림산방에서 소치의 후손과 제자 들이 대거 배출됨으로써 남농 허건과 의재 허백련에 의해 한국 남화의 양대 산맥을 이루게 된다. 소치는 슬하에 4남을 두었는데 미산 허형이 그 뒤를 이었다. 시서화에 뛰어나 소치의 기대를 한 몸에 받았던 장남 허은은 그만 젊은 나이에 요절했다. 소치는 이를 애석하게 여겨 허은의 호 미산米山을 막내아들 허형에게 물려주면서 대를 잇게 했다. 소치는 허형이 그림에 소질은 있지만 학문이 짧아 후계자로 삼기에는 한계가 있다고 보았다. 한때 허형이 아버지에게 그림을 배우겠다고 했지만 소치는 냉정하게 대했다고 한다. 작가 문순태가 쓴 『의재 허백련』(1977)에는 소치의 이런 과정이 자세하게 묘사되어 있다.

소치는 장남에게만 그림 공부를 시키려고 하였다. 4남 중 막내인 미산은 서당에 가기가 싫어 지게를 지고 산에서 나무를 해 날랐다. 하라는 공부는 안 하고 산에서 나무나 하자 아버지 소치는 그를 미워했다. 그러나 정말이지 미산은 글공부가 싫었다. 미산은 늘 아버지 몰래 사랑방에 숨어들어 형이 그림 공부하는 모습을 지켜보았다. 형은 아버지가 없을 때는 붓장난을 하도록 내버려두었다. 그러나 미산은 그의 붓장난 솜씨를 아무에게도 보여주지 않았다. 그러다가 아버지 소치에게 들키고 말았다.

"이놈이 하라는 공부는 안 하고 산으로 쏘다니더니 이제는 네 형 그림 공부까지 방해하는구나!"

아버지의 호통은 대단했다.

"아버님, 아우의 그림 솜씨도 대단합니다. 얘, 아버님께 한번 보여 드려라!"

미산의 맏형은 가끔 아우가 붓장난하는 것을 훔쳐보았으며 그 솜씨가 대단한 데 놀란 터라 아버지께 보이기를 권하였다.

"이깐 놈이 무슨!"

아버지 소치는 아예 미산을 무시해 버렸다. 은근히 부아가 난 미산은 먹을 갈아 탐스러운 묵모란 한 그루를 그렸다. 소치는 아들의 솜씨에 놀랐다. 농담을 비끼는 솜씨가 대단했다. 그러나 소치는 아들의 솜씨를 칭찬해 주기는커녕 "이것도 그림이라고 그렸느냐?" 하고 꾸짖으며, 미산이 그린 묵모란을 꾸적꾸적해서 휙 던져버렸다.

소치의 작품
「수자매수壽字梅樹」, 1885

소치는 그의 화통畵統을 잇는 것은 큰아들 하나만으로 충분하다고 여겼다. 큰아들은 성격도 깐깐하려니와 글공부를 착실히 하고 붓솜씨도 대견해 이대로만 성장한다면 자기의 대를 이을 수 있을 것으로 믿었다. 미산이 그린 묵모란을 처음 본 소치는 붓솜씨는 놀랍지만 결코 성가成家하지는 못할 것으로 헤아림하고 있었다. 그것은 미산의 글공부가 너무 얕기 때문이었다.

소치는 장남 허은이 죽은 후 넷째 아들 허형이 자신의 화통을 잇도록 하기 위해 열심히 그림 공부를 시켰으나 미산은 끝내 아버지가 원하는 그림을 그리지 못했다. 미산 자신도 이러한 자신의 한계를 그에게 가르침을 받은 의재 허백련에게 내비친 적이 있다.

"소치 할아버지는 내게 작대기 산수山水를 그리라고 했다만, 그게 되지 않는구나."
"작대기 산수가 무엇인데요?"
"글쎄다. 아마 두껍고 무거운 산수를 말하는가 싶은데……."
"그런데 왜 작대기 산수가 안 된다고 하십니까?"
"붓끝이 말을 안 듣는다. 아마 속이 비어서 그런가 모르겠다."

'목포 최초의 화가'로 꼽히는 미산 허형 역시 아버지의 화풍을 이어 산수山水와 노송老松, 목단牧丹 등을 잘 그렸다. 다만 미산은 대가인 아버지 소치에 비해 자신의 재능이 미치지 못함을 고백했던 것이다. 허형은 다섯 아들을 두었는데, 이중 남농 허건과 임인 허림이 부친의 뒤를 이었다. 허림은 18세 때 제14회 선전鮮展에 입상하는 등 그림에 소질을 보였지만 26세 때(1942) 요절했다. 허림의 아들인 임전 허문은 홍익대 미대를 나와 소치의 뒤를 이어 4대째 화가로 활동했다.

남농과 함께 남화의 양대 산맥을 이룬 의재 허백련은 바로 남농의 부친인 미산 허형의 문하에서 그림을 익혔다. 남농은 전통 답습을 버리고 수묵기법에서 벗어나 근대적 감각과 채색을 중시하는 색채 미학을 보여주었다. 반면 의재는 전통적 문인 화풍을 중시하는 보수성을 유지하면서 남농과 대조를 보이며 한국 남종화의 두 산맥을 이뤘다.

남농 허건은 보통학교 5학년 때 전국초급학교 서화작품전에 출품한 풍경화가 2등에 입상하면서 그림 그리는 재주가 드러나기 시작했다. 또 이듬해에는 목포 개항기념으로 열린 서화전에서 2등상을 수상해 자질을 인정받게 되었다. 당시 19세였던 남농 할아버지는 이때부터 그림에 자신을 갖고 화가가 되려는 뜻을 품었다고 한다. 부친 미산은 아들의 재주에 내심 기뻐하면서도 화가의 길을 극구 만류했다. 가난한 삶과 고난의 길을 말리고 싶었던 것이다.

그러나 남농은 근묵자흑近墨者黑의 혈통을 이어받아서인지 소치 할아버지의 그림에 대한 집념과 열정을 그대로 물려받았다. 비록 가난 때문에 유학을 가거나 체계적인 그림 공부를 하지는 못했지만 그에게는 누구보다 훌륭한 스승이 있었다. 조부 소치의 그림으로

목포 유달산 자락에 있는 남농기념관에서 허진 교수와 부친 허경 남농기념관 이사장이
남농 동상 앞에서 포즈를 취했다. 남농은 가난한 화가를 대물림할까봐 아들인 허경에게는
그림을 그리지 못하게 했다. 허경은 친구인 소설가 최인훈과 함께 서울대 법대를 다녔고
그의 아들 허진이 화가의 가풍을 이었다.

습작을 했던 남농은 어느 정도 필법을 터득한 1928년에(당시 나이 21
세) 제7회 선전에 처음으로 출품했으나 낙선하고, 이듬해인 제8회
선전에서 남종화의 재해석을 통한 기법으로 출품한 두 점이 모두
입선되어 화가의 길을 걷게 된다.

남농도 부친처럼 생활고에 시달리기는 마찬가지였다. 급기야는
무리한 작품활동으로 다리에 피가 통하지 않아 39세 때인 1947년
서울 세브란스병원에서 다리를 절단하기게 이르렀다. 남농은 "그

5백년 명문가의
자녀교육

때 마음을 쏟아 그림을 그리는 생활이 나에게 없었으면 아마 자살하고 말았을 것"이라고 당시의 심경을 회고한 적이 있다. 1982년 운림산방을 복원한 남농은 1985년 목포시 용해동에 남농기념관을 건립, 소치 3대 일가의 작품을 후세에 물려준 뒤 1987년 80세로 타계했다.

핏줄의 정을 뛰어넘은 엄격한 대물림

운림산방과 같이 5대째 내리 예맥藝脈의 전통을 전수해 온 가족사가 또 있을까. 대단히 보기 드문 사례가 아닐 수 없는데 비결은 바로 냉정한 대물림에 있었다. 자칫 그림의 대를 이어야 한다는 집착이 강할 경우 가족의 정에 이끌려 분별력을 잃을 수도 있지만, 소치 가문에는 이러한 틈을 허용하지 않은 냉철한 혜안이 있었다. 후계를 뽑는 대물림의 과정은 핏줄의 정을 훨씬 뛰어넘는 엄격한 것이었다. 허진은 그 비결을 다음과 같이 정리했다.

첫째, 붓 재주 하나로는 성가成家할 생각을 말라.
소치에서 시작된 후계자의 조건에 대해 허진은 이렇게 말한다.

"시詩, 서書, 화畵의 어느 한 가지가 아니라 세 가지에 고루 바탕을 두고 있어야 합니다. 특히 글공부를 게을리 하면 안 되는데, 소치 할아버지가 4남인 미산의 한계를 읽은 것도 바로 글공부를 싫어했던 그의 성격 때문이었습니다. 문기文氣는 붓재주 하나로 이루어지는 게 아니기 때문이죠."

소치는 훌륭한 화가로 성장하려면 붓재주보다는 사람의 됨됨이와 높은 학덕이 앞서야 한다고 믿었다. 그림의 생명은 문기에 있고 그 문기는 시서화, 이 3가지에 바탕을 두고 있다고 여겼기 때문이다. 미산이 비록 손재주가 있다 하더라도 시詩와 서書가 얕은 한 대가의 경지에 오르지 못할 것으로 판단하고 그의 솜씨를 칭찬해 주지 않았던 것이다.

소치는 다산 정약용의 큰아들이자 당대 제일의 시인이었던 정학연에게서 다음과 같은 평가를 받았다.

"마음속에 한 폭의 산수를 품어 준비하고 신명 속에 항상 세상을 내려다보고 속계를 초월한 자질이 있은 뒤에 붓을 대야 그림의 삼매三昧에 들어갈 수 있다. 이 세계에 이른 것은 소치 한 사람뿐이다."

소치는 자신의 후계자가 자신을 밟고 뛰어넘기 위해서는 이러한 삼매의 경지에 들어가야 한다고 여겼다. 소치의 대물림은 어떻게 보면 지극히 평범해 보이지만 아주 엄격한 발탁 과정을 거쳐 이루어지고 있었던 셈이다. 중요한 것은 자녀들에게 화가의 길을 가라고 강요하지 않았다는 점이다. 소치는 재능이 없는데도 길을 가려 할 때는 자신의 아들이지만 오히려 그 길을 만류했다.

둘째, 먹을 항상 입에 달고 다녀라.

허진은 고1때 문득 어떤 '강력한 힘'에 이끌려 미대에 진학하기로 마음을 먹고 그림 공부를 시작했다고 한다. 남농도 부친도 소치 할아버지의 대를 이으라고 강요하지 않았지만 그는 그림을 그리는 것이 자신의 '천직'임을 깨닫게 되었다고 한다.

"제가 그림을 그리게 된 데에는 '보이지 않은 힘'이 작용한 것 같습니다. 고3 여름방학 때 목포에 내려가 할아버지 밑에서 사군자를 치며 처음으로 묵향을 접했어요. 남농 할아버지는 무척 무뚝뚝한 분이어서 손자가 그림을 그려도 잘 그렸는지, 못 그렸는지 별 반응이 없었습니다. 할아버지가 아무 말 없이 난을 하나 쳐주면 일주일이건 열흘이건 잘 그릴 때까지 그것만 그려야 했죠. 할아버지는 '먹을 항상 입에 달고 다녀야 한다'고 말씀하셨어요. 부지런하지 않으면 화가로 성공할 수 없다는 거죠. 그러나 작업하는 것에 대해서는 어떻게 하든 전혀 간섭하지 않으셨습니다."

한창 젊은 나이에 이런 작업은 무척 지루한 것이어서 난을 치다가 힘이 들면 할아버지 몰래 놀다가 낮잠을 자기도 했는데, 하루는 할아버지에게 들켜 크게 혼이 난 적도 있었다. 남농은 항상 6시에 일어나 하루에 두세 점씩 그림을 그린 뒤 밤 10시가 넘어서야 잠자리에 들고, 평생 한 번도 낮잠을 잔 적이 없다고 한다. 그래서 게으른 손자를 나무랐던 것이다. 남농은 손자가 최고 대학의 미대에 합격해도 별로 기뻐하는 모습을 보이지 않았지만, 내심 기뻐하고 자랑스러워했다는 이야기를 할아버지 사후에야 친지로부터 전해 들을 수 있었다. 아마도 자만심을 경계해 손자에게 직접 칭찬을 하지 않았던 모양이다.

셋째, 인연의 소중함을 잊지 말라.

해남의 울돌목을 건넌 가난한 청년 소치가 남종문인화의 거목이 될 수 있었던 것은 바로 녹우당과의 인연과 더불어 초의선사 그리고 추사로 이어지는 큰 스승을 만날 수 있었기 때문이다. 더욱이 두 스승은 다산의 아들 등 당대의 명사들을 소치에게 소개시켜 주었다. 명성은 이들의 입을 통해 번져 나갔고 마침내 소치는 임금 앞에서 그림을 그리는 영광을 얻게 되었다. 결국 소치는 당대의 최고수들을 스승으로 만나는 인연이 있었기에 대성할 수 있었다. 허진은 요즘도 가끔 소치 할아버지의 이런 행로를 따라 녹우당과 다산의 묘소를 찾아가 소치로부터 시작된 인연을 되새겨본다고 한다. 또한 남농 생전 그가 살던 목포 죽동집은 이 지역의 사랑채 역할을 한 것으로 유명하다.

"죽동집 할아버지의 화실은 항상 사람들로 북적거렸어요. 어린 시절 사촌들과 함께 놀다가 화실에 가보면 커다란 책상을 놓고 작업하시는 할아버지를 중심으로 무릎 꿇고 먹을 가는 제자들, 바둑 두며 시간을 보내는 사람, 먼 곳에서 그림을 얻으러 온 사람, 할아버지를

5백년 명문가의
자녀교육

좋아하는 지기知己들이 담소하고 있었죠. 도무지 작업할 분위기가 아닌데도 할아버지는 이야기도 하고 농담도 해가며 그림을 그렸습니다. 할아버지는 많은 말씀을 하시진 않았지만, 한 번씩 툭툭 던지는 말씀이 재미있어서 사람들이 웃곤 했어요. 목포에 부임한 관리, 국회의원, 장차관들로부터 서화가, 예술인, 동네 사람들까지 다양한 사람들이 오갔지만 할아버지는 가리지 않고 항상 잘 대해주셨어요. 하루에도 몇 십 명씩 손님을 맞이하셨으니까요. 남농 할아버지는 모두를 보듬는 넉넉한 마음을 가지고 계셨던 것 같아요. 저러면 손님들을 그렇게 일일이 다 대할 수는 없을 것 같거든요."

남농의 대표작 소나무 산수를 그린 「춘강조어 春江釣魚」, 1948

소치가 가난한 진도를 벗어나 유명한 화가가 된 것은 다 추사나 초의선사 같은 사람들과 인연이 있었기 때문에 가능한 일이었다.

넷째, 나를 밟고 더 높은 곳으로 올라가라.

운림산방의 최고 스승은 다름 아닌 가문 자체였다. 후손들은 소치, 남농 등 그 이름만으로도 존경이 우러나왔고 닮으려 노력했으며 뛰어넘기 위해 도전했다. 그래서인지 그들의 후손들은 가난마저도 대물림했다. 화폭 앞에서는 마음이 평화로웠던 소치도 얼마나 지독한 가난에 시달렸던지 아들에게는 자신이 일구어낸 운림산방을 떠나 도시로 갈 것을 유언으로 남길 정도였다.

"그러나 역설적으로 가난이 운림산방의 화풍을 더 높은 경지로 올려놓았다고 생각합니다. 호남에서는 지금도 소치가 호남의 지방문화를 일구었다고 평가해요. 호남에는 지방문화라는 게 특별히 없었거든요. 호남을 남화의 요람으로 만든 거죠. 소치에 이어 남농도 가난 때문에 다리를 잃었지만 그의 화폭은 소치를 뛰어넘어 호남 문화의 상징이 될 수 있었습니다."

허진은 언젠가 아버지에게 그림을 그리지 않은 이유를 물은 적이 있었다. 부친은 한마디로 가난 때문이라고 답했다고 한다. 당시 화업畫業을 잇는 것은 곧 가난에서 헤어나지 못하는 일로 여겨졌다. 남농의 부친은 화필을 들고 이곳저곳 부잣집 사랑채에 기거하면서 그림이나 병풍을 그려주고 돈이나 곡식을 얻어오곤 했다. 남농은 초등학교 시절 짚신에 무명옷을 입고 겨우 내내 손발이 동상으로 얼어 있을 정도의 어려운 환경에서 공부했다. 남농은 목포상업전수학원을 수료한 것이 정규 학력의 전부였다.

이러한 가난 때문에 남농은 큰아들 허경이 그림에 소질을 보였지만 그림 그리는 것을 극구 반대했다. 대신 4대는 남농의 아우인 허림의 아들 허문이 이었다. 후일 남농은 아들에게 그림을 가르치지 않은 것을 내내 후회하고 아쉬워했다고 한다. 미대를 포기하고 서울 법대에 진학한 허경은 한일은행을 거쳐 남농미술문화재단 2대 이사장으로 재직하고 있다. 그러나 그의 아들 허진에 이르러 남농의 대를 이으면서 남농의 묵향에서 벗어나 새로운 한국화의 경지를 열었다는 평가를 받게 되었다. 허진의 그림에는 고답적인 산수의 묵향보다는 현실의 살아 있는 에너지가 더 강렬하게 전개된다.

허진은 앞으로 전개될 자신의 그림세계를 '줄타는 광대'의 모습에 비유한다. 줄을 타고 있는 광대란 바로 전통과 현대라는 두 스펙트럼에서 어느 한 방향으로도 흔들리지 않는 중용의 지점을 가리킨다. 또 그것이 바로 소치에서 남농으로 이어지는 운림산방의 화통을 잇는 동시에 이를 창조적으로 수용해 나가는 작업인 셈이다.

"세상에 완벽한 조화는 없습니다. 전통의 바탕 위에서 현대적인 기조를 창조적으로, 때론 해체하는 방식으로 추구할 생각입니다. 그러나 수묵화는 꾸준한 노력이 없으면 안 됩니다. 서양화는 타고난

허진의 작품 「회懷」, 1989 한국 남화의 거대한 산맥인 소치와 남농의 대를 잇고 있지만
할아버지의 화풍과는 전혀 다르다. 그의 그림은 흔히 '먹'이 연상되는 한국화와는 다른 포스트모던
화풍을 보여준다. 허진의 어머니 김창수 씨는 아들이 화가로서 홀로서기를 할 수 있도록
'남농의 손자' 임을 드러내지 말라고 단단히 교육시켰다고 한다.

소질이 있으면 화가가 될 수 있지만 수묵화는 타고난 자질보다 노
력이 뒷받침되지 않으면 안 되는 분야죠."

어머니의 가르침을 되새기며 할아버지의 화풍을 뛰어넘다

이 집안에서는 5대째 화통畵統을 이어오고 있지만 결코 강요하는 법
이 없다. '화가 만들기'를 위해 어릴 때부터 학원을 보내고 또 유학
을 보내면서 그림 공부에 열을 올리지도 않았다. 지금도 그렇지만
이 집안에는 일본이나 유럽 유학파가 별로 없다. 유일하게 유학한
이는 허림으로 1940년에 일본으로 건너가 1년간 천단화학교에서
공부한 것이 전부이다. 386세대인 허진도 해외로 유학을 가지 않고
서울대 미대에서 학부와 대학원을 마쳤다.

　예술의 진화 과정을 볼 때 창조적 예술은 다음 세대가 앞 세대
를 극복하는 과정에서 이루어지는 듯하다. 남농에 이르러 한국의
남화는 소치의 화풍을 극복한 것으로 평가되며, 또 남농의 손자 허
진에 이르러서는 남화에 머물지 않고 또다른 회화의 영역으로 나아
가고 있는 것을 볼 수 있다. 허진은 전공이 한국화이지만 그의 화폭
에는 산수山水가 사라지고 대신 때로는 정치적이고 때로는 포스트
모던 스타일의 화풍이 깃들고 있다. 그야말로 한국화의 파격인 것
이다.

　서울대에서 동양화를 전공한 허진은 문화관광부 장관이 수여하
는 '오늘의 젊은 예술가상'을 받는 등 주목 받는 예술가로 인정받아

왔으며, 허진의 모친은 1999년에 문화관광부가 수여하는 '예술가의 장한 어머니상'을 수상하기도 했다. 특히 허진의 어머니 김창수 여사(2005년에 작고)는 '대치동 엄마'의 원조라고 허진은 말한다. 그만큼 허진의 교육에 정성을 기울여 미술계에서는 모범적인 자녀교육을 한 부모로 널리 알려져 있다. '예술가의 장한 어머니상'을 받게 된 것도 이러한 소문을 알게 된 국립현대미술관에서 추천을 했기 때문이란다.

"어머니는 늘 '남에게 절대 폐를 끼치지 말아라', '인사를 잘해라', '겸손할 줄 알아라'며 거듭 말씀하셨고, 특히 '먼저 인간이 되어야 한다'고 가르치셨어요. 또 천성적으로 남에게 베푸는 걸 좋아하셨습니다. 친구들을 집에 데려가면 어머니는 항상 진수성찬을 마련해 친구들을 대접해 주곤 하셨어요. 제 친구들뿐만 아니라 아버지 친구들에게도 마찬가지였죠. 어머니가 돌아가셨을 때 아버지 친구분들과 제 친구들이 와서 이구동성으로 어머니에 대해 칭찬을 아끼지 않았고, '네 어머니 같은 분은 세상에 없다'며 눈물을 흘렸습니다."

허진의 어머니는 항상 즐거운 마음으로 모든 사람들에게 기꺼이 베풀었다고 한다. 친구들도 '어머니 때문에 허진을 미워할 수 없었다'고 말할 정도였다. 이런 베풂의 정신은 전통적인 명가에서 공통적으로 발견되는 덕목으로, 옛 사람들은 '적선지가 필유여경積善之

家 必有餘慶', 즉 '남에게 베푸는 집안에는 반드시 경사로운 일들이 생긴다'고 말했다. 그래서 윤선도의 고조부인 윤효정이 자녀들의 교육을 위해 먼저 적선을 실천한 결과 아들 삼형제가 과거에 급제하는 경사를 맞이했고, 이후 윤선도까지 5대에 걸쳐 과거급제자를 배출하며 호남의 명문가로 발돋움했던 것이다.

허진 모친의 베품의 정신과 아울러 남농 또한 '그림 적선'을 해준 것으로 유명하다. 가난한 사람들이 와서 그림을 그려달라고 하면 자신의 명성에 흠이 갈 만한데도 기꺼이 그림을 그려주었다고 한다.

"할아버지가 말년에 다작했다고 비난하는 사람들도 있고, 작품 관리를 잘못했다는 이야기도 있습니다. 이것은 소탈하고 욕심이 없었던 할아버지의 성격에서 기인한 것인지도 모릅니다. 사정이 어렵다고 찾아와 부탁하는 사람들을 거절하지 못해 값에 연연하지 않고 그림을 그려줘 그런 불명예를 얻기도 했지만, 할아버지는 항상 남에게 베풀며 살아온 분이었다고 생각합니다."

그렇지만 어머니는 아들에게만큼은 엄격한 교육을 시켰다고 한다. 공부를 잘하고 출세하는 것도 중요하지만 사람 구실을 제대로 못하면 자신뿐만 아니라 부모 형제가 비난받을 수 있다면서 항상 처신에 주의할 것을 당부했다. 나아가 어머니는 허진에게 "주변에 자신을 도와줄 사람이 없다고 생각해 스스로 노력해야 한다"는 말과 함께 "세속에 너무 얽매이지 말아라"는 가르침을 귀에 못이 박히도록 들려주었다. 이러한 조언은 허진이 자신의 작품세계를 만들어 나가는 데 큰 힘이 되었다. 허진은 '자신만의 작품세계를 인정받기 전에는 결코 남농의 손자임을 내세우지 않겠다'며 다짐했다고 한다.

> "보통 대를 이은 화가들은 그 조상의 화풍을 그대로 베끼는 경우가 많거든요. 조상이 이뤄놓은 명성도 있어 단지 모방만 해도 명성을 이어갈 수 있으니까요. 어머니는 그걸 가장 경계하셨습니다. 저는 지금까지 '남농의 손자'임을 내세운 적이 단 한 번도 없어요. 또 할아버지의 화풍을 그대로 이어받을 생각도 없구요. 어머니의 조언과 훈계 덕분에 10여 년을 노력하다 보니 제 나름의 화풍을 만들 수 있었습니다. 제 그림에는 남농할아버지의 흔적은 남아 있지 않아요."

허진은 요즘 들어 남농의 손자임을 밝히는 데 주저하지 않는다. 어머니가 말한 대로 자신의 독창적인 화풍을 일구었다고 나름대로 평가하기 때문이다. 미술평론가들도 "허진은 386세대의 시대정신과 함께 포스트모던의 독자적인 세계를 보여주고 있다"고 평가한다.

허진은 어머니가 돌아가신 이후 어머니가 자신에게 얼마나 큰 힘을 주셨는지 깨달을 수 있었다고 말한다. 또 어머니의 베풂의 정신 또한 잊지 않고 있다고 했다. 허진이 어릴 때 열병을 앓아 귀가

나빠지자 어머니는 자신의 부주의 탓이라며 평생 아들에게 미안해
했다고 한다. 그래서 "당신께서는 미안한 마음에 더욱 아들에게 애
정과 정성을 기울인 것 같다"고 그는 말한다. 허진은 "자신의 성장
과정을 되돌아볼 때 자녀들이 사회에서 필요한 인간으로 제 역할을
하는 데는 어머니의 영향이 절대적인 것 같다"고 회고했다.

스스로 재능을 발견하도록 기회를 제공하라

명문가들을 살펴보면 시공을 뛰어넘는 닮은꼴 가문들이 있다. 어딘지 모르게 성향이나 집안의 가풍, 구성원들의 취향이 서로 닮아 있는 것이다. 이번에 살펴본 소치가의 경우 스위스의 유명한 학문의 명가인 소쉬르 가와 비슷한 점이 많다. 소치가가 5대째 화가를 배출하고 있다면 소쉬르 가는 5대째 학자를 배출한 세계적인 학문의 명가이다.

스위스 제네바 출신의 세계적인 언어학자로 페르디낭 드 소쉬르(Ferdinand de Saussure, 1857~1913)가 있다. 소쉬르의 증조부는 17세기에 정치적 박해를 피해 프랑스에서 제네바로 망명하여 이곳에 정착했다. 이는 소치가의 출발점과도 유사한 부분이다. 소치의 조상이 경기도에서 살다 진도로 내려가게 된 사연도 정치적 탄압을 우려해서이다. 소쉬르의 조상들은 대대로 지질학에 조예가 깊었는데, 증조부 호라체 베네딕트(1740~1799)는 세계 최초로 몽블랑 등반에 성공했고, 변호사이자 농학자인 니콜라스는 프랑스의 백과사전 집

필자로 참여했던 인물이다. 소쉬르의 조부 니콜라스 테오도르는 제네바 대학의 지리학과 광물학 교수를 지냈고, 지질학자였던 부친 앙리 드 소쉬르도 미국과 멕시코를 탐험했다.

소쉬르 가문은 호라체 베네딕트-니콜라스 테오도르-페르디낭 드 소쉬르로 이어지면서 학문의 대가를 탄생시켰다. 이에 비해 소치 가문은 소치-미산-남농으로 대를 이어 한국화의 큰 봉우리를 이루고 있다. 다만 소쉬르 가는 지질학자 집안으로 명성을 높이다 5대 자손인 소쉬르에 이르러 언어학으로 분야를 달리했다. 소쉬르는 자신의 재능이 언어학에 있음을 알고 전공을 바꿔 이 분야의 세계적인 석학이 되었다. 눈길을 끄는 것은 소쉬르의 별난 행동이었다. 그는 강의가 끝나면 자신의 강의노트를 잘게 찢어 흔적조차 남기지 않는 습관을 가지고 있었다고 한다. 그래서 소쉬르는 생전에 단 한 권의 저서도 남기지 않았다.

소치가의 5대손인 허진 교수는 고교 시절 법대 지망생에서 뒤늦게 그림 공부를 시작했다. 이 역시 자신의 재능을 주체할 수 없음을 느꼈기 때문이라고 하는데, 허진은 당시 무언가 '보이지 않는 힘'이 작용하고 있음을 깨닫고 화가의 길로 들어섰다고 한다. 현재 허진은 자신의 선대가 그렸던 전통 한국화와는 전혀 다른 포스트모던 풍의 한국화에 도전하고 있다.

소치가는 자녀가 화가로서 홀로서기를 할 수 있도록 의지를 길러주는 생활교육에 무엇보다 철저했다. 한국 남화의 시대를 연 소치는 학문이 얕은 아들이 그림을 그리겠다고 간청해도 외면했다고 한다. 또 남농은 가난에 시달리다 동상에 걸려 다리를 절단하면서도 할아버지인 소치의 화풍에 의존하지 않고 자신의 세계를 구축해 한국 남종화의 대가로 우뚝 섰다. 그의 손자 허진 역시 남농의 화풍을 절대 모방하지 않았으며, 때로는 정치적인 의식을 화풍에 담기도 하면서 독창적인 한국화의 경지를 만들어가고 있다. 선대의 후광에 의지해 화풍을 베끼기만 해도 대를 이을 수는 있지만 소치가는 이런 '안이한 대물림'은 하지 않았던 셈이다.

특히 허진 교수의 모친 김창수 여사는 아들이 할아버지의 유명세만 믿고 노력하지 않을 것을 우려해 화가 이전에 "먼저 인간이 되어야 한다"며 생활교육을 중시했다. 아들이 나약해질까봐 항상 도전정신을 북돋워주는 것도 잊지 않았다. 어머니 역시 아들에게 조금이나마 도움을 주기 위해 아들의 친구나 아버지의 친구들이 집에 올 때면 온갖 음식을 장만해 정성껏 대접했다고 한다.

한 가문에서 한 사람의 인재를 키우기도 쉽지 않은데, 더욱이 5대에 걸쳐 화가나 학자를 배출한다는 것은 결코 쉬운 일이 아닐 것이다. 소치가가 200년에 걸쳐 예술 명문가로서의 명성을 이어오고 있는 비결은 다름 아닌 스스로 재능의 끼를 발견하고 이를 갈고 닦은 데 있다.

소치가에서는 그 누구도 대를 이으라고 강요하지 않는다. 대물림은 누가 강요해서는 결코 이루어낼 수 없기 때문이다. 퇴계가 말했듯이 재능과 학식, 인격을 두루 갖추고 있다면 그 사람은 비록 뒤늦게라도 반드시 세상에 드러나기 마련이다.

단, 현명한 부모라면 자녀들이 스스로 재능을 발견할 수 있도록 기회를 제공하는 역할을 해야 한다. 남농이 손자인 허진에게 고3 여름방학 때 사군자를 치게 한 것도 기회를 주기 위한 남농 나름의 교육법이었을 것이다. 이와 관련해 중요한 시사점을 던져주는 것이 추사 김정희가 소치에게 여행을 많이 하라고 권한 내용이다.

추사는 소치가 모사한 윤두서의 화첩을 처음 보고 "그대가 화가 삼매의 경지에 들어서려면 천리 여행을 하라"며 권유한다. 아마도 여행을 하면서 필연적으로 만나게 되는 다양한 인간들의 삶과 명산대천名山大川의 아름다운 풍광을 접하면서 새로운 경지에 접어들게 되기 때문일 것이다. 그래서인지 몰라도 이후 소치는 여러 차례 여행을 했다. 새로운 것을 접하면서 자신에게 잠재되어 있는 '끼'를 느낄 때 비로소 재능이 꿈틀대는 것이 아닐까.

아울러 소치가는 그림 그리는 재주 하나에만 집착하지 않았다. 소치는 그것 하나만으로는 결코 대가의 경지에 오를 수 없음을 누구보다 잘 알고 있었다. 소치가 "학문이 얕으면 절대로 붓을 들지 말라"는 엄명을 내렸던 것도 바로 그 때문이다. 진정한 교육은 바로 이런 게 아닐까.

붓끝 하나의 재능으로는 화가로 우뚝 설 수 없다는 것을 알지만, 때로 부모들은 자녀의 성공을 위해 눈감아주기도 한다. 그게 평범한 사람들의 인지상정이다. 그러나 소치 가문에서는 이러한 얕은꾀가 절대 통하지 않았다. 화가이기 이전에 먼저 인간이 되어야 했기 때문이다. 화가 이전의 인간 교육은 역시 부모가 자녀에게 해줘야

할 몫이다. 소치가가 5대째 화가를 배출할 수 있는 또 하나의 원동
력은 바로 화가가 되기에 앞서 인간이 되고 학문에 힘쓰도록 가르
친 생활교육 덕분이었다.

훌륭한 친구와 함께 공부하라

— 500년을 이어온 '인맥네트워크'의 위력

우선 위대한 인물들을 모방해야 한다.
인간은 항상 선인들의 행적을 따르며, 모방이야말로
인간 행동의 지도적 원리이기 때문이다.
— 마키아벨리

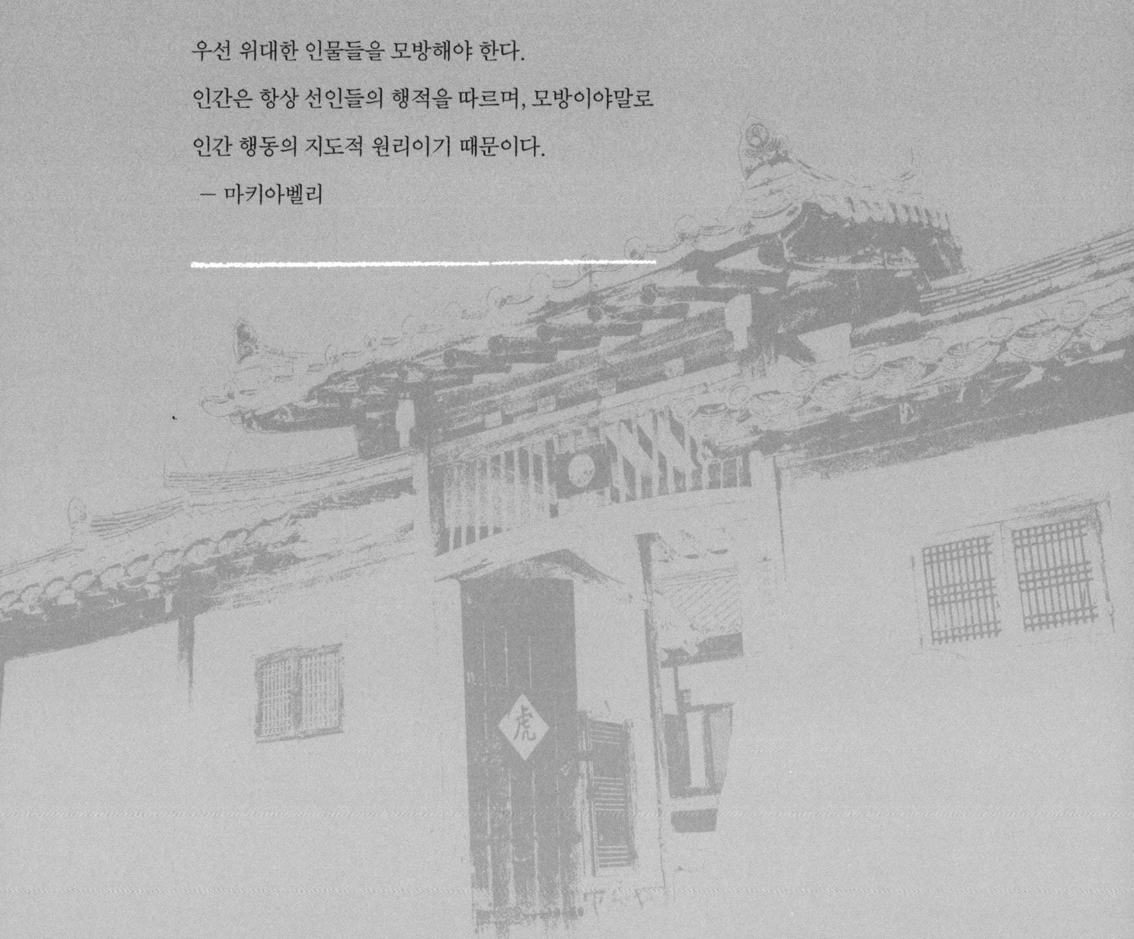

450여 년 전에 도입한 퇴계의 '인맥네트워크' 교육

부자들은 자녀를 사립초등학교에 보내 '부잣집 출신의 평생친구'
를 만들어준다. 중학교와 고등학교 때도 마찬가지이다. 비슷한 수
준의 부자들끼리 '과외네트워크'가 형성되고, 그 인연이 평생 동안
이어진다. 요즘 추세로 보면 부잣집 출신의 아이들이 이른바 명문
대에 진학할 확률이 점점 더 높아지는데, 가난한 집의 아이보다 몇
킬로미터 앞에서 마라톤을 출발하는 형국이다. 이들은 어릴 적부터
형성된 인맥으로 서로 끌어주고 밀어주기도 한다. 그래서 "3대 가

◀ 조선 최고의 학문 전당이었던 도산서원의 전경. 도산서원은 당시의 명문 사립대학으로
전국의 수재들이 모여들어 동문수학했다. 특히 퇴계는 똑똑하고 학문을 열심히 하는
제자와 자신의 후손들이 함께 공부하도록 서로에게 소개해 줌으로써 오늘날 중시되고 있는
인맥네트워크 교육을 450여 년 전에 이미 도입했다.

는 부자 없다”는 말은 이제 무용지물이나 다름없다. 예전에는 거액을 상속 받은 아들이 주색잡기에 빠져 가산을 탕진하는 경우가 많았다. 하지만 이제는 이런 핑계거리가 더 이상 통하지 않는다. 돈이 많은 사람들은 자식 주변에 견고한 시스템을 만들어 재산이 3대, 4대에 이르러도 줄지 않게 만들어놓았다. 아이들의 부자 친구가 그것이고, 돈으로 고용하는 전문가들이 다른 한 축을 형성한다. 부자들은 이처럼 자식과 정보를 독점하며 쌓은 부를 대대로 이어갈 것이다.

국내에서 출간된 한상복의 『한국의 부자들』에 따르면 “요즘에는 부자가 오히려 자식교육을 엄하게 시킨다”면서 “이제 부자도 3대 이상 간다”는 새로운 세태 진단을 내렸다. 그 이유로 저자는 자녀들 주변에 형성되어 있는 최상의 ‘인맥네트워크’를 들고 있다. 인맥의 중요성에 대해서는 여러 사람들이 이구동성으로 이야기하는데, 비즈니스맨도 자신의 직업 분야에서 필요로 하는 고급 인맥을 구축해야만 성공할 수 있다고 한다.

퇴계退溪 이황(李滉, 1501~1570)은 율곡栗谷 이이(李珥, 1536~1584)와 함께 조선 유학의 최고봉에 올라 나란히 한국을 대표하는 인물로 존경받는다. 지폐에도 얼굴을 올린 퇴계 이황은 이러한 인맥의 중요성을 알고 이를 제자와 자녀교육에 도입한 것으로도 잘 알려져 있다. 흔히 사람들은 퇴계를 조선 최고의 유학자로만 알고 있다. 그는 수많은 제자를 길러 영남학파를 만든 조선 최고의 유학자였지만 제자나 자녀교육 방법에서 커다란 획을 그은 위대한 교육자이기도 했다.

퇴계는 요즘 유행하는 표현을 빌리면 자녀들과 제자들에게 '인맥네트워크'를 구축해 주려고 무척 애를 썼다. 굳이 스승이 제자를 위해 그런 일까지 신경을 썼을까 하는 생각이 들 정도로 아들과 손자, 제자들을 각별하게 챙긴 것이다. 특히 학문이 깊고 똑똑한 제자가 있으면 아들과 손자, 다른 제자들에게 소개해 주고 함께 공부하게 했다고 한다. 뜻을 같이하는 친구끼리 더불어 공부하면 능률이

도산서당 퇴계가 공부하고 제자를 기르던 곳으로 후학 양성에 뜻을 두고 4년에 걸쳐 도산서당을 짓기 시작해 60세 때(1561) 완공했으며 10여 년 동안 이곳에서 300여 명의 제자를 길러냈다.

청량정사 퇴계의 숙부인 송재 이우가 후학 교육을 위해 청량산에 지은 정자로 경북 봉화군 명호면 북곡리에 있다. 퇴계는 13세 때 청량산 절에 들어와 공부했고 15세 때 청량정사에서 숙부에게 학문을 익혔다. 퇴계는 책을 읽기 시작하면 10번이고 20번이고 다시 읽어, 그 책 속에 담긴 참된 뜻을 완전히 터득하기 전에는 손에서 절대 책을 놓지 않았다. 그는 청량산을 '나의 산吾山'이라고 부를 만큼 제자들과 자주 이곳을 찾았는데, 청량정사의 또다른 이름인 오산당吾山堂은 여기에서 비롯된 것이다.

오른다며 이를 적극 권했던 것이다. 학문하는 사람은 좋은 벗을 얻어야 서로 도움을 주며 더욱 학문에 매진할 수 있다고 여긴 퇴계는 벗을 맺는 일을 대단히 중요하게 여겼다.

다만 퇴계는 '학문을 닦으려는 자'에 한해서 자녀나 제자들에게 '인맥네트워크'를 구축해 주려고 했다. 퇴계의 노력은 단순히 인맥을 형성해 주기 위한 것만은 아니었다. 그것은 '학문을 닦으려는 자'들이 최대한의 성과를 얻을 수 있도록 퇴계 나름대로 고안한 지도 방법이었다. 마치 요즈음 엄마들이 공부에 관심이 있는 아이들끼리 묶어서 스터디 그룹을 만드는 것처럼 함께 모여서 공부를 하면 서로 자극도 되고, 상호간에 좋은 점도 배워가면서 자신의 실력을 향상시킬 수 있기 때문에 퇴계 스스로 그러한 방법을 시도했던 것으로 보인다.

실력 있는 사람들이 모여서 함께 공부했을 때 얻을 수 있는 시너지 효과는 굳이 영재학교 따위를 예로 들지 않더라도 자녀교육에 관심이 있는 사람이라면 누구나 아는 내용이다. 그러기에 '맹모삼천지교孟母三遷之敎'라는 고사성어가 생기고 '대치동 엄마'라는 말이 나오는 것 아니겠는가. 퇴계도 이 점에 관한 한 요즘의 대치동 엄마 못지않은 적극성을 갖고 있었던 모양이다. 다만 이것이 소위 배운 사람들의 우월의식으로 이어지지 않도록 퇴계는 배우는 자들의 겸손한 몸가짐과 자기수양을 함께 강조했다.

퇴계는 공부를 위해 숙식을 함께 하며 같이 지낼 것을 권장했는

데, 그런 연유에서 적당한 장소로 절을 이용하도록 했다. 퇴계 자신
도 청소년 시절에 절에서 공부해 성과를 거두었다고 한다. 퇴계는
자신의 아들과 손자, 조카들도 제자들과 함께 독서하기를 종용했
다. 특히 먼 곳에서 학식 있는 제자가 찾아오면 절에 있는 아들을 불
러 새 친구로 삼아 함께 있도록 했다. 한번은 청송에서 제자 신언이
용수사란 절에 들어가 공부하게 되자 다른 절에서 공부하고 있던
아들을 용수사로 보내 신언과 같이 공부하도록 한 일도 있었다.

퇴계가 제자와 자손들에게 학문을 권장하기 위해 강조한 표현으
로 "하처불가독 하시불가학何處不可讀 何時不可學"이란 말이 있다. '어
떤 곳에서든지 독서는 멈추지 말아야 하며, 항상 공부하고 배워야
한다'는 말이다. 퇴계는 아들이 한가로이 세월을 보내고 있을 때마
다 "진보가 없으면 퇴보不進則退"라며 호통을 치기도 했다. 진보가
없는 자는 퇴보만 계속하다가 마침내 용렬한 사람이 된다는 것이
다. 퇴계는 농부가 되든 선비가 되든 그것은 자신이 선택할 문제이
지만 학문을 선택한 이상 맹렬히 공부해야 한다고 가르쳤다.

퇴계는 열일곱 살 된 맏아들에게 뜻이 돈독한 친구와 함께 절에
가서 굳은 결심으로 열심히 공부하라고 권했다. 이어 아들이 스무
살이 되었을 때는 "요즘에 무슨 책을 읽고 있느냐, 과거는 그만두게
되는 것이 아니냐, 놀이와 게으름으로 세월을 보내지 않느냐?"며
나무랐다. 스물두 살이 되던 해에는 "네 어머니의 제사를 지낸 후에
는 절에 가서 맹렬히 분발해 꼭 성공토록 하라, 한가하게 세월만 보
내는 것을 간절히 경계한다"고 타일렀다. 성인으로 추앙 받는 퇴계

도 자녀교육에 있어서는 요즘 부모들처럼 극성스러울 정도였다.

다음의 글은 퇴계가 스물다섯 살이 된 맏아들에게 보낸 편지의 내용이다.

"내가 곁에 있지 않다고 학업을 피해서야 되겠느냐? 책 읽기에 분발하고 힘껏 노력해 주기 바란다. 나는 밤낮으로 너희들이 성공하기를 바라고 있다. 너희는 뜻있는 선비를 보지 못했느냐! 부형父兄이 곁에서 감독하고 꾸짖어야 공부하더냐? 너희는 모두 가까이 본받을 만한 사람도 있는데 마음이 게을러 한가로이 세월만 보내고 미리 자포자기해 버리느냐?"

퇴계는 맏아들 준이 학문에 소홀하자 손자들에게 기대를 걸고 학업에 매진할 것을 권했다. 퇴계는 집안을 이어갈 맏손자 안도에게 많은 편지를 보냈는데, 그가 60세 되던 해에 도산서원이 완공되어 전국에서 많은 제자들이 모여들었다. 그러나 손자는 결혼해 절에서 따로 공부하고 있던 탓에 퇴계는 안도에게 편지를 보내 도산서원으로 와서 제자들과 함께 공부하라며 다그쳤다고 한다.

손자 안도에게
"(……) 김성일과 우성전이 지금 『계몽』을 읽으려 한다더구나. 너는 벌써 『주역』을 읽고 있지만 『계몽』도 읽지 않을 수 없으니, 이때를 놓쳐서는 안 될 것이다. 『주역』 읽는 것을 마치지 못하더라도

우선은 중지하고 곧장 (절에서) 내려와 이들과 함께 『계몽』을 읽는
것이 아주 좋겠다."

이때 퇴계가 함께 공부하라고 권한 김성일과 우성전은 훗날 대
학자가 되었다. 이처럼 퇴계는 지금 생각해도 과하다 싶을 정도로
학식 있는 제자들끼리, 특히 자신의 아들과 손자, 조카들이 그의 뛰
어난 제자들과 함께 공부할 수 있도록 배려하고 독려했다. 이것은
그만큼 퇴계가 자질이 뛰어난 사람과의 교우관계가 중요함을 인식
하고 있었기 때문이다. 이 점이 바로 퇴계가 조선 최대 학파인 영남
학파를 만들 수 있었던 힘이었다. 그리고 바로 이 점에 교육자로서
의 퇴계의 위대함이 있다.

겸손함과 세심한 배려로 제자들이 구름처럼 모여들다

퇴계가 제자들을 가르친 도산서원은 요즘으로 치면 서울의 연세대
나 고려대 등 사립 명문대와 같은 곳인데, 퇴계의 가르침을 받기 위
해 전국 각지에서 제자들이 모여들었다고 한다. 퇴계는 겸손한 손
님맞이로 제자들까지도 놀라게 할 정도였다. 먼저 손님이 찾아오면
귀천을 가리지 않고 술과 밥상을 차려 정성껏 대접했으며, 나이 어
린 사람이라도 뜰아래로 내려가서 맞이하고 갈 때도 역시 그렇게
했다.

그는 젊은 유학자들의 어떠한 질문에도 성실하게 답변해 주었으

도산서원 현판 선조가 내린 '도산서원' 현판은 명필 석봉 한호의 글씨이다.

며, 설령 젊은이들이 잘못된 말을 해도 바로 반박하지 않고 끝까지 듣고 나서 그것은 이렇게 생각하는 것이 옳지 않겠는가 하는 투로 말해 상대방 스스로 제 잘못을 깨닫도록 이끌어주었다고 한다. 이처럼 겸손하면서도 정성을 다한 대응으로 항상 퇴계의 사랑방에는 제자나 손님이 끊일 날이 없었다. 더구나 퇴계는 귀한 손님을 잘 대접하고, 아이나 미천한 사람이라고 차별해 대접하지 않았다. 사람을 교제할 때 누구나 균등하게 예우했던 것이다.

특히 퇴계는 학문하는 사람을 좋아하고 존경했다. 아들뻘인 26세 연하의 기대승(조선 중기의 성리학자)과 서신을 통해 논쟁을 벌이면서도 깍듯이 예의를 갖췄고, 그의 학문을 높여 경애했다. 퇴계는 비록 제자라 할지라도 이름을 부르지 않고 상대를 높여 자字라 불렀으며, 학문이 높으면 호號를 지어주었다. 그는 또한 제자를 벗으로 대했고

도산서원　도산서원은 퇴계 사후 1574년에 완공되었다.

아무리 어린 사람이라도 '너' 라고 부르는 법이 없었으며 제자들을
매우 소중하게 여겼다. 여행을 하다가 제자에 관한 언짢은 꿈을 꾸면
그의 안부를 염려하는 편지를 보냈고, 곤궁한 제자가 있으면 곡식을
보내주었다. 퇴계의 이런 처신과 배려가 도산서원에 제자들이 구름
처럼 몰려들게 만들었고, 결국 조선시대 최대의 인맥네트워크를 만
든 것이다. 퇴계는 참으로 다정하고 배려 깊은 스승이 아닐 수 없다.

　　퇴계는 자신의 평생 사업을 시로 지은 적이 있는데, 성현의 가르
침을 갈고닦아 고향에서 "착한 사람을 많이 만드는 것所願善人多"이
라고 했다. 그래서인지 그는 권력을 좇지 않고 고향에 돌아와 제자

5백년 명문가의
자녀교육

를 기르며 참스승으로 살았다. 퇴계는 선비로서, 학문하는 사람으로서 제자들을 가르치는 데 힘썼을 뿐만 아니라 아들과 손자 등 가문의 후손들을 교육하는 데도 심혈을 기울였다. 좋은 친구와 함께 지내며 학문을 닦는 것을 중시했던 퇴계는 아들과 손자, 조카뿐만 아니라 형의 외손자, 질녀, 형의 사위, 형의 손자, 조카의 글공부와 어려움을 힘닿는 대로 보살폈다. 조카와 조카사위, 종손자, 생질, 종질과 누님의 사위, 형제의 외손자 그리고 질녀의 외손자까지 모두 와서 배웠을 뿐 아니라 나중에는 문중의 청소년들이 모두 몰려와 배웠다고 한다. 수많은 제자를 가르치는 스승이기에 앞서 퇴계는 먼저 일가의 큰 어른으로서의 역할도 다했던 셈이다.

"시원한 밤은 책 읽기 좋을 때다. 시간을 아껴라. 좋은 계절에 고요한 절에서 힘써 공부해 주기 바란다. 술 한 병, 닭 한 마리, 생선 한 마리, 고기 한 덩어리를 보낸다."

맏형의 외손자 민응기에게 보낸 편지의 내용이다. 요즘 시대에도 큰형의 외손자까지 챙기는 자상한 할아버지가 있을까. 한번은 넷째 형의 둘째 아들 영이 생활이 어려워 학문을 포기하려 했다. 이 소식을 듣고 크게 상심한 퇴계는 생계 때문에 공부를 그만둬서는 안 된다면서 영의 뜻을 돌이키려고 "생각하고 생각하고 다시 또 생각해 보아라"는 편지를 보내 달랬다고 한다. 영은 그 뒤에 학문에 정진해 결국 벼슬길에 나갔다. 퇴계는 이처럼 요즘 사람은 생각하기 힘들 정도의 세심함을 지니고 있었다.

퇴계가 행한 가정교육의 법도는 제자들에게도 그대로 전수되어 그의 제자들 역시 퇴계가와 같은 자녀교육의 전통을 갖게 되었다. 한국국학진흥원이 펴낸 퇴계학파의 학맥도에 따르면 퇴계 당대에 310명을 포함해 오늘날까지 모두 715명에 달하는 학자들이 퇴계학파(영남학파)를 형성하면서 퇴계의 가르침을 따르고 있다. 이들 가운데 학봉 김성일(1538~1593), 서애 류성룡(1542~1607), 한강 정구(1543~1620) 등은 각각 제자들을 배출해 퇴계학의 작은 계파를 이뤘다.

15세기 초에는 진주 지역에서 많은 인재가 배출되어 "영남 인재의 반이 진주에 있다"는 말이 있다가, 15세기 후반에 김종직 일파가 중앙에 대거 진출하자 "영남 인재의 반이 선산에 있다"는 유행어가 나오게 되었다. 그러다 16세기 후반부터 퇴계를 중심으로 그 문하에서 많은 학자와 공직자들이 배출됨에 따라 안동 지역이 동방의 맹자, 공자의 땅, 곧 추로지향鄒魯之鄕이라는 말이 나돌았다. 추鄒는 맹자의 고향이고 노魯는 공자의 고향이니, 이는 퇴계가 도산서원을 학문의 전당으로 만들어 후학 양성에 힘쓴 데서 비롯된 것이다.

퇴계가 생전에 후학들을 가르쳤던 도산서원은 요즘에도 매일 수많은 방문객들로 문전성시를 이룬다. 권학勸學을 외치면서 자녀와 제자들을 채찍질한 퇴계의 자녀교육법과 '인맥네트워크' 교육은 오늘날 대한민국 모든 학부모들의 교육 열기로 이어지고 있는 것은 아닐까 생각해 본다.

퇴계, 이육사라는 저항시인을 낳다

퇴계 집안의 후손들은 퇴계라는 큰 스승의 얼굴에 먹칠을 하지 않겠다는 의식이 뿌리박혀 있다. 일부는 조상 전래의 가치관을 지키려고 개화에 반대하기도 했고, 퇴계의 14대손인 시인 이육사(본명 이원록)처럼 시인으로 독립운동을 하다 옥사하기도 했다. 이육사의 어머니 허씨는 독립운동가의 대부 격인 왕산 허위 집안 출신이다. 이처럼 육사는 대표적인 항일투사 집안을 외가로 두고 있었다. 또 3대에 걸쳐 독립운동가를 배출한 안동의 고성 이씨 종택인 임청각은 육사의 종고모집이기도 하다. 육사는 어려서부터 자주 임청각을 드나들었으며, 결국 독립운동에 몸을 바쳤다.

이육사는 퇴계의 14대손으로 어려서부터 퇴계가의 엄격한 유학의 가풍 속에서 자랐다. 어릴 때 이미 『논어』, 『맹자』, 『예기』, 『춘추』 등의 사서四書를 배웠고 신학문을 중등과정까지 마쳤다. 그리고 일본에 잠시 체류하다 스물두 살 되던 해인 1926년에 중국으로 건너가 베이징의 중산대학에 다니기도 했는데, 이때부터 무려 17차례나 감옥을 드나들며 저항시인으로서 항일운동을 펼쳤다. 결국 그는 해방을 한해 앞둔 1944년 베이징의 일본영사관 감옥에서 한 달 동안이나 계속된 고문을 견디다 못해 절명했다.

육사연구가인 안동대 김희곤 교수는 "안동 출신 독립운동가의 계보를 추적해 보면 대부분 퇴계의 제자인 서애 류성룡과 학봉 김성일로부터 이어진다. 퇴계학맥이라는 씨줄과 혈연이라는 날줄이 안동 독립운동의 튼튼한 줄기를 형성하고 있다"고 말한다. 문단에

서는 "육사는 우리 현대문학사에서 민족을 위한 투쟁과 시를 접목
해 그것을 일체화한 희귀한 시인"이라고 평가한다. 퇴계의 14대손
인 육사의 가슴속에는 "배운 것은 실천한다"는 퇴계의 정신이 자리
잡고 있었던 것이다.

이육사는 독립운동을 하면서도 총 36편의 시를 남겼는데 「광야」
등에서 볼 수 있듯이 그는 시에서 조국 광복에 대한 애타는 마음을
노래하고 있다. 육사는 스물일곱 살 때 처음 시를 썼지만 일제 치하
에서는 단 1권의 시화집도 내지 못했다. "까마득한 날에 / 하늘이 처
음 열리고"로 시작되는 「광야」도 육사의 동생 이원조가 1945년 12월
「자유신문」에 발표, 그의 사후에야 세상에 알려지게 된 것이다.

다음은 「한 개의 별을 노래하자」(1936)라는 시의 첫 구절이다.
일제로부터 혹독한 고문을 받으면서도 육사는 미래에 대한 희망의
끈을 놓지 않았다.

한 개의 별을 노래하자 꼭 한 개의 별을
십이성좌十二星座 그 숱한 별을 어찌나 노래하겠니.
꼭 한 개의 별! 아침 날 때 보고 저녁 들 때도 보는 별
우리들과 아—주 친親하고 그 빛나는 별을 노래하자.
아름다운 미래未來를 꾸며 볼 동방東方의 큰 별을 가지자.

"학문은 생활의 실천"이라는 퇴계의 가르침은 후손들에게 그대
로 이어져 이육사와 같은 저항시인을 낳을 수 있었다. 퇴계는 배운

것은 실천하고, 겉과 속이 다르지 않게 하는 것이 학문이라고 말했다. 퇴계가 집안사람의 교육에서 생활교육을 특히 중시한 것도 바로 그 때문이다. 심지어 퇴계는 서른네 살에 벼슬하는 아들에게 학문이 부족하다며 다시 『소학』 읽기를 권했다고 한다. 기본이 되어 있지 않은 채 그 다음 단계로 나아갈 수는 없기 때문이다.

퇴계는 학문을 하는 사람은 먼저 『소학』을 공부하고 나서 중국 남송의 철학자인 주희朱憙의 『주자대전』을 읽어야 한다고 강조했다. 『소학』은 생활법도와 지침을 담고 있는 공부 이전의, 공부를 위한 자세를 가다듬는 입문서라 할 수 있고, 주희의 『주자대전』은 주자학의 사상을 집대성한 책이니, 쉽게 말하자면 인간이 된 다음에 학문을 해야 한다는 말이다.

퇴계는 순서를 어기고 앞서가는 것에 후한 점수를 주지 않았다. 과거시험의 경우에도 퇴계는 기본 공부(경학)는 제쳐둔 채 오직 '점수 따기(관학)'에만 골몰하고 있다며 비판한 바 있다. 요즘으로 비유하자면 영어 말하기는 안 되면서 토익이나 토플 점수를 높이

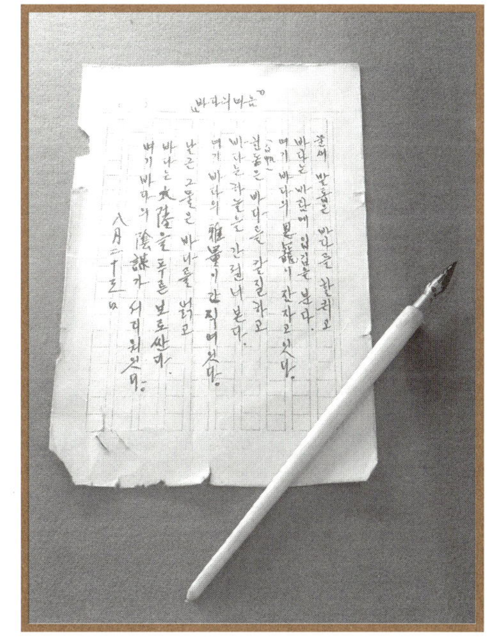

퇴계의 14대손인 시인 이육사의 친필 원고

기 위해 어학원에 다니는 것과 매한가지다. 또 대학입시 공부에만 매달린 채, 책 1권 제대로 읽지 않고 청소년기를 보내는 것과 다를 바 없다고 하겠다.

이육사는 퇴계가에 내려오는 엄한 생활교육을 받고 자신이 배운 것을 그대로 실천했으며, 그러한 자세가 결국 그를 저항시인으로 살도록 했다. 퇴계가 말한 대로 "겉과 속이 다르지 않은 삶"을 살았던 셈이다.

배운 바대로 실천한 퇴계

8남매의 막내로 태어난 퇴계는 생후 일곱 달 만에 진사인 아버지 이식이 병으로 죽자 홀어머니 박씨 밑에서 엄한 교육을 받으며 자랐다. 박씨는 남들로부터 "과부 자식은 배운 게 없고 버릇이 없다"며 따돌림을 받을까봐 남보다 더 엄하게 교육했다고 한다. 퇴계는 "나에게 가장 많은 영향을 끼친 분은 바로 어머니"라며 어머니의 묘갈명墓碣銘에 기록했을 정도였다. 참고로 묘갈명은 묘비 뒤에 돌아가신 분의 행적을 기록한 글을 말한다.

퇴계는 어릴 때부터 무척 얌전하고 예의 바른 아이였다고 한다. 여섯 살 때부터 천자문을 배우기 시작했는데, 언제나 스승 앞에서 단정한 자세로 앉아 사람들을 감탄하게 했다. 이와 같은 퇴계의 심성을 말해 주는 일화가 하나 있다.

이처럼 퇴계는 어린 시절부터 감수성이 예민하고 정이 많은 소년이었다. 퇴계는 스승 없이 『주역』 등을 독학으로 공부했는데, 그의 뒤를 돌봐준 이는 작은아버지인 송재 이우(1469~1514)였다. 참판과 도지사를 지낸 그는 퇴계의 재기를 발견해 그가 스스로 뜻을 세우고 학문을 닦도록 가르침을 주었다. 퇴계는 낮에는 주로 독서를 하고 밤에는 사색을 하는 주독야사晝讀夜思의 생활규범을 실천했다고 한다.

퇴계는 지식 자체에 목적을 두지 않았다. 그가 가장 중요시한 것은 생활과 실천이었다. 학자가 날마다 공부하는 것은 몸을 닦고 체험하기 위한 것이지, 입으로만 이치를 논하기 위함은 아니라고 생각했다. 마음과 몸으로 그날 공부한 것을 실천하는 것이 참된 학문이라고 가르쳤던 것이다.

34세에 문과에 급제해 벼슬길에 오른 퇴계는 46세 때 고향으로 돌아와 60세 때 도산서원을 지어 약 10년간 후학 양성에 매진했다. 벼슬에는 별로 뜻을 두지 않아 조정에서 그에게 140차례나 벼슬을 내렸지만 79회를 사임했을 정도이다. 그러나 "숨는 것보다 더 두드러지는 것은 없다莫見乎隱”는 『중용』의 말처럼 퇴계가 벼슬을 하지 않고 은둔할수록 그의 영향력은 점점 커져만 갔다. 퇴계가 스스로 지은 자신의 묘비명에다 “학문의 길은 갈수록 더욱 멀고 / 벼슬은 싫다 해도 더 높아만 갔네!”라고 적은 것도 바로 그 때문이다.

퇴계는 결코 자신을 드러내거나 남에게 자신을 알리려 하지 않았다. 남이 알아주든 알아주지 않든 그는 스스로 학식과 덕을 쌓는 데 열중했다. 제자들에게도 군자가 추구하는 학문이란 깊은 산골 풀숲에 있는 난초와 같아서 알리지 않더라도 종일 향내가 나 저절로 남에게 알려지게 된다는 가르침을 폈다.

퇴계는 배운 바대로 실천하는 것에 예외를 두지 않았다. 이로 인해 대를 이을 증손자마저 잃는 아픔을 겪기도 했다. 퇴계의 증손자가 서울 외조부 댁에서 태어났는데, 그의 손자인 안도는 어미의 젖이 적으니 유모를 구해달라며 할아버지에게 부탁을 드렸다. 퇴계는 “유모로 갈 수 있는 하인도 해산한 지 삼사 개월밖에 안 돼 유모가 올라가면 그 아이는 죽고 만다. 내 자식 키우려고 어찌 남의 자식을 죽인단 말인가” 하며 거절했다는 것이다. 결국 젖이 모자라 이 아이는 두 돌을 넘기지 못한 채 죽고 말았다. 퇴계는 말년에 증손을 잃은 참변을 가장 큰 슬픔으로 여겼다고 한다. 퇴계는 어떤 고통스러운 일을 당해도 성현의 가르침대로 ‘원칙’만은 지켜나갔던 것이다.

검소하고 근검절약하는 생활을 실천한 퇴계는 각자의 소질과 적성에 따라 능력과 소임을 맡겼다. 맏아들은 학문의 길로 들어서게 했고, 둘째 아들은 농사일을 전업으로 삼게 했다. 다만 퇴계는 학문

퇴계종택 안동시 도산면 토계리에 있는 퇴계 종가로 일제가 불을 지른 것을 1929년에 다시 지었다.
도산서원은 고개 너머 10리 정도 떨어져 있다.

의 길을 택하면 농부나 향촌의 민중들같이 재산을 모으는 데 몰두해서는 안 된다고 말했다. 재산을 모으면서 도덕을 논하고 학문을 닦을 수는 없다는 말이었다. 특히 퇴계는 "이식利息으로 식산殖産을 금한다", 곧 '이자놀이로 재산 불리는 것을 금한다'는 '금식산禁殖産'을 좌우명으로 남기기도 했다. 그리고 이것은 퇴계의 후손들이 아직까지도 철저하게 지키고 있는 덕목이다. 요즘 세태에서도 알 수 있듯이 학문을 하는 사람이나 공직자가 명예와 함께 권력과 부를 동시에 탐하기는 역시 어려운 것인가보다.

오늘날에도 이어지는 퇴계의 '인맥네트워크'

진성 이씨 퇴계 후손은 조선조에 걸쳐 문집을 세번째로 많이 낸 가문으로 총 92권에 이른다고 한다. 이것은 후손들이 관직에 나아가기보다 학문을 더 중시했음을 보여주는 증거이다. 문집이란 개인의 저작물을 모두 망라한 개인전집으로, 당사자의 사후에 그 사람이 남긴 시문과 일기, 기타 저작물을 제자나 후손들이 한데 모아 편찬한 것이다. 경제력이 있어야 편찬이 가능했지만 그 이전에 양반사회로부터 인정을 받아야 간행할 수 있었다. 따라서 문집이란 당시의 양반사회에서 학자로 인정받았다는 징표인 셈이다.

또한 진성 이씨 중에는 대한민국 건국공로훈장을 받은 이가 37명에 달해 단일 성씨로는 전주 류씨(27명)와 함께 가장 많은 인물을 배출했다. 가문들의 성향은 종종 닮은꼴을 보이기도 하는데, 문집이 많은 가문은 대대손손 문집을 남기는 것이 가풍으로 자리 잡고 있다. 퇴계 후손은 퇴계의 가풍을 이어서인지 주로 대학교수 등 학계에 많이 진출했고 정계에는 거의 전무하다.

도산면 토계리에 있는 퇴계종택은 일본군에 의해 2번이나 불타 소실되었다가 1929년에 복원되었다. 퇴계종택은 1896년 의병 진압 부대가 지른 불로 1,400여 권의 책을 잃었고, 1907년에는 의병활동을 지원했다가 온혜의 노송정 종택(퇴계가 태어난 곳)과 함께 또다시 일본군이 놓은 불에 타는 참변을 당했다.

퇴계의 16대 종손인 이근필 씨는 이곳 도산에서 초등학교 교장으로 정년퇴임했다. 그는 어릴 때부터 "너는 다른 사람과 다르다"는 말을 귀에 못이 박히도록 듣고 자랐다. "경상 감사 자리보다 퇴계 종손 자리가 낫다"는 말이 있을 정도로 과거에 남들의 부러움을 샀던 '퇴계 종손'이 그가 살아가야 할 자리였던 것이다.

퇴계 종손은 어릴 때부터 특별 대접을 받으며 자란다. 서너 살까지는 어머니와 한 방에서 지내지만 다섯 살 정도만 되면 할아버지 방으로 옮겨야 한다. 잠자리에서는 물론 제삿날마다 조상 이야기를 듣고 부모의 행동을 거울 삼아 종손으로서의 마음가짐과 행동거지를 몸으로 깨우치는 것이다. 경북대 사범대를 나온 그는 인천의 고등학교에서 교사 생활을 시작했지만 퇴계 종손으로서 집안을 지키기 위해 부득이 도산초등학교 교사로 지원했다. 당시 도산면은 오지여서 지원하는 교사들이 거의 없었기 때문에 정년퇴임 때까지 장기 근속할 수 있었다.

현재 이근필 씨는 퇴계 정신을 알리는 전도사로 살고 있다. 그가 가장 고민하는 부분은 흔히 어렵게만 알고 있는 퇴계의 가르침을 국민들에게 쉽게 전달하는 일이다. 그래서 먼저 초등학교 교사를 도산서원으로 초청해 2001년부터 무상으로 선비문화수련회를 개최하고 있다. 또 문중들을 설득해 이를 전담하는 '사단법인 선비문화수련원'도 만들었다.

수련원에서는 2004년부터 "칭찬 잘하는 아이를 만들자"는 캠페인을 벌이고 있다. 칭찬을 잘하는 아이는 결코 나쁜 마음을 가질 수 없다는 생각에서이다. 물론 칭찬은 아부나 아첨과는 다르다. 칭찬하는 사람은 퇴계가 말한 착한 사람이라고 볼 수 있다. 결국 퇴계의 종손이 하는 일은 퇴계가 생전에 했던 인생 최대의 사업인 "착한 사람을 많이 만드는 일"의 연장선상에 있다고 할 수 있겠다.

퇴계는 450년 전에 이미 '착한 사람들의 인맥네트워크'를 만드는 일을 시작했다. 벼슬은 자신이 아니어도 다른 사람들이 할 수 있는 일이기 때문에 퇴계는 자신만이 할 수 있는 길을 찾았던 셈이다. 퇴계는 스스로 학문을 닦아 착한 사람을 많이 키워내는 교육사업에서 자신의 역할을 찾았으며, 그 방편으로 학문하는 사람끼리 서로 배우고 경쟁하면서 좋은 친구와 인생의 동반자를 만드는 '인맥네트워크'를 최대한 활용했다. 그 덕분에 류성룡, 김성일, 정구 등 세 명의 대표적인 제자를 배출했고, 여기에서 장흥효—이시명—이현일—이재—이상정—남한조—류치명—김흥락—이상룡—이용태 등으로 이어지는 학맥을 형성해 500년을 이어오고 있다.

퇴계가 탄생한 지 500년이 지난 지금도 그 네트워크는 계속 발전해 나간다. 예컨대 재령 이씨 운악 종가의 이현일과 이재는 부자지간으로 퇴계학의 적통嫡統을 이었고, 그 후손인 이용태에 이르러 다시 퇴계 종가의 사위가 된다. 수백 년에 걸친 인맥네트워크가 다시 그 후손들에게 '혼맥네트워크'로 연결되고 있는 것이다.

'공부에 뜻이 있는 아이끼리'
네트워크를 만들어라

예나 지금이나 인맥은 성공의 가장 큰 밑천이다. 아무도 인맥의 중요성은 부인하지 않는다. 수십 년 전에 『인맥 만들기』라는 책이 나와 공전의 베스트셀러를 기록했던 것도 인맥에 대한 사람들의 관심을 반영하는 것이라 할 수 있겠다.

이미 450여 년 전에 조선 최고의 대학자인 퇴계 이황은 이러한 인맥의 중요성을 깨닫고 '인맥네트워크' 교육을 실시했다. 퇴계는 아들과 손자 등 후손들이나 제자들에게 인맥네트워크를 구축해 주려 무진 애를 썼다. 퇴계의 인맥 형성을 위한 노력에는 상상을 초월하는 세심함이 깃들어 있다. 굳이 당대의 대학자인 퇴계가 제자를 위해 그런 일까지 세세하게 신경을 썼을까 하는 생각이 들 정도로 아들과 손자, 제자들을 세심하게 보살폈던 것이다.

특히 학문이 깊고 똑똑한 제자가 있으면 아들과 손자, 다른 제자들에게 소개해 주고 함께 공부하게 했다. 똑똑한 아이나 공부에 뜻이 있는 아이끼리 더불어 공부하면 아이들은 더 경쟁심을 발휘해 학업에 열중하게 되고, 한결 뛰어난 효과를 거둘 수 있기 때문이다. 또한 친구를 반면교사로 삼아 자신의 발전을 도모할 수도 있다. '근묵자흑近墨者黑', 곧 '먹을 가까이 하면 검어진다'는 고사성어가 바로 이를 대변하는 말이다. 사람은 결국 주위 환경에 의해서 인생이 결정된다고도 볼 수 있다.

퇴계가 제자들을 가르친 도산서원은 요즘으로 치면 사립 명문대에 해당할 것이다. 요즘도 고시생들이 절을 찾고 있지만 퇴계는 공부할 수 있는 최고의 장소로 절을 적극 추천했다. 퇴계 역시 경북 봉화의 청량산 절에서 공부했고, 그의 아들과 손자들도 주로 절에서 공부했다. 특히 퇴계는 뜻을 같이하는 친구끼리 함께 공부하면 능률이 오른다며 절에서의 '그룹 스터디'를 적극 권했다.

퇴계의 인맥네트워크는 그후 영남학파라는 조선시대 최고의 학파를 형성했다. 그런데 더 눈길을 끄는 것은 이 인맥네트워크를 통해 퇴계 사후에도 그 제자들이 다시 수많은 제자를 배출하면서 스승과 제자의 관계를 맺게 된다는 데 있다. 역사상 이름을 알린 인물 가운데 퇴계와 사제관계에 있는 이들만도 무려 700여 명에 이른다고 한다.

나아가 이러한 관계 속에서 자손끼리 혼사가 이루어져 퇴계학의 인맥네트워크는 거대한 '혼맥네트워크'로 발전했다. 학문을 통해 형성된 인맥네트워크가 인간관계를 거치면서 다시 혼맥네트워크와 결합한 것이다. 이는 가장 끈끈하고도 강력한 명가의 네트워크가 되어 조선시대의 상류층 문화를 주도했다. 퇴계학파의 인맥네트워크와 결부된 혼맥네트워크는 그후 500년 동안 이어져 영남의 명문가들 가운데 퇴계 가문과 혼인을 하지 않은 명문가가 거의 없을 정도였다.

옛날이야기라고 치부할지 모르지만 퇴계가 기틀을 마련한 영남 인맥은 오늘날에도 여전히 강력한 파워를 자랑하고 있다. 정계, 관계, 경제계의 주요 인물 가운데 가장 다수를 차지하는 인맥이 바로 영남 인맥임을 아무도 부정하지 않는다. 비록 공과功過는 따지지 않더라도 오늘날 영남 인맥의 파워는 퇴계 한 사람에게서 비롯되었다고 해도 과언이 아니다.

유대인들의 자녀교육은 세계적으로 명성이 드높다. 유대인들이 세계를 지배하게 된 이유가 바로 그들의 독특한 교육 방식에 있기 때문이다. 유대인 엄마들의 극성스러운 자녀교육은 '대치동 엄마'들을 능가한다.

뉴욕의 렉싱턴 애비뉴 92번가에는 '92스트리트 Y'라는 건물이 있는데, 이곳 부설 유아원인 '92 스트리트 Y 유아원(92nd Street Y Nursury School)'의 명성은 실로 대단하다. 몇몇 유아원과 더불어 '베이비 아이비리그'로까지 불리는데, 이 유치원 등록금은 웬만한 명문 사립대보다 비싼데도 희망자가 줄을 서 있어 하버드대학보다 더 들어가기 어렵다는 소리를 듣고 있다. 이들 유아원에 입학하면 브리어리, 트리니티, 달튼 등 뉴욕 최고의 사립학교로 차례차례 진학할 수 있고, 하버드 등 아이비리그 대학 진학은 물론 어려서부터 훌륭한 인맥을 맺고 나아가 직업적 성공을 거둘 수 있다는 학부모들의 인식 때문이라고 한다.

유대인들은 세계 인구의 0.25%에 불과하지만, 역대 노벨상 수상자들 중 3명 가운데 1명(27%)이 유대인이다. 또 세계 100대 기업 가운데 42%가 유대인 소유이며 하바드, 예일 등 아이비리그 대학 정교수의 65%, 뉴욕에서 개업한 의사의 45%를 유대인이 차지하고 있다. 더불어 세계의 언론도 그들이 장악하고 있다. 『뉴욕타임스』와 『워싱턴포스트』를 비롯해 미국의 3대 텔레비전 방송사 NBC, CBS, ABC 모두 유대인 소유다.

이처럼 소수민족이 세계를 제패할 수 있었던 원동력은 바로 유대인들의 교육과 함께 강력한 네트워크의 힘에 있다. 유대인들은 13세가 되면 성인식을 치르는데, 일생에서 결혼식과 더불어 가장 중요한 의식이라고 한다. 성인식에는 결혼식처럼 일가친척은 물론 친구나 주변 사람들이 모두 모인다. 그런데 재미있는 것은 결혼식과 마찬가지로 '부조금'을 내는 광경이다. 일반 직장인의 경우 200달러 정도를 낸다고 하는데, 뉴욕 중산층의 경우 성인식을 하면 평균 5~6만 달러가 들어온다고 한다.

이날 들어온 돈은 모두 성인이 되는 주인공의 몫으로, 이들이 사회생활을 시작하는 20대 초반이 되면 적어도 2배 이상 불어나 있다. 우리 돈으로 1억 안팎의 돈을 갖고 사회생활을 시작한다는 계산이다. 그래서 사회생활을 시작하는 유대인 청년들의 고민은 당장 먹고 살기 위해 돈을 버는 것이 아니라, 이 돈을 불리기 위해 무엇을 해야 하는지에 초점이 맞춰져 있다. 이는 똑똑한 유대인들이 청년 시절에 창업에 나서거나 돈을 굴려 눈덩이처럼 키울 수 있는 금융 업종을 선호하는 배경이기도 하다. 주머니에 돈 한 푼 없이 일단 취직해서 돈부터 벌어야 하는 한국의 젊은이와 비교해 볼 때 출발부터 다른 셈이다. 바로 유대인 네트워크의 힘이 서로 다른 출발을 낳는 것이라 할 수 있겠다.

자녀를 '문화의 바다'에 빠뜨려라

— 400년을 이어오는 시詩, 서書, 화畵의 재능

잘못된 사회를 치유하는 유일한 방법이 있습니다.

그것은 사람들을 계도하고 단련시키는 것입니다.

사람들을 계도하고 단련시키기 위한 유일한 방법이 있습니다.

그것은 자신을 더욱 단련시키는 것입니다.

— 톨스토이

종손으로서 자립의 모범을 보이다

해남 윤씨 가문의 종가인 녹우당을 찾아가는 길은 서울에서 하루
종일 걸렸다. 서해안고속도로가 생겨 시간상 단축되긴 했지만 해남
땅에 도착한 시간은 반나절이나 지난 뒤였다. 자동차가 없었던 조
선시대에 해남 땅에서 서울까지 벼슬길에 올랐던 고산가 사람들은
이 먼 길을 오가며 무엇을 꿈꾸고 어떤 세상을 염원했을까, 문득 그
런 생각이 들었다.

해남 연동리에 있는 녹우당에 들어서면 제일 먼저 눈에 들어오

◀ 녹우당 전경. 입구에 보이는 은행나무는 고산의 고조부인 어초은 윤효정이 자녀들의
과거급제를 기념해서 심은 것이라고 한다. 과거에 합격한 어초은은 대부호의 딸과 혼인해
재물이 쌓이자 적선을 실천하면서 자녀들의 교육에 헌신했다. 아들 삼형제가 과거에 급제했고,
고산까지 5대에 걸쳐 과거급제자를 배출하면서 호남의 명문가로 입지를 굳혔다.

는 것이 바로 500년 된 은행나무 네 그루이다. 이 은행나무는 고산孤山 윤선도(尹善道, 1587~1671)의 고조부인 어초은漁樵隱 윤효정(尹孝貞, 1476~1543)이 세 아들의 대과 급제를 기념해 심었다고 한다.

녹우당에 들어서니 종손인 윤형식 씨가 반갑게 맞이해주었다. 그는 하루 전날 안동 하회마을과 봉화 선비촌을 찾아 '종가유람'을 다녀왔다며 여행일지를 쓰고 있는 중이라고 했다. 그는 종손 역할을 해온 40여 년 전부터 자신의 일상사를 모두 기록해 오고 있다. 일종의 '해남 윤씨 고산종가실록'인 셈이다. 2004년에는 '고산 윤선도 문학선집'을 만들어 전국 대학에 보내기도 했다. 종가의 역사를 기록하는 동시에 고산의 문집을 체계적으로 정리해 이를 알리는 역할도 종손이 해야 할 일인 것이다.

안동의 종가들과는 고산이 살아 있을 때부터 교류를 시작해 400여 년의 시공을 뛰어넘어 그 후손들이 서로 내왕을 하고 있다고 한다. 윤형식 씨가 한번 안동을 다녀가면 안동 서애의 종손이 해남 땅을 다녀가는 식으로 매년 교류가 이어지는 것이다. 2003년에는 대대적인 집수리를 하고 고산 할아버지와 교류했던 종가의 종손 30여 명을 초청해 잔치를 벌이기도 했다.

고산 윤선도의 14대 종손 윤형식(尹亨植, 연세대 영문학과) 씨는 한때 서울에서 독일인과 합작회사를 세워 사업을 했다. 또 그의 부친 윤영선 씨(1998년에 작고)는 제2대 국회의원과 광주시장을 지냈다. 그는 부친이 정치를 하느라 집안을 거의 돌보지 않게 되자 이내 서울 생활을 정리하고 해남으로 귀향했다고 한다. 그는 30대 초반에 녹우당에 내려와 2남 2녀를 키우며 40여 년을 이곳에서 살았다. 윤형식 씨는 종가 이야기가 나오자 대뜸 요즘 세태에 대해 푸념을 늘어놓았다.

"요즘에는 옛날과 달라 경제력이 없는 종가들이 많아요. 다른 종가들을 둘러보면 돈을 좀 번 자손들이 가난한 종가를 무시하는 경우도 있습니다. 저는 일찍 이곳에 정착해 차밭을 일궈 자립의 기반을 닦았어요. 그러나 영남의 종가들을 방문해 보면 어떤 곳은 종가로서의 품위를 유지하기조차 힘든 곳이 많아요. 수백 년 된 종가의

고산의 14대 종손인 윤형식 씨가 녹우당을 배경으로 포즈를 취했다. 윤씨는 필자에게 "며칠 전(2005년 6월) 고대하던 손자를 얻었다"며 매우 기쁜 표정을 지었다. 그는 1970년대에 대학을 마치고 고향에 내려와 덕음산 자락의 대장원大莊園을 관리하면서 해남에 차 문화를 보급하는 데 크게 기여했다.

사랑채인 녹우당의 모습   실용적인 학
문을 공부하는 가풍이 알려지면서 당
대의 실학자들이 녹우당을 즐겨 찾아
학문을 토론했다. 녹우당은 조선 후기
공재 윤두서의 학문과 예술의 토대가
될 뿐만 아니라 다산 정약용, 추사 김
정희, 소치 허유 등 쟁쟁한 문인예술가
들이 머물던 문화의 산실이었다. 녹우
당은 효종이 사부였던 고산에게 하사
해 수원에 건립했던 것을 고산이 82세
되던 1669년에 이곳으로 옮겨 다시 지
은 것이다.

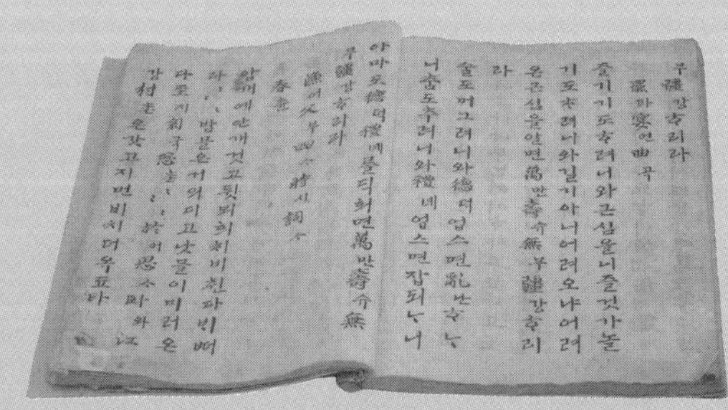

고산의 대표작 『어부사시사』의 친필 원고

경우 경제적인 지원이 시급합니다. 껍데기(고택)만 문화재로 지정하면 뭘 합니까. 사람이 살지 않으면 무슨 의미가 있겠어요. 보다 체계적인 정책이 아쉬울 따름입니다."

고산의 종손은 고산이 의학과 천문학 등 당시에 천시했던 실용적인 학문을 앞서 공부했던 것처럼 고산의 실용정신을 앞장서 실천했다. 우선 경제적으로 자립하는 게 우선이었기에 젊은 종손은 종가의 뒷산인 덕음산에서 다산이 산에 심어두었던 차나무 종자를 얻어 5만여 평의 다원(차밭)을 조성했다. 종손도 경제력을 갖추지 않으면 종손으로서의 품위를 유지할 수 없고 더욱이 지손들에게 무시를 당할 수 있기 때문이다. 그에게는 덕음산에 다산이 남겨놓고 간 야생차가 남아 있었고, 그 나무에서 우량한 종자를 얻어 차밭을 만들 수 있었다.

차를 재배하면서 윤형식 씨는 '해남다인회'라는 다도회를 결성했다. 차와 관련한 수많은 서적을 사들인 덕에 해남의 다인회 사무실은 '다도도서관'을 방불케 한다. 요즘은 매년 2,000여 명의 전국 다인들이 이곳 녹우당에 모여 차문화상을 수여하는 행사를 열 정도로 전국에서 가장 큰 규모로 발전했으며, 이 행사는 현재 해남시와 전라남도에서도 지원하는 페스티벌로 자리잡았다. 행사 기간에는 3일 동안 차체험 행사를 열고 다도茶道를 정립한 초의선사의 유품 전시회를 개최한다. 초의선사는 다산과 추사에 영향을 미칠 정도의 고승이었다. 초의선사의 다도는 "모든 법이 둘이 아니니 선과 차도

한 경지諸法不二 禪茶一如"라는 말로 대변된다. 윤형식 씨는 이처럼 해남을 전국적인 다도 문화의 중심지로 키워오고 있는 셈이다.

또 그는 우리나라에 본격적으로 키위 보급을 지원한 주인공이기도 하다. 그는 한국의 '농업 최고경영자'로 꼽히는 한국 참다래유통사업단 정운천 회장을 후원해 키위 보급으로 농가 소득을 올리는데 앞장섰다. 별명이 '키위아저씨'로 통하는 정회장은 1991년 농민들의 출자로 농업회사를 결성해 큰 성공을 거두었다. 윤형식은 이처럼 종손으로 머물러 있지 않고 자신이 살아갈 방도를 개척하는 것과 아울러 농민들의 수익 확대에 지원을 아끼지 않고 있다.

"시골에 살다보면 또 그 나름대로 재미가 있고 노하우도 생기기 마련입니다. 지역문화를 일군다는 자부심도 있고요. 해남을 차의 성지로 만든 것도 큰 보람으로 여깁니다."

윤형식 씨의 삶은 어쩌면 실용적인 학문으로 자신의 세계를 일구고 근검을 가풍으로 삼은 고산 윤선도와 공재 윤두서 등 선조들의 생활방식과 닮아 있는 듯하다. 영문학도에서 전업하여 5만 평의 차밭을 일군 것도 그렇고, 키위 보급에 앞장선 것도 그렇다. 명문대를 나온 영문학도가 농군으로 변신한다는 것은 1960년대의 사고방식으로는 쉬운 결단이 아니기 때문이다.

18년간을 유배지에서 보낸 고산 윤선도는 죽음을 앞두고 "중앙

녹우당 현판 실학자 이익의 형으로 공재 윤두서의 친구인 옥동 이서가 직접 쓴 것이다.

정계에 진출하지 말라. 혹 인연이 닿아서 벼슬자리에 오르더라도 그 자리에 연연하지 말라"는 유언을 남겼다. 그런 탓에 윤선도가 작고한 이후 고산가는 권력을 멀리했다고 한다. 이는 공재 윤두서에 이어 윤덕희, 윤용 등 3대에 걸쳐 문인화가를 배출하게 된 숨은 이유가 되었다. 문인화가의 길은 일반 사대부들이 가는 길이 아니었지만 개방적이고 진취적인 고산가는 개의치 않고 자신들의 길을 고수했다.

현재 해남 윤씨 가문에는 '정계 금족령'이 내려서인지 정치인은 거의 없고 대신 법조인이 많다. 또 하나같이 이른바 명문대 출신들이다. 그래서 좋은 학교를 나온 것이 이 집안에서는 자랑거리가 못 된다. 먼저 대표적인 법조인으로 윤관 전 대법원장이 있다. 윤 전 대법원장(연세대 법대)은 종손 윤형식과 함께 대학을 다녔다. 법

고산의 증손자인 공재 윤두서가 직접 그린 자신의 자화상으로 사실주의 기법이 탁월한 작품으로 평가된다. 15년 가까이 유배를 당했던 고산은 후손들에게 버슬길에 나아가기보다 실용적인 학풍에 힘쓸 것을 권했는데, 후손들은 고산의 유지를 받들어 공재 윤두서에서 시작해 3대에 걸쳐 화가를 배출했다.

조 집안답게 윤관 전 대법원장의 동생과 아들 역시 법조인이다. 또 윤재식 대법관(서울대 법대)과 윤일영 전 대법관(서울대 법대)도 법조인으로 활동하고 있다. 윤성식 정부혁신지방분과위원장(고려대, 버클리대 박사), 윤근환 전 농림부장관(서울대 농학박사) 등도 고산의 후손이다. 기업인으로는 '산도'로 유명한 크라운제과 창업자인 고 윤태현 씨가 있다.

윤선도-윤두서-윤덕희-윤용 등으로 이어지는 시서화詩書畵의 재능은 서양화가로 활동중인 윤형식의 장녀 윤보숙 씨가 잇고 있다. 차종손인 윤성철(고려대, 북경대 석사) 씨의 장녀 지영 양도 초등학생이지만 벌써 고산 할아버지의 소질이 엿보인다고 하는데, 어린 나이에 이미 동시집을 낼 정도로 재능을 드러내고 있다. 윤 양은 시를 쓰는 것이 놀이기구를 타는 것 못지않게 재미있다고 하지만 장차 커서 우주과학자가 되는 게 꿈이라고 말한다. 어린 후손에게서도 시서화와 천문 등에 능했던 고산의 박학다식한 재능이 발현되고 있는 듯하다.

유별난 '박학다식'의 가풍

윤씨 집안의 종손은 먼저 자신의 집안 가풍을 이렇게 소개했다.

"대대로 시서화에 두루 능하고 유학과 경제, 지리, 의학, 음악 등에
도 재능을 발휘했습니다. 당시 엄격한 양반 질서에서 잡학이라고
천시하는 의학, 천문학, 점성학 등을 대대로 공부했죠. 고산과 같은
대학자이자 시인을 배출한 집안에서 3대째 화가가 나온 셈인데, 조
선시대에 양반들이 화가가 되는 경우는 정치적 이유로 과거를 볼
수 없거나 과거에 낙방해 벼슬길에 오르지 못할 경우에나 하는 천
한 일이었어요. 달리 말하면 과거에 낙방하고 먹고 살 길이 막막할
때 붓을 들었던 거죠. 그런데도 이 집안 사람들은 스스로 화가의
길을 택한 것입니다."

종손의 말처럼 고산가의 가풍이 조선의 양반사회에서는 돌연변
이 같은 특이한 것이 아닐 수 없다. 명문가로 명성을 쌓은 후에는 오
히려 명문가의 명성을 훌훌 털어버리려고 '작심'이라도 한 것처럼
벼슬과는 담을 쌓고 '마이웨이'를 선택한 격이다.

해남 윤씨가의 초석을 쌓은 가문의 기획자가 어초은 윤효정이라
면 그의 고손인 고산 윤선도는 명문가로 위상을 드높인 인물이다.
13세에 해남의 갑부 해남 정씨 집으로 장가든 어초은은 처갓집의
엄청난 재산을 상속받아 갑작스럽게 부자가 되었고, 어초은의 세
아들이 나란히 과거에 급제하면서부터 해남 윤씨는 명문가로 떠오

르기 시작했다.

　거부가 된 윤효정은 먼저 어려운 지경에 처한 백성들을 구제하면서 지역민들로부터 신망을 얻었는데, 그는 흉년이나 춘궁기에 빌린 곡식을 갚지 못해 감옥에 갇히게 된 백성들을 3번이나 구제해 주었다. 이로 인해 윤효정을 비롯해 해남 윤씨가는 "삼개옥문 적선지가三開獄門 積善之家"로 불리게 되었다. 근검과 함께 적선積善은 녹우당 해남 윤씨가에서 지금도 후손들이 집안의 제1덕목으로 내세우는 가훈이다. 해남 윤씨가는 윤효정의 아들 삼형제가 과거에 급제하고 이어 고산 윤선도까지 5대에 걸쳐 연속 과거급제자를 배출하면서 호남의 명문가로 부상하게 되었다.

　이어 고산에 이르러서는 벼슬길을 멀리하는 대신 학문에 제한을 두지 않고 천문학과 의학, 점성학까지 다양하게 연구하는 가풍을 세우게 된다. 고산은 조선이 풍전등화風前燈火의 시대였던 임진왜란과 병자호란의 와중에서 살았다. 17세기는 당파싸움이 극에 달하던 때였다. 이전투구泥田鬪狗의 세상에서 이제 막 벼슬길에 오른 고산(당시 나이 30세)은 광해군 때 권력자인 이이첨의 죄상을 탄핵하는 상소를 올려 함경도 경원으로 유배된다. 당시 고산은 상소를 짓고 그 피해가 관찰사였던 부친 윤유기에게도 미칠 것을 염려해 부친에게 먼저 보여주었는데, 아버지는 울면서 만류하다가 결국 자식의 뜻에 따르기로 했다. 그러한 연유로 부친도 자식의 귀양과 함께 삭직 당해 불운한 여생을 보내야 했다.

　고산은 병자호란이 일어나던 51세 때(인조 15년) 임금이 항복했다는 소식을 듣고 제주도로 향하던 중 보길도를 발견해 그곳에 '부용동'이라는 이름을 짓고 은거하기 시작했다. 52세 때에는 대동찰방과 사도시정(司導寺正, 정3품)에 제수되었으나 부용동에서 나오지 않자 대궐로 돌아온 임금을 문안하지 않았다는 죄명으로 경북 영덕읍 우곡리로 다시 유배되었다.

고산은 74세 때 효종이 승하하자 조대비의 복제服制 문제*로 현종에게 서인의 거두 송시열을 비난하는 상소를 올렸다가 또다시 함경도 삼수로 유배되었다. 그의 생애 세 번째 유배였다. 고산은 81세가 되어서야 왕의 특명으로 유배에서 풀려나 다시 보길도로 들어가 생활하다가 85세 때 부용동에서 세상을 떠났다. 길고도 길었던 고산의 유배 기간은 총 14년 7개월이나 되었다고 한다.

그럼에도 고산은 유배 등 정치적 고난을 이겨내고 자신만의 학문세계를 구축했다. 그것은 다름 아닌 박학다식의 가풍이다. 고산은 당시의 사대부로서는 감히 다루기 어려운 의학, 천문, 지리, 점성, 음악 등 잡학과 기술학을 두루 섭렵했는데, 그는 이러한 학문을 연구했을 뿐 아니라 실제 생활에서 이를 직접 응용했다. 예컨대 의약에 통달한 고산은 자신의 정적인 원두표가 병을 얻자 직접 약을 조제해 낫게 한 일이 있다고 한다. 또 집안에서 약국을 직접 운영해

---

* 효종이 상을 당해 상복을 입는 기간을 둘러싼 남인과 서인간의 예송논쟁은 효종이 장자가 아니었기 때문에 발생한 일이었다. 남인은 효종의 어머니인 조대비의 3년 상을, 서인은 1년 상을 주장했는데 서인의 주장이 받아들여지고 남인은 실각했다. 이 사건을 역사적으로 '기해예송'(1660)이라고 한다.

병든 사람들을 구했다는 기록들도 남아 있다. 이를 증명하듯 해남 윤씨가는 항상 약장을 비치해 놓고 살았으며 녹우당에는 약을 조제하기 위해 썼던 약장이 지금까지도 남아 있다.

이와 함께 고산은 풍수지리에도 능했다. 현재 금쇄동에 있는 고산의 묘터는 그의 인척이자 당대 풍수가인 이의신이 정한 것을 고산이 꾀를 써 얻었다는 이야기가 전해 내려오고 있다. 그만큼 명당을 볼 줄 아는 안목을 가지지 못하면 명당자리도 얻을 수 없는 것이다. 또한 고산은 음악에 대한 취미도 대단했다. 그가 손수 다루던 거문고가 지금까지도 녹우당에 보존되어 있으며, 거문고의 제작과 사용 방법을 수록해 놓은 책이 따로 남아 있을 정도이다.

이처럼 해남 윤씨가는 다른 양반가문에서는 찾아볼 수 없는 개방성을 지니고 있었는데, 다른 양반 사대부가와는 달리 경직된 윤리에 머물지 않았다. 해남 윤씨가의 이런 진취적이고 개방적인 성향은 일찍이 고산 선대에 이루어진 중국과의 교류 속에서도 찾아볼 수 있으며, 중국과의 교류를 통해 서양 학문을 받아들임으로써 이후 실학과 가까운 해남 윤씨가의 독특한 학문이 만들어질 수 있었다.

또한 독학하는 학풍도 고산가의 특징이라 말할 수 있다. 당대에 이름을 날린 학자들은 대부분 유년 시절이나 청소년 시절에 큰 스승에게서 가르침을 받았다. 이들 대부분은 조선시대 양반가의 가풍에 따라 좋은 집안에서 태어나 어릴 때부터 부모들의 관심 속에서 '훈육' 되었다. 그러나 고산 윤선도는 열한 살이 되던 해에 절로 들어가 책을 읽었으며 특별히 어느 스승에게서 배우지 않고 독학하여 학문을 깨우쳤다. 고산은 아마도 당대에 천문을 비롯한 잡학과 기술학 분야에 정통한 스승이 없어 독학을 할 수밖에 없었을 것이다.

또한 고산 선대에서부터 해남 윤씨 사람들은 중국에 드나들며 선진 문물을 받아들였고 서학의 영향도 받았다. 고산의 선조들이 중국에 동지사(조선시대 명과 청에 정기적으로 파견한 사신) 등으로 다녀왔고, 공재 윤두서의 증손자인 윤지충은 우리나라 최초의 천주교 순교자가 되었다. 이로 인해 해남 윤씨가는 수많은 중국 서적들을 소장하게 되었는데, 공재 윤두서가 그림을 공부하는 데 교본으로 이용한 『고씨화보』를 비롯해 고문서들 중 상당수가 중국 서적이었다. 『고씨화보』는 진도의 소치 허련이 젊은 시절 이곳을 찾아 그림 공부의 교본으로 활용하기도 했다.

"이러한 책들은 당시로 보면 우리나라에서는 구하기 힘든 외서들이었어요. 조상들이 이어온 박학다식의 가풍은 다방면에 걸쳐 끝없는 탐구와 연구의 열정으로 이어졌는데, 성리학이 주류였던 당시에 천대 받는 잡학까지 손을 댄 것입니다. 녹우당은 시서화뿐만 아니라 실용학문인 풍수지리학, 의학, 천문학, 병가학, 음악 등 다양한 분야의 서적을 접할 수 있는 국내의 유일한 '잡학도서관' 역할을 했다고 볼 수 있을 거예요."

윤형식은 "고산가가 이어온 박학다식의 가풍과 더불어 다양한 실용서들로 가득 찬 녹우당의 학문적 취향으로 인해 이곳에는 늘 실학파들의 발길이 끊이질 않았고, 이는 외증손인 다산 정약용의 실학사상으로 이어졌다"고 말한다. 다산은 1801년 강진으로 유배되어 그곳 다산초당에서 57세까지 18년간 유배생활을 했는데, 이때 외가인 녹우당의 장서들은 그의 학문을 영글게 하는 원천이 되었다.

현재 사랑채 현판으로 걸려 있는 '녹우당綠雨堂'은 공재 윤두서와 절친했던 옥동 이서(실학의 대가로 다산이 스승으로 모신 성호 이익의 형)가 현판을 써줌으로써 이 집의 공식적인 명칭이 되었다. 녹우당은 고산이 수원에 있을 당시 효종이 스승이었던 고산에게 하사한 집으로 고산이 82세가 되던 해인 1669년에 그 일부를 뱃길로 해남까지 옮겨와 다시 지은 집이다.

'늙도록 배움이 있는 방'에서 느끼는 고산의 숨결

문화재로 지정하기 이전인 1970년대에 내부 수리를 했다는 녹우당은 무엇보다 현대식으로 리모델링되어 있는 모습이 눈길을 끈다. 보통 사대부가의 사랑방은 그리 크지 않은 편인데 녹우당은 벽을 헐어 방 두 개를 하나로 만들었다. 사랑방은 곧바로 안채에 있는 식당과도 연결된다. 안채 역시 현대식으로 개량해 아파트처럼 입식부엌의 형태를 띠고 있는데, 전통과 현대가 어우러져 살기 편하도록 만들어진 종가의 모습이라 할 만하다.

녹우당에는 추사 김정희가 쓴 현판이 걸려 있으며, 그중 하나가

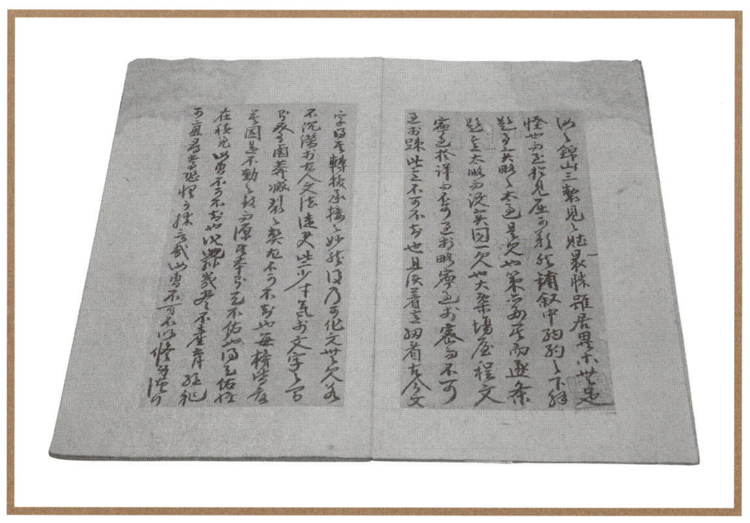

기대아서 고산이 72세 때 유배지인 함경도에서 큰아들 인미에게 '기대아서' 라는 제목으로 보낸 유서로 이후 고산가의 가훈이 되었다. 고산은 자신이 미처 고향에 돌아가지 못하고 죽을 것에 대비해 미리 유서를 써서 보냈다고 한다. 이후 윤덕희가 '충헌공 가훈' 으로 이름을 지어 불렀다. 여기에는 과거시험에 떨어진 큰아들을 위한 과거 공부의 요령은 물론 재산과 노비 관리, 검소한 생활예절 등이 자세하게 적혀 있다.

'노학암老學岩' 이다. '늙도록 배움이 있는 방' 이라는 뜻으로 『소학』을 평생 수신서修身書로 삼은 고산이 얼마나 학문을 중시했는가를 알 수 있다.

고산은 74세 때 유배지인 함경도 삼수에서 큰아들 인미에게 가훈이 적힌 '기대아서寄大兒書' 라는 글을 보냈다. '기대아서' 는 고산이 해남 윤씨가의 가훈을 가장 처음 체계적으로 기록한 글로, 후손들은 이를 소중한 훈계서로 삼아 '충헌공 가훈' (충헌은 고산의 시호)이라 부른다.

동서고금을 막론하고 아버지는 언제나 아들의 공부를 염려하는

데 고산도 예외는 아니었다. 고산은 '기대아서'의 첫 서두에서 먼저 과거시험에 떨어진 큰아들을 위로하고 있다. 이어 과거시험을 볼 때 필요한 '노하우'를 들려주면서 글이 훌륭한데도 떨어진 이유를 모르겠다며 아들의 부족한 부분을 예리하게 지적해 준다.

"서술한 문장들 가운데 사실에 대한 해석이 너무 간략한 것이 흠이었다. 대체로 과거시험 답안을 쓰는 요령은 너무 간략한 것보다 차라리 너무 자상한 것이 낫고, 너무 엉성한 것보다는 차라리 너무 치밀한 것이 낫다. 이 말의 의미를 잘 이해해야만 한다. 그리고 고금古今의 문자를 유념해서 보아, 돌려서 표현하거나 바로 이어서 표현하는 등의 묘妙를 터득한 뒤에 작문을 해야 흠이 없게 되는 것이다. 만일 고인古人의 문법을 연구하지도 않고 공연히 문자 간에 잔재주를 부린다면 거칠고 지리멸렬하는 폐단이 있기 마련이니 더욱 명심해야 한다. 방(榜, 과거 합격자 명단)이 붙을 때마다 낙방을 하는 것은 참으로 근면하지 못한 소치이고, 그 근본을 따져 보면 하늘의 도움이 없었기 때문이다. 그러나 하늘의 도움을 받는다는 것은 적선을 하는 데 있음을 너희는 알아야 한다."

요즘에 만약 사법고시를 보는 자녀가 있다면 과연 어느 아버지가 자녀에게 이같이 소상하게 사법고시의 노하우를 들려줄 수 있을까. 고산은 가훈에서 『소학』의 중요성을 강조하며 "차분히 마음을 가라앉히고 『소학』을 보면 반드시 새로이 얻는 바가 있을 것이다.

경전은 심신을 다스리는 데 도움이 되고 이는 모두가 일생을 두고 힘써 죽을 때까지 그만두지 말아야 할 것"이라고 가르친다. 결국 고산의 수신서修身書는 『논어』가 아니라 『소학』이었던 셈이다. 고산은 이어 '적선'과 '근검'이 가문을 일으키는 중요한 덕목임을 자녀들에게 일깨우고 있다.

> "고조부와 증조부께서는 근검절약하면서 적선을 실천했기 때문에 과거에 급제하는 등 집안이 크게 일어났지만 후대에는 사치하여 쇠약해졌다. '자만하면 손해가 있고 겸손하면 이익이 있다'는 말은 매우 훌륭한 교훈이니 마음과 골수에 새겨 두어야 하지 않겠느냐?"

적선積善은 고산의 고조부 때부터 강조한 덕목으로 고산도 이를 받들어 가훈의 제1덕목으로 거듭 실천할 것을 당부하고 있다. 요즘으로 치면 재벌 등 대기업이 사회복지에 앞장서는 이치와 같을 것이다.

기대아서에는 종가 관리, 재산 분배, 노비 관리, 검소한 생활과 예절 등에 관해 8개 항목에 걸쳐 후손들이 하지 말아야 할 것들을 세세히 기록해 놓았다. 고산은 이 글에서 특히 의복이나 안장, 말 등 몸을 치장하는 구습을 버리고 폐단을 없애야 한다, 사치하지 말고 검소하게 살아라, 다른 사대부들이 흔히 하듯이 망아지를 길러서 이득을 보려하지 말아라 등등 검소한 생활을 거듭 당부하고 있다. 그리고 "나는 50이 넘어서야 명주옷이나 모시옷을 입었는데,

시골에 있을 때 네가 명주옷을 입은 것을 보고 몹시 불쾌했다"며 큰아들(인미)에게 사치스러움을 멀리할 것을 다시 한 번 다짐하고 있다.

고산은 혹여 후손들이 가훈을 소홀히 할까봐 마지막 부분에 "우리 가문의 흥성과 멸망이 이 한 장의 종이에 있으니 절대 그대로 보아 넘기지 말아라. 그리고 손자들에게도 명심해서 읽도록 하여 잊지 않도록 하라"고 강조한다.

고난 속에서도 꿈을 잃지 말고 '주도적인 인간이 되라'

스티븐 코비는 『성공한 사람들의 7가지 습관』에서 성공하는 사람들에게 가장 먼저 필요한 습관으로 "주도적이 되라"를 들면서 구약성경에 나오는 요셉의 에피소드를 소개하고 있다. 요셉은 아버지의 총애를 받다 형들의 노여움을 사 이집트 노예로 팔려가지만 그곳에서 온갖 시련을 이겨내고 마침내 이집트의 총리가 되었다. 요셉의 이야기는 고난 속에서도 꿈을 잃지 않고 남을 탓하지 않으며 미래를 대비해 자신만의 삶을 살아가는 내용이다.

세상은 개인의 불행과는 별개로 '은둔의 미학'을 통해 다른 삶들을 밝히기도 한다. 마키아벨리는 메디치 가의 복귀와 함께 장관직에서 해임되어, 이후 죽는 날까지 15년간 은둔하면서 『군주론』과 『로마사론』 등의 역작을 남겼다. 물론 그 와중에 현실정치에 대한 미련을 버리지 못해 『군주론』을 헌정하는 등 끊임없이 메디치 가에

구애를 보냈지만 메디
치 가는 끝내 그를 불
러주지 않았다. 하지
만 이것이 오히려 마
키아벨리에게는 사후
에 더 명예로운 이름
을 남길 수 있게 된 요
인이 되었다.

고산 윤선도는 시
대와의 불화로 15년 가
까이 유배되었고, 보길
도에서 은둔생활을 했
지만 주옥같은 시와
더불어 세상을 밝히는
수많은 저서들을 펴냈

전남 해남 연동마을에 있는 해남 윤씨 고산 종가인 녹우당의 고풍스런
돌담길 모습. 이 오솔길을 올라가면 고산이 심은 비자나무 숲이 나온다.
고산과 그 후손들은 이 오솔길을 오르내리면서 시서화의 재능을
대대로 이어갔다.

다. 고산가의 어머니를 둔 다산 정약용 역시 18년 동안의 유배생활에
서 『목민심서』를 포함해 모두 500여 권의 저서를 남겼다. 다산의 어
머니는 고산의 증손자인 윤두서의 손녀이다.

다산은 생전 "자신은 외가의 정수精髓를 받았다"고 회고할 정도
로 외가의 정신을 흠모했다. 이들 고산과 다산은 오랜 기간 유배 생
활을 했던 것이 비슷하고, 주도적으로 살다간 그 정신세계 또한 닮
아 있다. 또 강요된 유배에도 자신을 갈고닦아 고산은 『어부사시사』

중국의 천문서인 『관규집요』 고산으로부터 시작된 가학의 전통은 유별난 '박학다식' 의
전통을 세웠고 고산가에는 '잡학도서관' 을 방불케 할 정도로 다양한 분야에 걸친 방대한
고서들이 가득했다. 문화의 향취가 가득한 가풍은 시서화에 남다른 재능을 보였으며, 결국
윤두서-윤덕희-윤용 3대에 걸친 문인화가를 배출했다.

를, 다산은 『목민심서』 등의 역작을 남겨 세상을 밝히는 인물이 되
었다.

　고산의 후손인 공재 윤두서 역시 시서화뿐만 아니라 고산에서
시작된 풍수지리와 천문학, 의학, 병가학, 역술, 점성학, 음악 등에
정통했다. 실제로 고산은 풍수리지의 최고 단계인 '신안神眼' 의 경
지에 오를 정도였다고 한다. 고산은 스스로가 정치적으로 불우한
삶을 보내자 후손들에게는 정치를 멀리하고 다른 방도를 터득하면
서 살아갈 것을 권했는데, 당시에 모두가 천시하던 실용학문에 힘
쓰는 '박학다식' 의 가풍이 바로 그것이다. 중국의 외서 등 수많은

고서들로 '잡학도서관'을 방불케 한 녹우당은 조선 후기 호남의 '르네상스'를 이룬 산실이 되었다. 고산가는 윤두서, 윤덕희, 윤용에 이르는 150여 년간 독보적인 시서화의 세계를 펼쳤으며, 아울러 실학사상의 산실 역할을 하면서 다산 등에게 영향을 끼쳤다.

고산가에서 알 수 있는 것은 한 집안의 학문적인 취향이 오랜 세대에 걸쳐 지속되면 가학家學의 전통으로 훌륭하게 자리매김할 수 있다는 점이다. 여기에 대대로 수집한 수많은 서적들은 후손들이 '지성의 바다'에 빠져들게 하는 향기로 작용한다. 다산은 3대에 걸친 의원이라야 약효가 있고 3대에 걸쳐 글을 읽은 집안이라야 문장이 나온다고 했다. 지금부터라도 약효를 내고 문장이 나오도록 부모가 앞장서 책의 향기로 가득한 집안을 만들어보는 건 어떨까. 자녀교육의 첫걸음은 멀리서 찾을 게 아니라 바로 집안에서 구할 수 있음을 명심해야 한다.

세심하게 점검하여 질책하고 조언하라

학식이 깊고 벼슬이 높은 인물도 가정에서는 한 사람의 아버지로 돌아온다. 퇴계나 서애, 고산 같은 대학자나 고위공직자도 개인적으로 바쁘더라도 자녀교육만은 누구보다 꼼꼼하게 챙겼다. 자녀에게 충고할 때는 감정이 상하지 않도록 편지를 썼으며, 장기적인 인생의 목표를 세워 공부하도록 독려하는 것도 잊지 않았다.

고산 윤선도는 일흔이 넘은 나이에도 함경도의 유배지에서 편지를 보내 큰아들의 과거 낙방 소식을 위로하는 한편, 답안지를 작성하는 요령까지도 꼼꼼하게 일러주었다. 고산은 자녀에게 공부와 관련된 내용뿐만 아니라 가문을 이끌어 나가는 데 필요한 덕목에 대해서도 새삼 환기시켰다. 특히 고산가는 학문뿐만 아니라 재산 관리와 근검정신, 적선의 실천 등 생활교육에 이르기까지 조언과 질책을 잊지 않았다.

요즘 부모들은 대부분 자녀들이 '공부만 잘하면 모든 것이 용납된다'는 식이다. 그런데 고산은 되레 공부보다 근검절약과 적선 등

의 실천을 더 강조하고 있다. 물론 고산은 당대의 명문가이자 재력
가 집안이었기에 굳이 자손들이 정쟁에 휘말릴 수 있는 벼슬길에
나가지 않도록 경계했을 것이다. 하지만 권력을 탐하지 않고 적선
과 근검정신의 실천을 강조하는 것을 보면 요즘의 상류층이나 부자
들과는 다른 면모가 있었음을 알 수 있다. 자손들 역시 고산의 세세
한 가르침을 이어받아 권력의 길로 나아가기보다 실용학문을 공부
하면서 자신만의 예술세계를 추구함으로써 명문가의 위상을 드높
일 수 있었다.

자녀들의 교육을 세심하게 점검하고 질책, 조언한 것은 고산 외
에도 퇴계나 서애, 다산 같은 인물에게서 공통적으로 드러난다. 퇴
계 이황은 도산서원에서 제자들을 가르칠 때에도 공직에 있을 때와
마찬가지로 아들, 손자뿐만 아니라 조카와 외조카에게까지 편지를
보내며 지나칠 정도로 공부를 독려했다. 뿐만 아니라 똑똑한 제자
들과 함께 공부하게 하거나 자신의 강의를 듣게 하기도 했다.

10년 동안 300여 명의 제자를 길러내면서도 퇴계는 후손들이 공
부에 힘쓰도록 점검하고 질책하는 것을 게을리 하지 않았고, 특히
자녀와 제자들을 서로 연결시켜 주면서 훌륭한 교우관계를 맺도록
주선했다. 그야말로 세심한 배려가 아닐 수 없다. 퇴계는 자손들이
공부를 하는지 살필 때는 두세 번이고 반복하여 점검하는 것은 물
론 자손들이 행여 거짓말을 하는지 편지를 보내 재차 확인했다고
한다.

퇴계는 점검과 질책뿐만 아니라 행여 자손들이 세인들에게 비난

을 당해 상처를 입을까 염려해 따뜻하게 조언하는 것도 잊지 않았다. "누가 나를 욕하거나 헐뜯더라도 마음을 편안히 가져야 한다. 혀를 깨물고 입을 봉해라. 누구와 싸우거나 경쟁하지도 말고 응수하고 타협하지도 말라. 나를 지키려는 마음으로 남에게 변명하지 말고, 비방하는 사람과 마주해 싸우지 말아라"고 가르친 것이다.

퇴계의 제자인 서애 류성룡도 자녀교육에서는 퇴계를 그대로 닮은 듯하다. 서애는 임진왜란이 끝나 혼란을 수습해야 하는 바쁜 와중에도 글공부를 게을리 하는 자녀들을 따끔하게 훈계했으며, 때로는 자녀들이 쓴 글에 대한 예리한 평가도 마다하지 않는다. "너희들이 지은 글을 보았는데, 마음속에 세운 뜻이 분명하지 않고 기운과 힘을 널리 펼치지 못하여 움츠러들고 뻗어 나가지 못한다. 이는 독서하는 데 힘을 다하지 못해, 붓 끝에 껄끄러움이 생겨서 그렇게 되었을 것이다."

서애는 아들이 독서를 게을리 하면 몇 번이고 편지를 써서 질책했다. "『맹자』를 부질없이 잠깐 읽다가 또 잠시 그만두다가 하고 있으니 언제쯤이면 이 한 책을 다 뗄 수 있겠느냐. 이달이 다만 며칠밖에 남지 않았으니, 우선 사서史書를 읽고 나서 다음 달부터 이 책으로 바꿔 읽는 편이 좋을 것이다."

또 서애는 셋째 아들 진에게 편지를 보내면서 "너의 타고난 재주와 자질이 어찌 갑자기 남만 못하게 되었겠는가. 다만 기운을 내어 향상하려는 용기가 없기 때문에 하는 일 없이 헛된 세월만 보내었기에 이 지경에 이르게 된 것이다" 하며 공부를 게을리 하는 아들을 혹독하게 나무랐다.

옛날에는 공교육 제도가 체계적이지 않아서 대부분 가정에서 자녀를 가르쳤기 때문에, 부모들은 지금보다 훨씬 더 자녀교육에 진력했다. 그러던 것이 일제시대를 거쳐 해방 이후에 본격적으로 공교육이 등장하면서 가정교육의 전통이 단절되어 부모들의 소위 '챙기는 전통'이 사라지게 되었다. 자녀는 부모가 챙기는 만큼 성장하지만 더러 엄청난 착각에 빠져 있는 부모들도 있다. 속된 말로 "제 밥그릇은 스스로 갖고 태어난다"면서 아이의 인생을 아이에게 맡겨버리는 경우이다.

아이들이 스스로 깨닫는 것과 그냥 내버려두는 것은 전혀 차원이 다른 이야기다. 아이들이 스스로 깨닫게 하기 위해서라도 부모가 세심하게 배려하는 노력이 필요한데, 아이가 강압적이라고 느끼지 않을 만큼 적절하고도 세심한 배려가 절대적으로 요구되는 것이다. 내버려둔다고 해서 아이들이 알아서 크지는 않는다. 그렇게만 된다면 부모 노릇하기가 얼마나 편하겠는가. 자고로 자녀교육은 뿌린 만큼 거두게 되어 있다.

요즘 많은 가정에서는 자녀의 등록금이나 학원비를 대주는 것만으로 부모의 역할을 다했다고 생각한다. 혹은 '대치동 엄마'가 상징하는 것처럼 아이를 이 학원 저 학원으로 데려다주는 '픽업' 역할을 하면서 자녀교육을 다했다고 생각하는지도 모른다. 그러나 자녀들을 학원이나 과외교사에게 맡기는 것으로 제 할 일을 다했다고 생각한다면, 그 아이는 그저 지식교육만 받은 아이에 불과하다. 정작 사회생활에 필요한 인간관계의 덕목은 배우지 못한 채 절름발이 아이로 전락할 가능성도 배제할 수 없다. 교육은 지식교육과 생활교육이 조화를 이룰 때야 비로소 완성되는 것이다.

요즘 아이들은 학원과 과외를 전전하는 사이에 정작 부모와는 대화할 시간이 없어 의사소통이 단절되기 십상이다. 그 결과 여간 해서는 부모에게 고민거리를 털어놓지 않는다고 한다. 더 심각한 문제는 자녀들이 부모에게 고민을 이야기해도 이를 무시하고 지나치는 어른들이 많아 아이들이 더더욱 입을 다물게 되는 경우도 있다는 것이다. 가령 아이가 공부 외의 것을 부모에게 요구하면 '공부만 하면 됐지 그런 걸 뭣 때문에 하느냐' 고 핀잔을 주는 경우이다. 기업에서 대화가 단절되면 그 회사는 십중팔구 망한다는 게 정설이다. 이와 마찬가지로 부모와 자녀 사이에도 대화가 단절되면 제대로 된 교육이 이루어질 수 없게 된다.

아이는 부모가 챙기는 만큼 성장한다. 그러나 정작 부모가 챙겨야 하는 것은 아이의 성적이나 학원만은 아니다. 더욱 중요하게 보살펴야 하는 것은 아이의 마음이며 생활태도이다. 옛 성현들은 아무리 지식이 출중한 사람이라도 사람의 도리를 알지 못하면 오히려 사회에 해악을 끼치는 존재가 된다며 이를 경계했다. 또 그런 이유에서 지식교육에 앞서 생활교육에 더 중점을 두었던 것이다.

부모가 세심하게 챙겨라. 다만 아이와 끊임없이 대화하면서 성적뿐만 아니라 마음과 생활태도까지 챙겨야 한다. 이것이 명문가에게 배우는 자녀교육의 노하우이다.

반드시 서울 10리 안에서 살아라

— 유배지에서 전하는 아버지의 마지막 당부

우리는 부를 추구하지만
이것은 가능성을 유지하기 위함일 뿐
어리석게도 부를 자랑하기 위함이 아니다.
또한 가난한 것을 수치로 여기지 않지만
가난을 극복하려는 노력을
게을리 하는 것을 부끄러워한다.
— 페리클레스

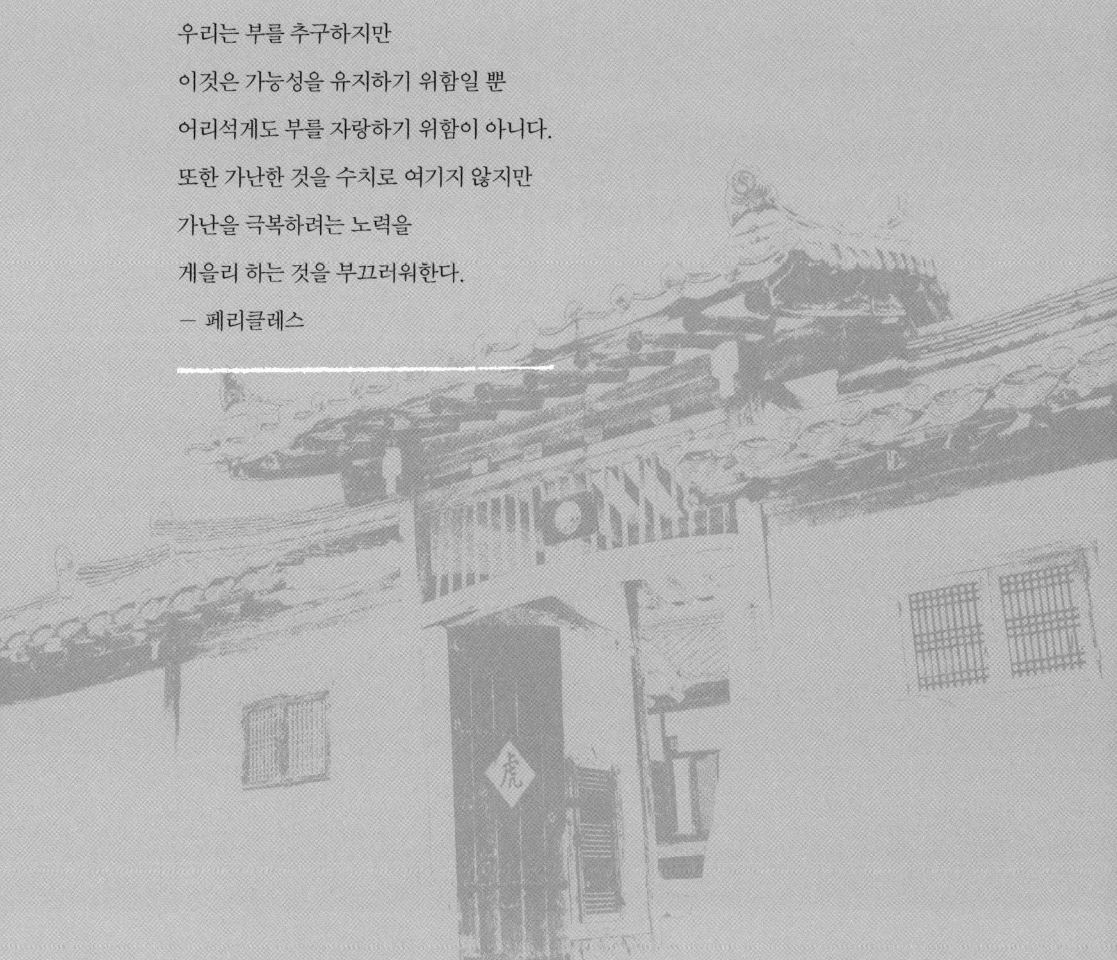

"반드시 서울 한복판에서 살아라"

대한민국 사교육 1번지로 떠오른 서울 강남구 대치동은 자녀교육에
헌신적인 엄마들로 하루 종일 붐빈다. 대치동 엄마들은 자녀들의
명문대 진학을 목표로 한 치의 오차도 없이 예정된 하루 스케줄을
진행하는데, 모든 일의 우선순위는 늘 자녀이다. 스스로를 자녀교
육의 경영자이자 매니저로 자임하는 엄마는 세심한 관찰자가 되어
자녀와 하루를 함께하며 공부에 필요한 정보를 수집하는 데 심혈을

◀ 전남 강진군 도암면에 있는 다산초당. 실학의 대가 다산 정약용이 강진에서 18년간의
유배생활 중 10년을 머문 곳으로 초가집이었던 것을 기와로 복원했다. 다산은 이곳에서
『목민심서』 등을 저술하는 한편 아들에게 편지를 쓰는 방식으로 자녀교육에 헌신했다.
특히 다산은 '대역 죄인'의 가문으로 과거길이 막힌 두 아들에게 희망을 잃지 않고 공부하면
벼슬길에 나아가지는 못해도 학문으로 성공할 수 있다며 독서에 힘쓸 것을 거듭 당부했다.

기울인다. 모든 계획은 정보에서 시작되고 자녀교육에서도 가장 중요한 것이 바로 정보이기 때문이다. 한마디로 대치동 엄마들은 자녀교육의 CEO인 셈이다.

대치동은 비단 대치동 엄마들만의 독점 공간이 아니다. 유명세를 타면서 강북에 사는 엄마들과 대치동에 살지 않는 강남 엄마들도 대치동에 있는 학원으로 자녀들을 실어 나른다. 뿐만 아니라 방학이면 지방에서도 엄마와 아이들이 상경해 이 무리에 가세한다. 대치동으로 아이들이 몰려드는 이유는 바로 대치동 학원을 거치면 아이들의 성적 향상을 기대할 수 있고, 나아가 명문고교나 명문대에 진학할 수 있다는 인식이 자리 잡혔기 때문이다. 그래서 너나없이 대치동을 찾고 그곳에서 자녀교육의 해답과 명문대 진학의 꿈을 이루려고 한다.

자녀교육은 동서고금을 막론하고 부모들이 한결같이 노심초사하는 일이다. 조건과 환경이 좋으면 좋은 대로, 나쁘면 나쁜 대로 걱정거리가 끊이질 않는 것이 또한 자녀교육이기도 하다. 아무리 좋은 환경에 있고, 또 부모의 사회적 지위가 높다 하더라도 자녀교육에서만큼은 결코 안심할 수가 없는 모양이다.

조선 역사에서 가장 위대한 사상가로 꼽히는 다산茶山 정약용(丁若鏞, 1762~1836)은 자녀교육을 어떻게 했을까? 더욱이 정약용은 자녀교육에 가장 힘써야 할 시기(39세~57세까지)를 고스란히 유배지에서 보낸 터라 아버지로서 교육에 힘쓰지 못하는 안타까움은 이루

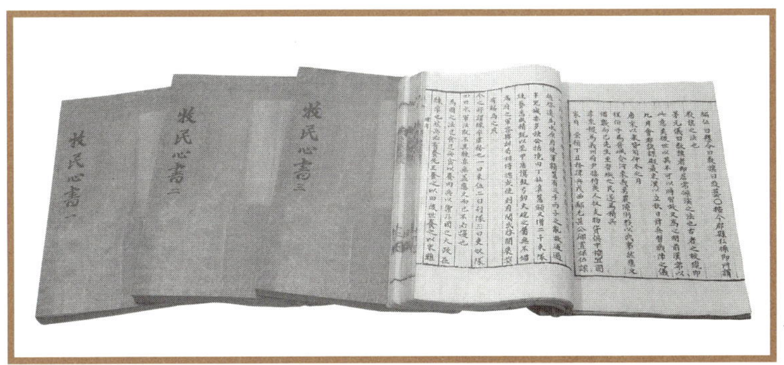

다산이 유배지에서 쓴 『목민심서』

말할 수 없었을 것이다. 다산은 자신의 선대에서 무려 8대째 홍문관 벼슬을 역임한 명문가의 자손이었지만 자신뿐만 아니라 형제들이 줄줄이 천주교 박해사건에 연루되어 집안이 풍비박산이 나기에 이르렀다. 그러나 다산은 유배지에 있으면서도 자녀들에게 편지를 보내 학업에 힘쓸 것을 독려함으로써 세심한 아버지의 역할을 잊지 않았다.

유배된 다산이 할 수 있는 일은 극히 제한돼 있었다. 그것은 편지를 통한 가르침이었다. 이른바 '서신 교육'으로 유배지에서 다산은 두 아들에게 용기를 북돋워주면서 구체적으로 살아갈 방도를 글로써 가르쳤던 셈이다. 편지는 상대방을 직접 대면하지 않아 감정적으로 치우침이 덜하다는 이유로 이전에 즐겨 쓰던 자녀교육법이었다. 퇴계 이황도 아들과 손자들에게 틈틈이 편지를 보내 공부에 힘쓸 것을 당부했다고 한다.

다산이 자녀들에게 훈계한 내용은 먼저 문명세계(서울)를 떠나지 말 것, 두 번째는 독서에 힘쓸 것, 세 번째는 재물은 나눠줄 것, 네 번째는 근勤과 검儉, 이 두 글자를 유산으로 삼을 것 등이다.

다산 정약용은 먼저 자신의 귀양살이로 위기에 처한 자녀들에게 '한양 입성'이라는 특명을 내린다. 다산은 아들 학연과 학유에게 "문명세계를 떠나지 말라"는 편지를 썼는데, 마흔여덟이 되던 해인 1810년 유배지에서 쓴 편지를 통해 두 아들에게 '서울 입성'을 당부했다. 다산은 "만약 벼슬길이 끊기면 하루 빨리 서울에 붙어살면서 문화에 대한 안목을 잃지 않도록 해야 한다"고 말하기도 했다.

다산은 자신의 유배와 형들의 불행한 일로 인해 집안이 위기에 처하자 자녀들에게 '서울 사수'라는 응급처방을 내린 것이다. 서울을 떠나 산다는 것은 벼슬길이 막힌 상황에서는 가문의 적신호나 다름없었기 때문이다. 더욱이 교육 환경이나 정보 습득에서 시골보다 월등한 서울을 떠나 있는 것은 재기의 기회조차 잃을 수 있음을 의미하기도 했다. 이는 가문의 CEO로서 다산의 진면목을 엿볼 수 있게 해주는 대목이다.

이러한 다산의 현실주의는 과거제도가 부패했더라도 과거를 보지 않고 관직에 나아갈 수 없다면 현실적으로 과거시험을 볼 수밖에 없다고 제자들에게 말한 것과도 일맥상통한다. 다산은 대단히 과학적이고 합리적인 생각을 갖고 있던 인물로, 실속 없고 부질없는 명분에 별로 구애되지 않았다. 집안이 몰락의 위기에 처하자 다산은 예의 현실주의적인 사고방식으로 집안을 존속시킬 수 있는 방법을 제시했다고 볼 수 있다.

다산은 아버지로 인해 벼슬길이 막혀버린 아들에게 용기를 북돋워주면서 단계적으로 서울살이의 방도를 일러준다. 그는 먼저 절대로 서울 주변(수도권)을 떠나서는 안 되며, 가능하면 서울 한복판으로 들어가 살아야 한다고 거듭 당부했다.

> "지금 내가 죄인이 되어 너희들에게 아직은 시골에 숨어 살게 하였다만, 앞으로는 오직 서울의 10리 안에서만 살아야 한다. 또 만약 집안의 힘이 쇠락하여 서울 한복판으로 깊이 들어갈 수 없다면 잠시 서울 근교에 살면서 과일과 채소를 심어 생활을 유지하다가 재산이 조금 불어나면 바로 도시 복판으로 들어가도 늦지는 않다."

다산의 이같은 언급은 "사람은 나면 서울로 보내고, 말은 제주도로 보내라"는 속담을 떠올리게 한다. 지극히 현실적인 다산의 언급은 그의 실학사상의 진수를 보는 듯하다. 요즘에 비춰보면 '강남 8학군' 지역이나 대치동 등 서울 한복판에서 살고, 이것이 여의치 않을 때는 목동이나 여의도, 강북에서 살되 절대 수도권을 벗어나지 말아야 한다는 것과 다를 바 없다. '서울 사수'라는 엄명을 내린 이유에 대해 다산은 두 아들에게 이렇게 적고 있다.

> "중국은 문명한 것이 풍속이 되어 아무리 궁벽한 시골이나 변두리 마을에서 살더라도 성인이나 현인이 되는 데 방해 받는 일이 없으

나, 우리나라는 그렇지 못해서 서울 문밖에서 몇 십 리만 떨어져도
태고처럼 원시사회가 되어 있는데 하물며 멀고 먼 시골이랴?"

지금도 마찬가지이지만 당시 한양은 외국 문물과 정보 접근 등
에서 다른 지역과 비교가 되지 않는 곳이었다. 시대에 뒤지지 않은
교육을 받기 위해서는 반드시 서울에 살 필요가 있었던 것이다. 이
처럼 다산은 교육에서 환경의 중요성을 파악하고 자녀교육에 적용
했다고 볼 수 있다.

대치동 엄마와 같은 열성으로 자녀를 이끈 다산의 교육법

'대치동 엄마'라는 신조어가 말해 주듯이 요즈음 자녀교육은 으레
엄마들의 몫으로 간주된다. 그러나 다산은 대치동 엄마에 뒤지지
않는 '열성'으로 유배지에 있으면서도 편지를 통해 뚜렷한 지침을
내렸다. 유배 당한 처지에 있던 다산에게 '서울 사수'라는 지침은
공격적인 가문 경영에 해당할 것이다. 자신의 유배를 비관하거나
혹은 '자손 보호'를 명목으로 정치적으로 화를 당하지 않게 고향에
서 안분자족安分自足하며 살 것을 권고했을 수도 있었겠지만 다산은
그렇게 하지 않았다. 그는 오히려 정치적 사건에 휘말렸다고 그 자
손들이 은거하며 속세를 멀리하는 그런 태도에 대해 정면으로 반박
논리를 펴기도 했다.

"예부터 화를 당한 집안에서 살아남은 사람들은 반드시 훌쩍 먼 곳으로 도망가 살면서도 더 멀고 깊은 곳으로 들어가지 못했음을 걱정하곤 한다. 그리하여 마침내 노루나 산토끼처럼 문명에서 멀어진 무지렁이가 되어버릴 뿐이다. 문명의 혜택이 닿지 않는 곳에서 살다보면 견문이 좁아져 영영 다시 돌아오지 못하게 된다."

물론 다산의 주장처럼 산골로 은거했다고 무지렁이로 전락하는 것은 아니겠지만, 이를 경계해 이와 같은 표현을 썼을 것이다. 은거하면서 후학을 양성해 오히려 더 존경 받는 지위에 오른 이들도 있기 때문이다. 그러나 다산은 궁벽한 곳에 살면 거기에 사는 사람들처럼 볼품없는 사람이 되고 가문은 몰락하고 만다며 그럴수록 '서울 가까이'에 살아야 한다고 강조했다. 벼슬을 못 하더라도 항상 심기를 화평하게 해 벼슬길에 있는 사람들처럼 나라를 다스리고 세상을 구제하는 일에 뜻을 두고 살아가야 한다는 것이다. 그러면서 다산은 세상은 돌고 도는 것이라며 기다리면 다시 기회는 온다면서 행여 두 아들이 시골로 도피할까 경계를 늦추지 않았다.

"너희는 벼슬길에 오르지 못해도 자손 대에 이르러서는 과거에 응시할 수 있다. 천리天理는 돌고 도는 것이니 한번 넘어진 사람이 반드시 다시 일어나지 못하는 것은 아니다. 만약 하루아침의 분노를 이기지 못하여 서둘러 먼 시골로 이사가 버린다면 무식하고 천한 백성으로 일생을 끝마치고 말 뿐이다."

결국 시대에 뒤떨어진 인물이 되지 않기 위해서는 정보와 인재가 모이는 서울에서 살아야 하고 '서울 사수'를 위해 애써야 함을 당부했던 것이다. 그런 한편 다산은 명문가의 지위를 회복할 수 없을 거라는 위기의식을 느꼈던 것으로도 보인다.

당시 다산의 집안은 자신뿐만 아니라 둘째 형 정약전이 함께 유배를 떠나고 천주교도인 셋째 형 정약종은 그의 아들 하상과 함께 대역 죄인으로 몰려 죽임을 당했다. 정약종이 매부인 이승훈과 함께 순교의 길을 택했기 때문이다. 이로 인해 다산가는 절체절명의 위기에 처했다. 당시 열아홉 살과 열여섯 살이던 다산의 아들이 감당하기에는 그야말로 엄청난 사건이었다. 아버지의 유배와 함께 대역 죄인으로 몰려 참수 당한 큰아버지의 죽음도 슬픈 일인데, 이제 과거시험까지 볼 수 없는 처지가 되었으니 낙심하지 않을 수 없었을 것이다. 당시에 대역 죄인 집안의 자손은 국법에 따라 과거를 볼 수 없었다고 한다.

다산은 두 아들에게 이르기를 비록 과거길이 막힌 폐족의 신분이지만 학문마저 게을리 하면 더 비천한 가문으로 전락하게 될 거라며 우려의 말을 전했다. 그래서 자녀들에게 과거는 볼 수 없더라도 학문을 통해 성인이나 문장가는 될 수 있다며 독려하는 편지를 보내고 '서울 입성'을 당부했던 것이다.

다산은 두 아들에게 다소 세속적인 비유를 통해 학문에 힘쓸 것을 강조하기도 했다. "공부를 게을리 하면 좋은 여자를 만날 수 없다"면서 더욱 학문에 힘쓸 것을 두 아들에게 당부한 것으로, 다산이 든 비유가 다소 비약적이어서 웃음을 자아내게 한다. "혼삿길이 막혀 비천한 집안과 결혼해 물고기의 입술이나 강아지의 이마 몰골을 한 자식이 태어난다면 그 집안은 영영 끝장나고 만다. 이래도 학문을 게을리 할 작정이냐."

다산은 아들이 벼슬길이 막힌 것을 비관해 행여 공부를 게을리하거나 자포자기할까 염려해 아들의 공부를 독려했다. 유배된 처지에 있는 아버지로서 아들을 설득할 수 있는 방법은 이런 직설적인 말밖에는 없었을 것이다. 때론 툭 터놓고 진솔하게 이야기하는 것이 더 설득력을 발휘하기도 하는 법이다. 결국 다산은 아버지의 속내를 아들에게 다 털어놓았다. "과거에 응할 수 없게 되었다고 해서 스스로 의지를 꺾지 말고 경전 읽는 일에 온 마음을 기울여, 글 읽는 사람의 종자까지 따라서 끊기게 되는 일이 없기를 간절히 바라고 또 바란다."

다산은 불우한 환경과 악조건에서도 학문을 게을리 하지 않아 입신양명한 인물들의 이야기도 두 아들에게 들려주었다. 그중 다산 자신을 학문의 세계로 이끌어주었던 성호星湖 이익(李瀷, 1681~1763)을 역경을 극복하고 큰 학자로 대성한 모델로 꼽았다. 성호는 진주목사를 지낸 아버지 이하진이 귀양살이를 했던 평안도 영산에서 태어났는데, 이듬해 부친이 사망하는 등 비운이 잇따랐다. 또 그에게 학문의 길을 열어준 둘째 형 이잠마저 자신이 올린 상소로 인해 목숨을 잃었다. 그러나 이익은 경제적 곤궁 속에서도 학문에 뜻을 두고 실학자로 큰 족적을 남겼다. 다산은 자신이 학문을 시작하게 된 동기가 바로 이익이 걸어간 학문의 길 때문이었다고 말한다.

다산의 자녀교육에 대한 열정은 요즘 부모들도 혀를 내두를 만큼 철저했다. 요즘에는 대부분 자녀교육을 위해 공무원들이나 회사원들이 서울을 벗어나 다른 지역에서 근무하게 되면 자녀와 떨어져 '주말부부'로 살아간다. 그러나 이전에는 대부분 아버지의 근무

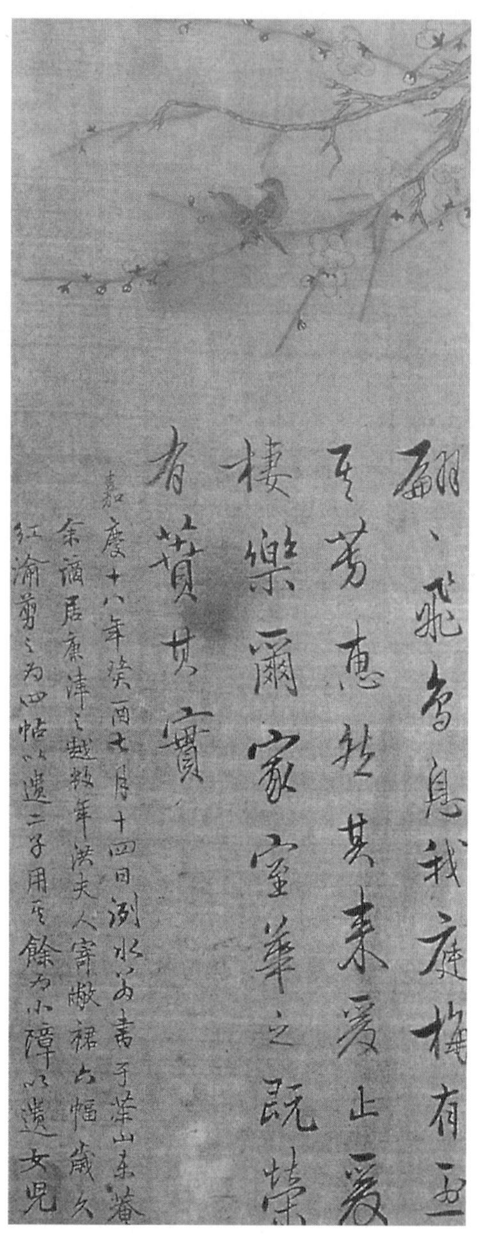

매화병제도 다산이 강진 귀양지에서 아내가 보내준 치마폭에 그림을 그려 딸에게 보낸 그림으로 현재 고려대 박물관에 소장되어 있다. 귀양살이를 한 지 몇 해 후 부인 홍씨가 남편에 대한 그리움을 담아 해진 치마 6폭을 보내왔는데, 너무 오래되어 붉은색이 다 바랜 것이었다. 다산은 그것을 오린 다음 족자 4폭을 만들어 두 아들에게 주고, 그 나머지로 이 그림을 그려 딸아이에게 보냈다고 한다. 한 사람의 아내이자 자식을 기르는 어머니가 된 딸이 화목하게 살아가기를 바라는 애틋한 아버지의 정이 담겨 있는 그림이다.

5백년 명문가의
자녀교육

지로 가족이 이사를 다니면서 관사나 사택에서 지냈다.

다산의 경우도 한양을 떠나 공무원 생활을 할 때는 가족과 함께 이사를 다녔다. 다산이 36세에 황해도 곡산부사로 부임했을 때에는 두 아들을 위해 두 수레 가득 책을 싣고 와 직접 '서향묵미각書香墨味閣'이라고 이름 붙인 공부방을 직접 꾸며 공부할 수 있는 분위기를 만들어주었다고 한다. '서향묵미각'이란 책의 향기와 먹의 맛이 있는 방이라는 뜻이다. 아버지가 이렇게 나오는데 어느 자식들이 아버지의 정성을 외면할 수 있겠는가.

독서만이 집안을 일으키는 길이다

독서의 중요성은 아무리 강조해도 지나치지 않다. 성공한 사람들의 단 한 가지 공통점은 누구나 독서광이었다는 점이다. 다산 정약용은 유배지에서 아들에게 보낸 편지에서 "오직 독서만이 살 길이다"라고 말했다.

> "이제 너희들은 몰락한 집안의 자손이다. 그러므로 더욱 잘 처신하여 처음보다 훌륭하게 된다면 이것이야말로 기특하고 좋은 일이지 않겠느냐? 폐족으로서 바르게 처신하는 방법은 오직 독서하는 한 가지 방법밖에 없다."

다산은 힘든 유배 생활중에도 직접 자식들을 가르치지 못함을 안타까워하면서 자녀들을 편지로 훈계하고 있다. 다산은 아들이 보낸 편지글을 통해 학연과 학유의 글을 비교, 분석하면서 독서에 더욱 힘쓸 것을 독려하기도 했다. 다산은 자녀들에게 실용적인 학문과 세상을 구했던 책을 읽으라고 거듭 강조한다. 또 다산은 자신의 체험을 이야기하면서 마구잡이로 그냥 읽어 내려가기만 하는 것은 하루에 천 번, 백 번을 읽어도 소용이 없다며 세밀하게 독서할 것을 다짐했다.

"책을 읽다 도중에 의미를 모르는 글자를 만날 때마다 널리 고찰하고 세밀하게 연구하여 그 근본 뿌리를 파헤쳐 글 전체를 이해할 수 있어야 한다. 이런 식으로 책을 읽는다면 수백 가지의 책을 함께 보는 것이 된다."

독서에 관해서는 아래와 같은 다산의 어릴 적 일화가 전해온다.

당대의 대가로 뒤에 대제학과 우의정을 지낸 이서구가 한번은 영평(지금의 경기도 포천군 영중면 일대) 쪽에서 서울로 들어오다가, 길가에서 어떤 소년이 책을 한 짐 짊어지고 가는 것을 보았다.
"이 녀석, 그 책 지고 어딜 가느냐?"
"삼각산 북한사로 가옵니다."
그런데 약 10여 일이 지난 뒤, 이서구가 영평으로 되돌아가는 길에 또 한 번 그 소년을 만났다.

"이 녀석, 누군데 글은 안 읽고 썰썰거리며 돌아다니기만 하느냐?"
"아니옵니다. 책은 벌써 다 읽었는걸요."
"그래? 그 책이 대관절 뭔데……."
"『강목綱目』이옵니다."
"『강목』이라? 『강목』을 어찌 열흘 동안에 다 읽는단 말이냐?"
"읽는 게 뭡니까? 외우기까지 한걸요."
『강목』이란 곧 주자가 지은 『자치통감강목資治通鑑綱目』을 말한다. 그런데 이것을 열흘 동안에 다 외워버렸다면 실로 대단한 재주라 할 만하다. 그래서 어이가 없던 이서구는 수레를 멈추고 이것저것 물어보는데 역시 모두 외우더라는 것이다.

—『선비, 소신과 처신의 삶』 중에서

어릴 적부터 남들을 놀라게 할 만큼 독서광이었던 다산 정약용은 자신만의 독서 노하우를 터득한 것으로 알려져 있는데, 방대한 분야에 걸친 수많은 책들을 읽고 또 분석해 500여 권이나 되는 책을 쓸 수 있었던 것도 다 그 때문이다. 그래서인지 다산은 자녀들에게 정신력에 대해 유독 강조하고 있다.

"정신력이 없으면 아무 일도 되지 않는다. 정신력이 있어야만 근면하고 민첩할 수 있으며, 지혜도 생기고 업적을 세울 수 있다. 진정으로 마음을 견고하게 세워 똑바로 앞을 향해 나아간다면 태산이라도 옮길 수 있을 것이다."

근勤과 검儉, 두 글자를 유산으로 남기다

다산은 재물을 오래 보존하는 길은 나눔에 있다고 말한다. 이것은 오늘날 가진 자들에게 요구되는 가장 중요한 덕목이기도 하다.

> "세상의 옷이나 음식, 재물 등은 부질없고 가치 없는 것이다. 옷이란 입으면 닳기 마련이고 음식은 먹으면 썩고 만다. 자손에게 물려주다 해도 끝내는 탕진하기 마련이다. 다만 몰락한 친척이나 가난한 벗에게 나누어 준다면 영원히 없어지지 않을 것이다."

그 예로 다산은 중국의 사례를 들려준다. 중국 춘추시대 노나라의 대부호 의돈이 창고 안에 감춰둔 재물은 이제 흔적조차 남아 있지 않지만, 한나라 때 소부가 임금에게 받은 재물을 친구들에게 나눠준 황금 이야기는 아직까지도 전해 내려온다. 형태가 있는 것은 없어지기 쉽지만 형태가 없는 것은 사라지기 어렵다. 자기 스스로 재물을 탕진하는 것은 형태를 사용하는 것이고, 재물을 남에게 나눠주는 것은 그것을 정신적으로 사용한 것이 된다. 물질로써 물질적인 향락을 누린다면 쉬이 닳아 없어지지만, 형태가 없는 것으로 정신적인 향락을 누린다면 변하거나 없어질 이유가 없다. 다산은 "꽉 쥐면 쥘수록 더욱 미끄러운 게 재물"이라며 자녀에게 물욕을 경계했다.

대부분의 명문가에서 금과옥조金科玉條로 여기는 것이 바로 부지런하고 검소한 생활이다. 다산도 예외는 아니었다.

"내가 벼슬하여 너희들에게 물려줄 밭때기 정도도 장만하지 못했으니 오직 정신적인 부적 두 글자를 마음에 지녀 잘살고 가난을 벗어날 수 있도록 이제 너희들에게 물려주겠다. 너무 야박하다고 하지 말라. 한 글자는 근勤이고 또 한 글자는 검儉이다."

다산은 손쉽게 상자 속의 돈을 꺼내 저잣거리로 달려가는 사람은 죽을 때까지 집안을 일으킬 수 없다고 강조한다. 만약 게으르고 사치하는 일을 고치지 않는다면 아무리 기름진 땅에 집을 짓고 살아도 춥고 배고픈 신세를 면치 못한다는 것이다. 다산은 아들에게 부지런한 습관을 들이라면서 다음과 같이 훈계했다.

"오늘 할 일을 내일로 미루지 말고, 아침에 할 일을 저녁으로 미루지 말라. 맑은 날에 해야 할 일을 비 오는 날까지 끌지 말고, 비 오는 날 해야 할 일을 맑은 날까지 끌지 말아야 한다."

이러한 습관은 말하기는 쉽지만 실행하기에는 여간 어려운 것이 아니다. 그러나 공부 잘하는 아이는 학교에서 오늘 배운 것을 내일로 미루지 않고, 모르는 것은 반드시 교사에게 물어 그날 소화하는 습관을 갖고 있다. 결국 다산의 가르침은 오늘날 자녀교육에도 그대로 적용되는 면이 있다.

술은 아버지에게서 배워야 한다는 말이 있다. 잘못 배우면 술주정을 하거나 실수를 하는 등 술로 인해 자기 파멸을 초래할 수 있기

남양주시 능내리에 있는 다산의 생가 다산은 과거시험도 볼 수 없는 폐족 신세에 몰린
자녀들에게 고향을 떠나 하루라도 빨리 서울 한복판이나 서울 10리 안에 살며 학문에
힘쓸 것을 당부했다. 이는 위기에 처한 가문을 구하기 위해 아버지가 택한 고육지책으로
실학의 대가다운 진면목을 엿볼 수 있게 한다.

때문이다. 다산은 큰아들이 유배지로 찾아오자 아들에게 시험 삼아 큰 잔으로 술을 한 잔 마시게 했다. 그런데 큰아들은 술을 마시고도 전혀 취하는 기색이 없었고, 아우의 주량을 물어보니 형인 자기보다 두 배는 된다고 말했다. 다산은 아들의 말을 듣고는 크게 실망했다고 한다. 다산은 "폐족의 집안에다 술주정뱅이가 되어서야 되겠느냐? 어찌 글공부에는 아비의 버릇을 이을 줄 모르고 주량만 아비를 넘어서는 거냐?"면서 술을 끊을 것을 당부했다.

후손들에게 이어진 다산의 주도적인 삶

다산은 남양주시 조안면 능내리에서 태어나 스물여덟에 대과에 급제하고 서른한 살에 홍문관 수찬에 오른 데 이어 서른아홉에 형조 참의가 되었다. 하지만 정조가 서거하고 순조가 즉위하면서 당시 마흔에 접어든 다산은 생애 최대의 위기를 맞게 된다. '신유사옥' 이라는 천주교 탄압사건으로 인해 다산은 천주교인으로 지목 받아 유배형에 처해진 것이다.

이때 다산의 셋째 형 정약종은 옥사하고, 둘째 형 정약전은 신지도로, 다산은 경상도 장기로 유배되었다. 이듬해 황사영의 백서사건*이 일어나자 서울로 다시 불려온 이들은 조사를 받은 뒤에 정약전은 흑산도로, 정약용은 강진으로 유배지를 옮기게 된다.

다산은 18년 동안이나 유배 생활을 했지만 강진초당에서 후학들을 가르치며 방대한 저술활동을 펼쳐 500여 권이나 되는 저서를 집필했다. 유배가 다산에게는 고통스러운 삶이었지만 그는 유배지에서 조선 역사상 불후의 역작들을 쏟아냈다. 다산은 억울한 삶과 기막힌 세월을 보냈음에도 끝까지 좌절하지 않고 실의에 빠지지도 않았다. 오히려 고단한 귀양살이에도 늘 자신을 채찍질하며 열성적으로 학문을 연구하는 데 몰두했다. 다산은 아들에게 보낸 편지에서 "귀양살이가 부끄러워 책이라도 남겨 자신의 허물을 벗고자 저술에 전념하는 것"이라고 적고 있다.

다산의 가르침을 받은 후손들은 어떻게 됐을까? 다산은 유배지에서 보낸 편지를 통해 두 아들에게 학문 연구에 전념해 줄 것을 간곡히 부탁하며 자신의 저서를 후세에 전하기 위해서라도 학문에 깊이 천착하기를 당부했다. 다산의 가르침대로 두 아들은 독서를 통해 세상 읽는 눈을 기르며 당대의 문장가로 우뚝 서게 된다. 과거를 볼 수 없는 상황에서 할 수 있는 일, 즉 "폐족으로 높은 벼슬에 오르지는 못해도 학문을 통해 성인이나 문장가가 될 수 있다"는 다산의 가르침을 잊지 않고 학문에 전념했던 것이다. 그중 장남인 정학연(丁學淵, 1783~1859)은 당대에 이름을 떨친 시인이 되었다.

정학연이 교제했던 이들은 추사 김정희, 소치 허련, 초의선사 등 당대의 대학자나 화가들이었다. 학연은 다산이 유배에서 풀려난 이후에는 잠시 감역監役이라는 직위가 낮은 벼슬도 지냈다. 학연의 동

<hr>

* 조선이 천주교와 선교사를 박해하고 있으니 군대를 파견해 도와달라는 비밀문서를 청나라에 보냈다가 발각된 사건. 황사영은 다산의 큰형인 정약현의 사위이다.

5백년 명문가의
자녀교육

생 정학유(丁學游, 1786~1855)도 당대의 시인으로 「농가월령가」가 그의 작품이다. 「농가월령가」는 한 해 동안 힘써야 할 농사일과 철마다 알아두어야 할 풍속 등을 기록한 것으로 농부들이 농업 기술 내용을 철마다 음률에 맞춰 흥겹게 노래로 부를 수 있도록 한 것이 특징이다.

이어 정학연의 아들 대림은 연천현감을 지냈고, 정대림의 아들 정문섭은 서른세 살 되던 해인 1888년 고종 때 과거에 급제하고 홍문관 교리와 승지에 올랐다. 그는 다산에 이어 홍문관 교리를 지내 다산가계에서 열번째로 옥당에 오르며 가문의 전설을 재현해 냈다.

다산가는 다산 윗대에서 8대째 홍문관 벼슬을 지냈다. 홍문관은 궁중의 서적을 관리하고 문서를 처리하며 임금의 자문에 응하던 벼슬로 '옥당'이란 별칭이 붙어 있는데, 이 관직에 오르면 개인은 물론 가문의 영광으로 삼았다. 다산은 고종 때 이르러 마침내 복권되면서 자손들이 과거시험을 볼 수 있게 되었다. 다산이 아들에게 훈계한 그 가르침으로 과거를 볼 수 없는 폐족 신세에서 다시 청족(淸族, 여러 대에 걸쳐 절의를 숭상해 온 집안)으로 거듭날 수 있었던 것이다.

다산은 만약 자녀들이 공부를 게을리 한다면 자신의 저서가 후세에까지 전해지지 않을까를 염려해 자녀들에게 학업에 매진할 것을 거듭 당부했다. 조선시대에는 대학자들이라도 생존 당시에는 문집을 엮지 않고, 사후에 그의 문인이나 후손들이 모여 문집이나 유고 등을 발간하는 전통이 있었다. 그래서 유배지의 다산 정약용은 두 아들에게 "너희들이 공부하지 않으면 아비가 쓴 책들도 세상에 알려지기 어려울 테고, 그렇게 되면 자신에 대한 평가는 의금부의 판결문에 있는 대로 될 것"이라고 우려하며 학문에 힘쓸 것을 권했다. 의금부의 판결대로라면 다산은 '대역 죄인'에 불과했다.

다산의 간절한 바람은 정문섭에 이어 그의 아들 정규영에 이르러 마침내 이루어지게 된다. 정규영은 벽장 속에 묻혀 있던 다산의 방대한 저술을 꺼내 마침내 『사암연보』('사암'은 다산의 또다른 호)로 재정리했다. 정규영은 다산의 고손으로 다산 사후 85년 만에 다산의 저술을 체계적으로 정리해 세상에 알린 셈이다.

『사암연보』는 정약용의 연보 가운데 가장 충실한 것으로 정규영은 1920년 여름에 이 연보를 작성하기 시작해 1년여에 걸쳐 완성했다. 이 연보에는 정약용의 행적뿐 아니라 중요한 저술들의 서문까지 거의 수록되어 연보만으로도 정약용 사상의 개요를 알 수 있도록 되어 있다.

현재 집대성된 다산의 전집인 『여유당전서』('여유당'도 다산의 또다른 호)는 정인보와 안재홍 등이 '다산연구회'를 만들어 『사암연보』를 바탕으로 해 체계적으로 재정리한 것으로, 1936년에 다산 서거 100주년 기념사업으로 발간되었다. 『여유당전서』는 다산의 저서를 한데 모은 문집으로 총 154권 76책으로 구성되어 있다.

다산의 거듭된 당부에도 불구하고 어찌된 일인지 그의 후손들은 고향인 마재를 떠나지 못했다. 다산 또한 유배지에서 풀려났지만 더이상 서울에서 살지 못했고, 고향인 마재(다산 생가가 있는 능내리의 옛 별칭)에서 여생을 보냈다.

다산의 7대 종손인 정호영(EBS 조직관리팀장) 씨에 따르면 다산은 자신이 생전에 아들에게 밝힌 서울 입성 계획을 이루지 못하자 이를 안타깝게 여겨 다음과 같은 유언을 남겼다고 한다.

다산은 자신이 그토록 벗어나길 원했던 생가 뒤에 유유히 흐르는 한강을 지켜보며 잠들어 있다.

"나는 고향에서 여생을 보냈지만 너희들은 서울에 가서 살아야 한다. 정 마재를 떠날 수 없더라도 앞으로 마재에 쇳소리가 들리면 반드시 서울로 떠나라."

정호영 씨는 이를 두고 미래에 대한 다산의 '예지력'을 보여주는 것이 아니겠느냐고 말했다. 그에 따르면 '쇳소리'는 다름 아닌 '철로'를 의미한다는 것이다. 즉 철도가 놓이면 주변 자연환경 등이 훼손되어 떠날 수밖에 없을 거라는 설명이다. 결국 다산이 유언에서 예측한 대로 마재에는 중앙선 철도가 놓였다. 1939년 개통한 중앙선으로 다산의 생가가 있는 능내리에 '능내역'이 들어선 것이다. 할아버지 정규영은 철도가 들어선 이후 마재를 떠나 수원과 안산에서 살았고 한국전쟁 후에는 서울 영등포로 이사했다. 다산이 후손들에게 그토록 당부했던 '서울 입성'을 다산 사후 110여 년 만에 이루게 된 셈이다.

다산은 자신이 쓴 『자찬묘지명自撰墓誌銘』에서 "자신의 선조는 고려 말에 백천에서 살다 조선을 세울 무렵부터 마침내 서울에서 살았다高麗之末 居于白川 本朝定鼎 遂居漢陽"며 적고 있다. 그리고 그때부터 200여 년간을 서울에서 살다 병조참의를 역임했던 다산의 5대조 정시윤(丁時潤, 1646~1713)이 지금의 다산 생가와 기념관이 있는 경기도 양수리 부근의 마현으로 이주했다. 다산가는 정시윤까지 8대째 홍문관 벼슬을 지낸 명문가로 세상의 부러움을 샀는데, 공교롭게도 다산의 5대조인 정시윤이 만년에 서울을 떠나 마재로 옮겨온 이후 고조―증조―조부 3대에서는 벼슬에 오르지 못했다.

다산의 아버지 정재원에 이르러 다시 벼슬길에 오른 덕에 다산이 열다섯 살 때 처음 서울에서 살게 됐지만 1년 만에 다시 이삿짐을 싸야 했다. 부친이 지방 외직으로 발령이 났기 때문이다. 다산은 부친을 따라 화순과 예천 등지에서 청소년 시절을 보냈는데, 다산의 아버지는 진주목사를 지내다 그곳에서 세상을 떠났다. 다산은 와신상담 서울 입성을 노리면서 스물한 살 때 서울에 집을 마련했고 스물여덟에 과거에 급제해 단숨에 홍문관 교리에 올랐다. 그러나 '호사다마好事多魔'라는 말처럼 하루아침에 자신뿐만 아니라 형들과 매형, 조카 등 가문 전체가 천주교 박해 사건에 휘말렸고, 그 역시 유배되는 처지로 전락하고 말았다.

다산은 이런 위기 상황에서 자녀들이 또다시 서울을 떠났기에 다시 명문가에 속하기가 쉽지 않다고 여겼을 터이고, 이런 상황을 참작해 그는 '경험칙'에 따라 자손들에게 서울 입성을 권유했던 것으로 보인다. 경험을 통해 얻어지는 일종의 규칙이나 관행만큼 유용한 교훈은 없다. 이것은 대부분 현실로 재현되기 때문이다. 그래서 옛말에도 "어른 말을 들으면 절대 손해 보는 일이 없다"고 하지 않는가. 놀라운 사실은 대부분의 경험칙들이 그렇듯 다산의 메시지가 그대로 적중했다는 점이다. 종손인 정호영의 말에 따르면 고향 마재를 떠나기 전까지의 생활은 곤궁에서 벗어나지 못했다고 한다. 홍문관 교리에 오른 정문섭은 어찌된 일인지 관직을 그만두고 마재로 돌아왔는데, 그 이후 가세가 크게 기울었다는 것이다.

영등포에서 40여 년을 산 정호영은 조부가 영등포로 옮겨온 이후부터 생활이 나아지기 시작했다. 정호영은 연세대를 졸업해 '새로운 서울의 한복판'이라고 할 수 있는 강남에서 방송인으로 직장에 다니며 살아가고 있다. 그의 조부는 평생 일기를 쓰면서 다산의 정신을 실천하며 살았다고 한다.

"제가 태어난 날짜에 쓴 할아버지의 일기를 본 적이 있습니다. 우리 집안은 대대로 독자가 많을 정도로 손이 귀한데, 그래서인지 할아버지는 손자를 얻은 기쁨을 일기에 그대로 적어두셨어요. 저는 그 일기를 읽고 다시 한 번 나의 존재에 대해 생각하게 되었고, 더 열심히 살아야겠다는 각오를 하게 되었습니다."

그는 요즘 다산의 『유배지에서 보낸 편지』를 다시 읽으면서 아이를 키우는 아버지의 입장이 되어 다산의 훈계를 되새겨보곤 한다고 말했다.

다산의 후손들은 그의 가르침을 이어받아 다시 홍문관 교리에 오르는 '가문의 전설'을 재현해 냈다. 이것은 다산이 고난의 유배지에서 미래를 위해 씨를 뿌린 밀알의 힘이 아닐 수 없다. 또 다산의 우려에도 불구하고 그 자손이 벽장 속에서 빛을 보지 못하고 있던 다산의 저서들을 끄집어내어 정성스럽게 정리해 세상에 그의 존재를 알렸다. 다만 서울 입성만은 제대로 실천하지 못했다. 정호영은 어떻게 보면 '서울 입성'을 당부한 다산의 메시지가 결과적으로 들

어맞고 있는 것 같다며 조심스럽게 말했다. 그는 "서울의 10리 밖에
서 살지 말라"는 다산의 가르침을 자신의 아들에게도 '강요' 할 작
정이라고 한다.

아버지가 자녀교육의 '매니저'로 직접 나서라

조선 시대의 아버지들은 요즘 세대의 아버지들보다 자녀교육에 훨씬 더 관심이 많았고, 생각보다 더 세심하게 자녀교육을 챙겼다. 퇴계 이황이나 서애 류성룡, 고산 윤선도, 다산 정약용 같은 대학자나 고위공직자도 예외가 없었다. 그러나 요즘 아버지들은 바쁘다는 핑계로 이전의 아버지들만큼 자녀교육에 매달리지 않는다.

주5일제 근무로 대부분의 아버지들이 가정에서 보내는 시간이 훨씬 많아졌을 텐데도, 이 시간을 자녀교육에 할애하며 보내는 아버지가 과연 얼마나 될까? 혹시 주말이면 새벽같이 골프나 낚시 등으로 바쁜 것은 아닐까? 조상 전래의 훌륭한 전통이 근대에 이르러 사실상 사라지고 말았으니 안타까운 일이 아닐 수 없다. 다만 최근 들어 자녀교육에 관심을 갖는 아버지들이 늘어나고 있는 모양이니 그나마 불행 중 다행이라는 생각이 든다.

조선 시대의 아버지들이 자녀교육에 헌신하는 유형은 크게 두 가지로 나눌 수 있다. 먼저 자신의 본업을 유지하면서 자녀의 상황을 세세하게 점검한 뒤 질책하고 조언하는 경우이다. 퇴계나 서애, 다산, 고산, 석주 등 대학자들 역시 바쁜 와중에도 자녀교육에는 더없이 열성적이었다.

그중 다산 정약용은 유배지의 특수한 상황에도 불구하고 고난과 시름을 달래며 '망한 집안'을 일으키기 위해 두 아들에게 수많은 편지를 보내면서 자녀들의 '매니저' 역할을 톡톡히 했다. 비록 유배된 처지로 땅 끝에 가까운 해남에 떨어져 살고 있었지만, 다산은 아버지의 역할과 함께 인생의 선배로서 자녀들의 삶에 지침을 주고 어떻게 살아야 할지 방향을 제시해 주었다.

특히 다산은 마치 '가문 컨설팅'을 하듯 두 아들에게 삶의 지침을 내리고 있다. 자녀들에게 서울에서 10리를 벗어나지 말고, 되도록 서울 한복판에서 살라는 당부와 벼슬길에 오르지 못해도 학문을 게을리 하지 말라는 지침을 내림으로써 '가문관리자'의 진면목을 보여주었다. 실학의 대가인 다산에게서 위기에 처한 가문의 관리자, 즉 CEO로서의 진면목을 엿볼 수 있다고 하겠다.

귀양살이가 장기화되면서 유배지의 서슬 퍼런 통제도 조금 완화되자 다산은 아들을 유배지로 불러 직접 학문을 지도하고 술버릇까지 직접 가르쳤다. 또 자녀들이 때로 독서를 게을리 하는 기색이라도 보이면 무지렁이나 금수禽獸로 전락할 수 있고, 그렇게 되면 자손들이 훌륭한 양반 가문과 결혼할 수 없다는 통속적인 비유를 들어가며 자녀들의 분발을 촉구하기도 했다. 다산은 요즘의 '대치동 엄마'에 뒤지지 않는 열정으로 유배지에서도 편지를 통해 자녀들을 교육하면서 두 아들이 어떻게 살아가야 할지에 대한 가이드라인을 내렸던 셈이다.

두 번째 유형은 아버지가 자녀교육을 위해 모든 것을 관리하며 직접 나서는 것이다. 요즘 표현을 빌리자면 자녀교육을 위해 아버지가 '올인'하는 것으로 자신의 벼슬길도 마다하고 자식들 교육에 헌신하는 경우이다. 종학당을 만들어 자녀와 문중교육의 초석을 쌓은 명재와 그의 부친 윤선거, 작은 아버지 윤순거가 바로 여기에 해당할 것이다(9장 참고).

이 책에서는 소개되지 않았지만 필자가 인터뷰한 명문가 가운데 전주 류씨 삼가정파 집안의 경우에도 자녀교육에 헌신한 아버지들이 많았다. 삼가정파의 '원조'에 해당하는 류봉시는 두 아들을 데리고 안동 무실마을에서 위동이라는 한적한 곳으로 이사를 가 집을 짓고 가죽나무를 심어 회초리로 삼으면서 자녀교육에 심혈을 기울였다. 유봉시의 분가는 지금으로 보면 아이들 교육을 위해 서울 대치동이나 목동 등지로 이사를 하거나 이민을 가는 것이나 다를 바 없는데, 그만큼 자식교육을 위해 초심으로 돌아가 온갖 정성을 다했던 것이다.

두 아들은 비록 아버지가 돌아가신 후였지만 모두 과거에 급제해 아버지의 기대에 보답했다. 전주 류씨 삼가정파는 이 두 아들에게 뿌리를 두고 있다고 볼 수 있다. 류봉시는 벼슬길에 오르지 못한 평범한 아버지였지만 자식교육에 매진한 결과, 두 아들을 과거에 급제시키고 높은 벼슬에 나아가게 해 가문의 초석을 쌓을 수 있었다.

또 의성 김씨를 명가의 반열에 올려놓은 청계淸溪 김진(金進, 1500~1580)을 예로 들 수 있는데, 그는 다섯 아들을 모두 벼슬길에 나아가게 했다. 퇴계와 동시대를 산 청계는 여덟 자매를 남기고 부인이 먼저 죽자 벼슬길을 포기하고 낙향해 갖은 고생을 다하면서 자식교육에 헌신했다. 결국 다섯 아들은 모두 과거에 합격해 아버지의 은혜에 보답했다고 한다.

다섯 아들이 모두 과거에 합격하는 경우는 국가에서 상을 내릴 정도로 대단히 드문 일이었다. 다섯 아들인 약봉 김극일, 구암 김수일, 운암 김명일, 학봉 김성일, 남악 김복일은 모두 학행이 뛰어난 선비로 각각 일가를 이뤘다. 이 가운데 학봉은 서애 류성룡과 함께 퇴계의 수제자로서 영남학파의 양대 학맥을 이었으나, 임진왜란 때 진주성 전투에서 싸우다 순절했다.

청계는 스스로 과거시험을 보지 않고 자녀교육에 헌신해 결국 다섯 아들을 모두 훌륭하게 키워낸 경우이다. 청계는 또 후손들에게 "벼슬은 정2품 이상을 하지 말고, 재산은 300석 이상을 모으지 말라"는 유훈을 남겼는데, 그 후손들은 대대로 청계의 유업遺業을 받들면서 500년 명문가의 전통을 이어오고 있다.

앞서 말한 두 가지 유형 모두 공교육 체계가 미흡했던 시대에 아버지가 자녀교육의 매니저 역할을 톡톡히 해냈음을 보여준다. 이는 아버지가 바쁜 와중에도 자식교육에 적극적으로 나서는가 하면 자신의 꿈마저 포기하면서 자녀교육에 '올인' 했기 때문이다. 아버지는 결코 자녀교육의 방관자일 수 없다. 조선시대의 명문가가 그랬던 것처럼 현 시대에도 아버지가 교육에 적극적으로 나서는 노력이 무엇보다 필요한데, 아버지의 헌신과 열정 없이 자녀를 올바르게 교육하는 것은 어렵기 때문이다.

우리나라는 '기러기 아빠' 신드롬과 '원정출산' 논란을 불러일으킬 정도로 자녀교육에 열성적이지만 정작 자녀들과 소중한 시간을 보내는 아버지는 쉽게 찾아보기 어렵다. 아버지는 돈만 벌어다 주면 그만이라고 생각한다면 큰 오산이다. 행복이 결코 돈으로 좌우되지 않듯이 자녀교육 또한 돈만으로 해결되지 않는다. 이미 수많은 사람들의 인생행로가 이와 같은 사실을 증명해 주고 있지 않은가.

몇 해 전 프로골퍼 박세리의 부친이 화제가 된 적이 있다. 이는 박세리를 골프선수로 만들기 위해 아버지가 작심하고 매니저 역할을 했기 때문이다. 이처럼 아버지가 딸의 '골프 매니저' 역할을 하듯이 이제는 아버지가 '자녀교육의 매니저'로 나서야 할 때이다. 서애 류성룡이 책 읽기의 모범을 보여준 것처럼 일주일에 한 번 아이들과 함께 도서관을 찾아 온 가족이 책을 읽고 독서록을 쓰는 데서 아버지의 역할을 시작해 보는 건 어떨까?

죽을 먹을지언정 더 넓은 세상으로 유학을 보내라

—교육은 가장 적게 투자하고 가장 확실하게 남기는 장사

오늘날 교육은 가장 진보된 투자로 여겨지고 있다.
투자가 많아지면 그만큼 생산성은 높아지고 수익도 증대된다.
— 피터 드러커

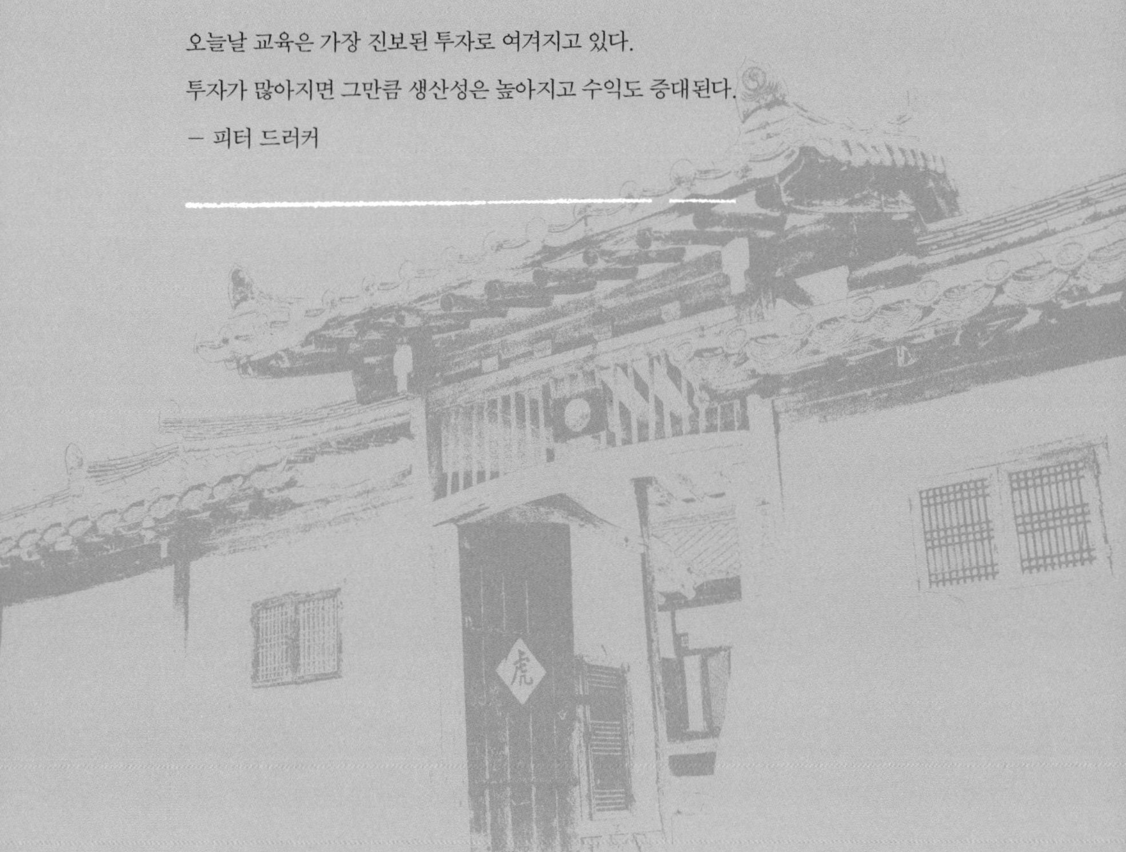

한 집 걸러 박사, 대한민국 자녀교육의 '성지聖地'

주실 마을 출신인 조동원 교수(성균관대 박물관장)는 "투자 비용은 적게 들지만 가장 확실한 효과를 얻을 수 있는 것이 있다면 그게 바로 자녀교육이다"라고 말했다. 조 교수의 말대로 주실 마을은 밥 대신 죽을 먹으면서 자녀교육에 투자해 자식들마다 대박을 터뜨린 대표적인 성공 사례에 해당한다.

한국에서 가장 많은 인물을 배출한 마을로는 경북 영양군 일원면 주곡리에 있는 '주실'을 꼽을 수 있다. 강원도 춘천시 서면이 70여 명

◀ 호은종택으로 경북 영양군 일월면 주곡리 주실 마을에 있는 조지훈의 생가이다.
조지훈의 할아버지(조인석)가 2명의 아들을 일본 와세다대학으로 유학을 보내자 마을 전체가 자녀들을 일본과 서울 등지로 유학을 보내는 풍조가 생겨났다. 조인석은 자녀들이 유학을 떠나 설날에 제사를 지낼 사람이 없자 음력설을 양력설로 바꾸는 일대 결단을 내리기도 했다.

의 박사를 배출해 면 단위로 최다 기록을 갖고 있다면, 50~70호에 불과한 주실 마을은 마을 단위로는 최다 박사를 배출해 낸 셈이다. 대학교수가 14명, 교장이 19명에 이르고 예비 박사학위자 등을 합치면 거의 한 집에 1명꼴이다. 또 일제시대에는 해외유학생이 가장 많은 마을로 꼽히기도 했다.

주실 마을에는 호은종택과 옥천종택이 자리하고 있다. 호은종택은 주실 마을에 처음 들어온 호은壺隱 조전(趙佺, 1576~1632)의 아들 조정형이 1629년에 지은 집으로, 조전은 조광조와 9촌간으로 중종 때 조광조가 화를 당하자 이를 피해 경북 영주로 들어온 조종의 후손이다. 옥천종택은 호은의 증손자인 옥천 조덕린의 종택으로, 호은종택이 큰집이고 옥천종택은 작은집에 해당한다.

주실은 시인 조지훈(본명 조동탁)의 고향으로 더 잘 알려져 있는데, 지훈은 호은 조전의 14대손(조부는 12대 종손인 조인석임)이다. 자녀교육에 열성인 학부모들이 단골로 찾는 '자녀교육의 성지'이자 '명당'으로 통하는 주실 마을은 이런 유명세 때문에 지세地勢를 연구하는 풍수가들이 반드시 답사하는 '필수 코스'가 되고 있다. 따라서 주실은 자녀교육뿐만 아니라 풍수와 관련한 서적에서도 반드시 소개되는 마을이다.

그렇다면 주실 마을에서 태어난 인사들의 면면을 살펴보자. 먼저 널리 알려진 인물로는 청록파 시인 조지훈(1920~1968)을 꼽을 수 있다. "얇은 사 하이얀 고깔은 / 고이 접어서 나빌레라"로 시작되는 조지훈의 「승무」는 청소년 시절에 누구나 즐겨 외우던 시로 대학입

주실 마을 "주실에 가면 자식 자랑을 말라"는 말이 생겨날 만큼 많은 인재를 배출한 주실 마을의 전경. 조광조의 인척이던 한양 조씨들이 정착한 주실 마을은 1900년대 초에 부모들이 자녀교육에 앞장서면서 '유학 붐'을 불러일으켜 대한민국 최고의 인재 산실이 되었다. 개화를 주도적으로 실천한 이들은 개혁정치에 앞장섰던 조광조와 닮아 있다.

시에 해마다 필수 지문으로 인용되고 있을 정도이다. "지조란 것은 순일한 정신을 지키기 위한 불타는 신념이요, 눈물겨운 정성이며, 냉철한 확집確執이요, 고귀한 투쟁이기까지 하다." 이렇게 시작하는 조지훈의 「지조론」 또한 수많은 사람들에게 회자되고 있다. 사람이 태어나 한평생 어떻게 살아야 하는지 그 의미를 되새겨보게 하는 수필로, 아마도 변절을 일삼는 정치인들이나 배신을 밥 먹듯 하는 이들이 가장 싫어하는 글일 것이다. 일제 때 혜화전문학교(현 동국대)

조지훈 시인의 생전 모습 청록파 시인으로뿐만 아니라
「지조론」으로도 유명하다.

를 나온 시인 조지훈은 27세에 고려대 국문과 교수로 부임해 국학 연구에 큰 획을 남겼다. 조지훈의 형 조동진은 21세(1937)에 요절했지만 그 역시 주실이 배출한 시인으로, 이들 모두가 주실의 구심적 역할을 해온 호은종택의 후손들이다.

조지훈과 조동진의 부친은 한의학자이자 제헌의회 의원을 지낸 조헌영이다. 조헌영은 일본 와세다대학에서 영문학을 전공했지만, 유학 시절 결핵에 걸린 애인을 치료하기 위해 독학으로 『동의보감』을 연구한 것이 계기가 되어 한의학의 대가가 되었다. 조헌영은 『통속한의학 원론』, 『동양의학사』 등을 비롯해 여러 권의 한의학서를 저술하며 이 분야의 초석을 닦았고, 현재 이 자료들은 한의대에서 한의학 입문서로 활용하고 있다.

조헌영은 일본 유학중에 신간회(新幹會, 1920년대 후반에 결성된 대표적인 항일단체) 동경지회장을 지냈고, 귀국 후에는 신간회 총무간사를 지냈다. 또 조선어학회가 주관한 '한글맞춤법통일안'의 심의위원으로 있기도 했다. 그러나 불행하게도 조헌영은 한국전쟁 때

납북되어 북한에서 동방의학연구소장 등을 역임했다.

한국의 '인문학 3걸'로 꼽히는 조동걸 국민대 교수(역사), 조동원 성균관대 교수(금석학), 조동일 전 서울대 교수(문학) 등도 주실 마을이 배출한 인재들이다. 특히 국민대 대학원장과 한국국학진흥원장을 역임한 조동걸 교수는 한국 근대사, 민족운동사 연구의 권위자로 통하는 국사학계의 원로이다. 조동걸은 이승만 정권 때에는 독재정권에 대항했고, 박정희 정권 당시에는 유신에 동조하지 않아 고초를 겪는 등 학자로서의 양심을 지켜온 것으로도 유명하다.

서울대 교수를 거쳐 계명대 석좌교수로 있는 조동일은 한국문학사 관련 최고의 역작으로 손꼽히는 『한국문학통사』(전6권)를 집필했으며, 이는 국문학도들의 '교과서'로 통하고 있다. 성균관대 부총장을 지낸 조동원 교수(박물관장)는 한국 금석학의 최고 권위자이다. 그는 한국의 금석문 탁본을 수집해 『한국금석문대계』(전7권)를 출간했는데, 한국학 연구자들 사이에서는 필수적인 자료집이 되고 있다.

의학계의 원로인 조운해 전 강북삼성병원장(옛 고려병원)도 주실 마을 출신이다. 조운해는 아시아의사협회 회장, 세계의사협회 이사로도 활동했는데 동양인으로 세계의사협회 이사에 선임된 것은 조운해가 처음이라고 한다. 그는 삼성그룹 이병철 회장의 맏딸 이인희(현 한솔그룹 고문)와 결혼해 이병철의 사위가 됐으며, 현재 그의 세 자녀들이 한솔그룹을 이끌고 있다. 주실 마을이 배출한 이들은 특히 해방 후 사회 각 분야에 진출해 대한민국의 초석을 쌓는 데 기여한 것으로 평가 받고 있다.

주실을 인재 산실로 만든 '조병희와 5인방'

"주실 마을은 1900년대에 접어들어 적극적으로 개화에 나서면서 너도나도 자녀들을 서울이나 대구뿐만 아니라 일본으로까지 유학을 보냈습니다. 대부분 집안 형편들이 좋지 않음에도 불구하고 한 집에 1명꼴로 일본이나 서울 등지로 유학을 보내 자녀들의 유학 붐이 온 마을을 열병처럼 휩쓸었어요. 우리나라 대부분의 시골 마을들에서 자녀교육 바람이 분 것은 이로부터 50여 년이 지난 1960〜1970년대입니다. 그러나 주실 마을은 이미 1900년 초부터 개화 사상에 눈뜨기 시작해 1920년에는 신교육 붐이 불길처럼 일어나기 시작했죠. 또 여기에 그치지 않고 마을의 큰 어른격인 종손들은 앞장서 상투를 잘랐어요. 주실 마을은 이처럼 조선의 선비문화가 완고하게 뿌리내린 안동 문화권의 개혁을 주도하면서 지역 사람들로부터 '주실이 상놈 다 됐다'는 비아냥거림을 듣기도 했습니다."

조동원 교수의 짧은 회고에는 인재 산실이 된 주실 마을의 역사가 압축되어 있다. 주실 마을이 대한민국 최고의 인재 산실이 되기까지는 시대를 앞선 선각자들이 있었기에 가능했다. 개화기 주실 마을의 대표적인 선각자로는 조병희를 꼽을 수 있다. 그는 이미 신사상을 수용해 문명개화를 선도하는 단재 신채호와 위암 장지연 등을 만나면서 정통 유학자의 옷을 벗고 신사상가로 변신했다. 그리고 마을 청년 5명으로 '행동대원'을 결성해 문명개화의 선봉대로 삼았다. 행동대원은 조창용, 조술용, 조종기, 조인석, 조두석 등 모두 5명으로 당시 20대의 혈기왕성한 청년들로 구성되었다. 조병희는 이들과 함께 서울을 수시로 드나들며 서울에서 추진되고 있는 개화혁신운동에 참여하도록 하는 등 이들을 개화의 분위기에 빠져들게 했다. 이른바 '의식화' 교육을 했던 것이다.

행동대원들 중 조종기, 조인석, 조두석, 이 세 사람은 서울에서 세상 변화를 직접 눈으로 보고 먼저 주실 마을로 돌아와 보수적인 마을을 바꾸기 시작했다. 이들은 먼저 주실 마을에 근대적 교육기관을 만들었다. 여기에는 조지훈 시인의 조부로 호은종택의 종손인 조인석이 앞장섰다. 조인석은 자신이 살던 호은종택 안에 영진의숙이라는 신식학교를 만들어 아이들을 가르쳤고, 1908년에는 영양 지역 최초의 근대학교인 영흥학교를 세우기도 했다. 아울러 조인석은 아들 근영과 함께 직접 『초경독본』이라는 교재를 만들었다.

5명의 행동대원들 가운데 조창용과 조술용은 서울에 남아 새로운 학문을 배웠다. 조술용은 1904년에 관립영어학교에 입학해 신학문을 익혔으며, 조창용은 황성국민교육회 안에 설치된 사립사범학교에 입학해 1906년 제1회로 졸업한 뒤 교사로 활동하는 등 신교육기관과 언론계에서 활동했다. 그는 또 만주로 건너가 독립운동에 투신하기도 했다.

그런 반면 조병희 등 주실 마을에 근대교육의 씨를 뿌린 선각자들은 시련을 겪고 비운의 삶을 살아야 했다. 조병희는 서울에서 지내다 주실 마을로 돌아오면서 상투를 자르고 단발을 결행했다. 그러나 의병항쟁의 고장에서 단발한 개화꾼은 용납되지 않았다. 이로 인해 조병희는 마을에서 쫓겨나 대구 등 외지에 살면서 개화운동을 펼칠 수밖에 없었다. 조병희는 주실 마을에 문명개화의 씨를 뿌려놓고도 정작 자신은 마을에 돌아오지 못했던 것이다.

조창용도 주실 마을로 돌아오지 못한 채 독립운동을 하다 일제의 고문이 남긴 극심한 후유증에 시달리며 불우한 생애를 마쳐야 했다. 결국 양반 유교문화의 전통에 대한 자부심으로 충만했던 주실 마을의 근대화는 몇몇 선각자의 모진 시련기를 거치면서 이루어진 셈이다.

주실 마을의 개화는 이 운동을 주도한 이들 5명의 행동대원들에 의해 확산되었다. 그들은 대개 자신의 자녀들이 신교육을 받을 수 있도록 물심양면으로 지원했다. 서울에서 관립영어학교를 마친 조술용은 네 아들 모두에게 신교육을 받도록 했는데, 이 가운데 대구대학장을 지낸 둘째 조용기는 일본 경응대와 동지사대에, 셋째 조휘기는 일본 동경농대에 유학을 보냈다. 한편 장남인 조석기는 경성사범대를, 막내인 조홍기는 동래중학을 나왔다. 조두석의 네 아들 용해(경성의전), 붕해(배재고보), 성해(중앙고보, 일본대학), 도해(계성중) 역시 모두 신교육을 받았는데, 이중 도해는 앞서 말한 조동일의 아버지이다.

호은종택의 12대 종손인 조인석은 슬하에 3남 1녀를 두었다. 본래 근대 교육에 앞장섰던 그였지만 1909년 일제가 조선을 강점하자 일제치하에서 왜놈에게 받는 일본식 교육에는 적극 반대했다. 그러나 그의 완강한 반대에도 불구하고 자신이 일으켜놓은 개화 바람을 잠재울 수는 없었다. 장남인 조근영과 차남인 조헌영 모두 와세다 대학에서 유학했으며, 셋째 아들인 조준영은 보성고보를 나왔다. 조인석은 여자는 무릇 가정을 다스리고 자녀 양육에만 힘써야 한다고 고집했지만, 딸 조애영 역시 배화여고보와 이화여전에서 신교육을 받았고 시인으로도 활동했다.

주실 마을은 신학문에 대한 열풍 속에서 마을 내의 많은 청년들이 각지의 고등보통학교와 사범학교, 농림학교 등에 진학했고 일부는 일본으로 유학을 떠나기도 했다. 『영양 주실 마을』에 따르면 1875년에서 1920년대 사이에 출생한 주실 출신 청년들 가운데 해방 이전까지 중등교육을 받은 사람은 51명이고, 이 가운데 8명이 일본에서 유학했다고 한다. 조그마한 주실 마을로서는 실로 대단한 숫자가 아닐 수 없다.

주실 마을은 1900년대 초에 이미 유교문화가 강하게 자리잡고 있던 안동문화권에서 자녀들을 너도나도 일본 등지로 유학을 보내는 선견지명을 보여주었다. 더욱이 개화를 주도한 선각자들이 마을에서조차 따돌림을 당해 타지에서 생활하면서도 개화와 교육 바람을 불러일으켰다. 과연 그 배경은 무엇일까?

주실 마을의 한양 조씨들은 조광조의 인척들로 조선 후기에는 거의 관직에 진출하지 못했지만 문집과 유고를 남긴 인물이 1900년 초까지 무려 63인에 이를 정도로 학문을 즐겨 하는 가풍을 지니고 있었다. 주실은 퇴계의 영남학통을 계승해 기본적으로 조선의 주류 학문인 성리학을 중시하면서도 개혁성이 강한 학풍을 형성했다. 이는 중종 때 유학을 바탕으로 한 이상정치(왕도정치)를 꿈꾸며 개혁을 주도했던 정암 조광조의 후예라는 점도 작용했다고 볼 수 있다.

또한 채제공, 이가환, 정약용 등 서울 인근에 기반을 둔 남인 출신 실학자들의 영향을 꼽을 수 있다. 주실에는 실학자들과 시인 묵객들의 발길이 끊이질 않았다고 하는데, 주실 마을은 이들과의 활발한 교유를 통해 개혁의 불길을 지펴 양력설 과세, 관혼례 개혁 등을 추진했다.

"조선 후기부터의 개혁 추진은 이후 주실의 개혁 전통을 세우는 단서가 되었습니다. 개혁을 위해서는 전통 학문인 성리학에서 벗어나 새로운 학문을 익혀야 했기 때문에 신교육 열기가 온 마을을 휘감았어요. 월록서당 등이 신식학문을 배우는 근대적인 학교로 바뀌었고, 자녀들은 속속 대구와 서울, 일본 등 해외로 유학을 떠나기 시작했습니다. 여기에 불을 지핀 이들이 바로 조병희와 5명의 선각자들이었죠."

조동원은 "주실 마을은 학문의 전통을 지키며 실학파들과 오랫동안 '개혁의 코드'를 공유해 왔던 게 변화를 한발 앞서 실천할 수 있었던 원동력이 된 것 같다"고 말한다.

음력설을 양력설로 바꾼 사연

자녀들의 유학 붐은 주실 마을에 새로운 고민거리를 안겨주었다. 거의 한 집에 1명꼴로 자녀들이 일본이나 서울 등지로 유학을 떠나자 음력 설날이면 집집마다 제사를 모실 자식들이 없을 정도였다. 이렇게 되자 근대 교육에 앞장섰던 호은종택의 종손인 조인석 씨는 일대 결단을 내리지 않을 수 없었다. 그는 자녀들의 유학이 늘어나면서 차례 지내기에 곤란을 겪자 음력설을 양력설로 바꾼 것이다.

음력설을 지내다보니 방학 때 고향을 찾았던 자녀들이 다시 개학을 하면서 집을 떠나는 바람에 차례를 지낼 수가 없었기 때문이다. 그러자 동네에서는 너도나도 음력설 대신 양력설에 제사를 모시기 시작했다. 한양 조씨들이 모여 살고 있는 주실 마을에서 종손의 영향력은 실로 대단했다. 이곳에서는 종손이 내린 결정에 그 지손支孫들이 따르는 것을 당연하게 여겼는데, 이렇게 해서 양력설을 쇠는 풍습이 대한민국 최초로 생겨나게 된 것이다.

1970년대 이후에는 급격한 산업화가 진행되고, 정부의 공휴일 정책으로 양력설을 쇠는 사람들이 점차 늘어났다. 1970년대에 정부에서는 정책적으로 양력설을 장려했는데, 양력설에는 3일의 연휴를 주어 공식적으로 쉬게 하는 반면 음력설에는 정상적으로 근무하거나 등교하게 했던 것이다. 주실 마을의 경우 1970년대 이후에나 나타나게 된 현상이 이미 1920년대에 시작되었던 셈이다.

물론 일부 문중 사람들의 반발도 컸다. 다른 마을에서는 주실 마을의 양력설 과세에 대해 노골적으로 빈정거리기도 했다. 하지만 주실 마을은 자녀교육을 위해 불가피한 것으로 받아들여 '대세'를 따랐다. 1963년에 주실 마을에서 '주실 향약'을 제정할 때도 양력 과세를 반드시 지켜야 할 규약으로 명시했고, 마을의 모든 행사 역시 태양력을 기준으로 한다고 명시하기에 이르렀다. 주실 마을의 양력 과세는 정부 차원의 정책 변화에도 불구하고 80여 년간 지속되고 있으며, 지난 1998년 12월에 발표된 신정 연휴 축소에도 줄곧 양력 과세를 지켜오고 있다.

조인석은 차례상에 올리는 음식이 지나치게 허례를 쫓는다고 판단해 음식을 대폭 줄이는 등 제사를 간소화하는 데도 앞장섰다. "없는 살림살이에 돌아서면 제사"라는 옛말이 있듯이 주실에서도 대부분의 가정에서 연중 수많은 제사로 인해 어려움을 겪고 있었다. 심지어 어떤 집은 빚을 지면서까지 제사 준비를 하던 실정이었다. 특히 조인석은 자녀들을 공부시키느라 허리띠를 졸라매면서 힘들게 살아가고 있는 마을 사람들의 사정을 참작해 과감한 결정을 내린 것이다. 양반 문화가 뿌리내리고 있는 주실 마을의 전통으로 볼 때 그것은 결코 쉽게 내릴 수 있는 결정은 아니었다.

종손이 앞장서 마을을 개혁하고 유학 붐을 일으키다

주실 마을은 개혁에 앞장선 조광조의 시대정신을 이어받아 불의에 타협하지 않고 지조를 지키며 이 마을을 인재의 산실로 만들어오고 있다. 실제로 조지훈을 비롯해 대한민국의 역사를 쓸 때 주실 출신을 빼놓고는 설명할 수 없을 정도이며 "주실에 가면 자식 자랑을 하지 말라"는 말이 생겨난 것도 그 때문이다.

창씨개명의 와중에도 주실 마을은 그 누구도 창씨개명을 하지 않을 정도로 지조를 지켰다. 당시 일제의 강압통치로 인해 성과 이름을 바꾸지 않고서는 직장을 다닐 수 없었고 온갖 압력에 시달려야 했던 것을 감안할 때 그러한 결단은 결코 쉬운 일이 아니었다.

호은종택의 종손들도 역사의 고비마다 주실 마을의 구심점 역할을 다했다. 호은종택의 종손은 조승기–조인석–조근영–조동창에 이어 16대 종손 조무열로 이어진다. 조승기는 한말 영양 지역 의병장으로 활동했고 그 공로로 건국훈장이 수여되었다. 또 그의 아들 조인석은 주실 마을에 근대교육의 초석을 쌓은 5인방 중 한 사람으로 4남매를 유학 보내는 등 주실 마을에 유학 붐을 일으킨 장본인이다.

옥천종택도 큰집인 호은종택과 마찬가지로 주실 마을의 구심적 역할을 했다. 20세기 초 주실 마을에 근대 교육의 바람을 일으킨 조병희는 바로 옥천 조덕린(1658~1737)의 6대손이다. 특히 옥천종택의 종손인 조만기는 석주 이상룡의 뒤를 이어 1911년 만주로 건너가 독립군기지 건설에 매진했다. 조만기는 이상룡과 이동령, 이회영 등이 세운 신흥강습소(신흥무관학교의 전신)에 동생 조하기와 조하기의 아들 석구를 각각 1, 2기로 입학시켰다. 큰집인 호은종택이 주실에서 근대 교육의 기틀을 쌓는 데 동분서주했다면, 작은집인 옥천종택은 만주에서 독립운동에 투신했던 셈이다.

주실 마을이 오늘날 수많은 인재를 길러낼 수 있게 한 뿌리는 호은종택에 설치한 영진의숙과 함께 월록서당을 들 수 있다. 영진의숙이 20세기 주실 마을 교육의 상징이라면, 월록서당은 주실 마을에 근대적 교육을 하기 전인 19세기까지 이 마을 교육기관의 역할을 했던 곳으로 옥천 조덕린의 손자 조운도가 1773년에 세웠다.

한편 일제는 1910년대 일제강점 초기, 월록서당에 경찰주재소를 설치해 마을사람들의 반발을 샀다. 이는 의병운동과 독립운동을 주도해 온 주실 마을을 감시하기 위한 일제의 조치로 볼 수 있는데, 주실 마을 사람들은 격렬하게 저항해 결국 주재소를 몰아내는 데 성공했다.

일제 주재소를 쫓아낸 주실 사람들은 월록서당에 밤마다 야학을 하는 배영학당을 열었다. 배영학당은 주실 마을의 선각자 5인방 가운데 하나인 조술용의 아들 조석기가 세운 것으로, 이 지역 일대의 청년운동과 노동운동에 영향을 주었으며, 1927년에는 모범 야학으로 조선농민사로부터 표창을 받기도 했다.

1927년 신간회가 결성되자 주실 출신들은 이에 적극 가담했다. 신간회는 좌우익이 합작해 결성한 단체로 이상재, 안창호, 안재홍 등이 주도했으며, 전국 140여 개의 지회와 4만여 명의 회원을 확보하는 등 일제하의 대표적인 항일운동단체의 역할을 했다. 호은종택의 종손인 조인석이 신간회 영양지회의 지회장을 맡았고, 아들 조준영이 총무로 참여했다. 조인석의 차남인 조헌영은 동경 유학중에 독립운동과 시위를 주도하다 1928년 신간회 동경지회를 세우는 데

호은종가의 안채 모습 이곳에서 한의학자인 조인석과 세 명의 시인(조애영과 조동진, 조지훈 형제)이 태어났다.

앞장서 초대 지회장으로 추대되었다. 호은종택의 삼부자三父子가 신간회 핵심 멤버로 활동한 것이다.

일제 치하에서 신학문을 공부한다는 것은 식민통치를 위해 봉사하는 지식인으로 전락할 위험성이 농후했다. 주실 마을을 개혁한 행동대원 5인의 한 사람인 조인석도 그런 우려 때문에 일제의 지배 하에서 일본으로 유학을 떠나 고등교육을 받는 것에는 회의적이었다. 하지만 일제시대에 주실 마을 출신들은 관직에도 나아가지 않는 등 지조를 지켰고, 해방 이후에는 대한민국의 건국에 앞장서며 곳곳에서 활동해 왔다.

주실 마을에 짓고 있는 조지훈 시인의 기념관

주실의 인물들은 해방 이후 정계와 관계로 진출했다. 우선 종손인 조인석의 삼형제 가운데 장남인 조근영은 국립중앙도서관장을 지냈고, 차남 조헌영은 제헌의원과 반민족특별위원회 위원으로 활동했으며, 셋째 아들인 조준영은 초대 민선 경북도지사를 역임했다.

주실 사람들이 가장 많이 진출한 분야에서는 바로 학계와 교육계, 문화계라고 한다. 대표적으로 조지훈 시인이 국학에 큰 족적을 남겼는가 하면 교장을 19명이나 배출하기도 했는데, 이는 어려움 속에서도 자식들의 교육을 고집했던 주실의 교육에 대한 열정을 잘 드러내는 부분이다. 주실 출신의 인물들 중에는 의사 등 전문직에 종사하는 이들도 많다. 특히 의학 분야에서는 조운해를 비롯해 10여 명이 의사와 한의사로 활동하고 있다.

앞서 살펴본 대로 주실에서 처음 의학을 공부한 인물은 조헌영으로 그가 한의학의 초석을 닦았다면 조운해는 양의학의 토대를 놓았다고 볼 수 있다. 주실 인물들이 일찍부터 의학 분야에 활발하게 진출한 것은 아마도 의학이 친일과 거리를 둘 수 있는 분야였기 때문으로 보인다. 같은 전문직이지만 그 성격상 일제의 하수인 노릇을 하게 될 가능성이 큰 법조계에는 단 1명도 진출하지 않았던 것과는 크게 대조적이다.

주실 마을은 일제와 독재에 저항하는 한편 수구적인 구태舊態를 깨쳐 나가면서 과감한 혁신을 주도해 오늘날 최고의 인재를 배출한 마을로 우뚝 설 수 있었다. 주실 마을에 개화 마을, 신교육 마을, 노동운동 마을, 신간회 마을이라는 별칭들이 붙게 된 것은 결코 우연이 아니며 시대를 앞서간 선각자들의 땀과 노력이 있었기 때문에 가능한 일이었다.

아직도 계속되고 있는 유학 열풍

"적어도 주실 출신들 중 일제시대에 친일을 한 사람은 없습니다. 이런 전통은 아직도 이어져 주실 출신들 가운데 뇌물을 받거나 부정부패와 관련해 감옥에 간 이들은 없다고 합니다."

조동원 교수는 이렇게 말한다. "주실 마을에서 어머니들의 희생은 정말 대단했어요. 어머니들은 가난한 살림살이에서도 쌀 한 톨을 아껴가며 자녀교육에 열정을 쏟아 오늘날의 주실을 만들었던 거죠."

주실 마을이 자녀교육에 앞장서고 일제 치하에서도 유학을 보낼 수 있었던 원동력은 결코 재산이 많아서가 아니었다. 조병희 등 선각자들을 비롯해 종손인 조인석과 조헌영 부자 등이 자녀교육에 앞장서자 마을 사람들이 이에 적극 동참했던 것이다. 여기에 가난은 걸림돌이 되지 못했다. 이 마을 사람들은 밥을 먹을 수 있으면 죽을 먹어가며 자녀의 교육비를 마련했다고 한다.

한국 역사학계의 거목인 조동걸은 그의 저서 『그래도 역사의 힘을 믿는다』(2001)에서 주실 마을과 어린 시절을 회상하고 있다.

"해방된 주실은 70호가량, 350명 정도의 인구가 살던 작은 마을이었다. 산전山田을 일궈 농사를 짓고 밥 대신 죽을 먹으며 자식교육을 강조한 것이 이 마을에서 볼 수 있는 또 하나의 전통이었다. 그 전통의 분위기에 힘입어 고학으로 공부해 입명한 이도 적지 않다. (……) 이러한 주실의 이야기가 어찌 주실 안에서만 머물 것인가. 이는 마을과 마을로 퍼져 나갔고 혹은 딸네의 혼인길 따라 번져서 외손들의 앞길을 활짝 열기도 했다."

조동걸도 어렵게 학창시절을 보내기는 다른 여느 집들과 마찬가지였다. 그는 초등학교 4학년 때 혼자 서울로 전학을 와 매동국민학교를 다녔다. 졸업 후 양정중학교에 입학했다가 3학년 때 가정형편이 어려워 덕수상고 야간부로 옮겼고, 한국전쟁 후 경북대 사범대에 입학할 수 있었다. 조동걸의 부친 조만영이 소유한 논과 밭은 각각 2,000평, 2,600평(1940년대 기준)이었다. 당시 토지 보유로 치면 중농 이상에

주실 마을 입구에 있는 마을 안내판

해당되지만 6남매를 유학시키며 교육하기에는 턱없이 부족했을 것이다.

　주실 마을의 이러한 자녀교육의 전통은 지금까지도 이어져 많은 인재들을 배출해 오고 있다. 개화 이후 신교육을 주도한 사람들이 1세대, 일본과 서울 등지로 유학을 떠나 신교육을 받은 이들이 2세대들이라면 이들은 주실 마을의 3세대들인 셈이다.

　현재 주제네바 국제연합대표부 차석대사인 조태열(서울대 법대)은 조지훈의 막내아들이다. 그는 슬하에 삼형제를 두었는데 장남 광열(홍익대 건축과)은 미국에 살고 있고, 차남 학열은 사업을 하고 있다. 조동택 경북대 의대교수는 민선 초대 경북도지사를 지낸 조준영의 아들로, 조준영은 조인석의 셋째 아들이다.

　한솔그룹 조운해가는 자녀들을 어릴 때부터 해외로 내보내 외국어와 국제 감각을 익히도록 했다. 삼형제(동혁, 동만, 동길) 모두 미국에서 고등학교를 나왔으며, 장남은 대학까지 미국에서 졸업했다. 또 조운해, 이인희 가족이 한동안 일본에서 생활한 덕분에 삼형제 모두 일어와 영어에 능통하다.

　주실 마을의 한양 조씨 가문은 안동, 영양 등지의 재령 이씨 영해파, 안동 권씨, 의성 김씨, 진성 이씨 퇴계파, 전주 류씨, 풍산 류씨, 영양 남씨 등과 통혼관계에 있다. 주실 마을은 이러한 가문들과 혼인관계를 맺으며 가문의 품격을 인정받았고, 이들과의 혼인을 통해 경제력을 보완하기도 했다. 또 이러한 경제적 기반의 확보는 근대 이행기에 주실 마을 사람들이 자신의 자녀들에게 신식 교육을 받도록 하는 밑거름이 되어주었다.

주실 마을은 결코 대도시에 가까운 마을도 아니고, 문물을 앞장서 받아들일 수 있는 곳에 있지도 않다. 경북에서도 외지고 궁벽한 곳에 위치해 있지만, 주실 출신들이 한국 사회에서 차지하는 비중은 결코 가볍지 않다. 물론 그 비중이 세속적인 성공 여부나 출세로 규정되는 것은 아니다. 가문을 소중히 하면서도 전통에 머물러 있지 않고 시대의 변화에 맞게 혁신적으로 변모하면서 오늘날 주실 출신의 인물들을 키워낸 것이다. 전통을 무시하지 않으면서 선조들로부터 이어져오고 있는 나라 사랑과 혁신적인 기풍, 자녀교육에 대한 열정이 어우러지면서 주실 마을을 인재 산실로 만든 것이라 할 수 있다.

주실 마을이 현재 우리에게 던져주는 교훈은 바로 교육만큼 확실한 투자가 없다는 점이다. 시대를 한발 앞선 교육은 개인과 가문뿐만 아니라 사회와 국가에 더없는 '자산'이 된다는 사실을 보여주기에 충분하다. 주실 사람들은 밥을 먹을 형편이 되면 죽을 먹고 그 돈으로 자녀들의 학비를 마련해 서울로 혹은 동경으로 유학을 보냈다. 주실이 결코 부자동네여서 자녀들을 해외로 유학을 보낸 것이 아니었다. 호은종택 등을 제외하면 여느 시골마을과 다름없는 평범한 가정이었지만, 그럼에도 불구하고 부모들의 희생으로 자녀들은 신학문을 접하고 돌아와 대한민국의 건국에 크게 기여할 수 있었다.

'기러기 아빠'라는 교육 신조어를 낳을 정도로 요즘에는 초등학생까지 유학을 떠나는 조기유학 열풍이 거세다. 주실 마을의 자녀교육에서 보듯 가능하다면 서울이든 해외든 더 넓은 세상으로 자녀들을 유학 보내야 한다. 그렇게 하는 것이 개인의 경쟁력뿐만 아니라 사회와 국가의 경쟁력을 높이는 길이기 때문이다. 다만 유학을 보내더라도 반드시 지켜야 할 '원칙'을 세우는 등 자녀들에 대한 '생활교육'은 강화할 필요가 있지 않을까. 아이를 자립심 없는 '응석받이'로 키워 불행을 자초하는 경우도 더러 있기 때문이다.

최상의 교육 기회를 제공하라

예전의 명문가들은 대부분 가정교육의 전통에 따라 각 가정에서 직접 스승이나 할아버지, 아버지에게 교육을 받았다. 그리고 자녀가 성장한 후에는 도산서원 등 서원에서 스승으로부터 가르침을 받거나 절에 들어가 독학하는 방법을 택하기도 했다. 이처럼 가정교육, 특히 가학家學은 공교육이 미비한 상황에서 자녀들을 가르치기 위한 전통시대의 교육 방식이었다. 가학이 자녀교육의 중심이 되었던 시기에는 어떤 스승을 모시느냐에 따라 자녀교육의 성패가 좌우되었기 때문에 최고의 선생님에게 배우기 위한 노력은 대단했을 것이다.

서애 류성룡은 퇴계에게, 명재 윤증은 신독재 김집과 우암 송시열에게 가르침을 받았다. 때로는 학문이 높은 할아버지나 아버지 등이 스승 역할을 하기도 했는데, 부친을 일찍 여읜 퇴계 이황은 참판을 지낸 숙부에게 학문의 기초를 배웠다. 스승을 모시고 공부하는 전통은 고대 그리스 시대까지 거슬러 올라간다. 동방원정으로 이름을 남긴 알렉산더는 바로 그리스의 현인 아리스토텔레스를 스승으로 모시고 그의 지혜를 물려받았다.

요즘에는 스승을 모셔오는 대신에 자녀들을 석학들이 포진한 세계적인 명문대에 보내는 것이 최상의 교육이 되고 있다. 당대의 석학에게 가르침을 받기 위해서는 국내 명문대로 진학하거나 미국의 아이비리그 등 세계적인 명문대로 유학을 떠나야 한다. 세상이 급변하면서 넓은 세상으로의 유학이 경쟁력 있는 자녀로 키우는 강력한 무기가 되고 있기 때문이다. 해방 이후 우리나라를 주도한 엘리트들이 거의 대부분 해외유학파였다는 데서도 이러한 사실이 증명된다. 다만 유학의 대상이 일제시대의 일본에서 해방 이후에는 미국으로 바뀌었을 뿐이다. 유학의 위력은 지금도 계속되고 있으며, 대학교수가 되기 위해서도 미국의 박사학위를 갖고 있지 않으면 경쟁에서 뒤지는 실정이다.

지금은 그렇지 않지만 한동안 미국의 MBA(경영학 석사) 학위가 큰 위력을 발휘한 적이 있다. IMF 직후 미국 MBA 소지자는 1억 이상의 연봉을 받으면서 자신보다 나이가 많은 10년 경력의 과장, 차장들의 상사가 되는 경우도 있었다. 그러나 이제 MBA는 더 이상 미래를 보장하는 수단이 되지 않는다. 변호사 역시 마찬가지다. 사법고시 합격자가 5배 이상 늘어나면서 변호사의 몸값도 예전 같지 않다. 전문가들은 미래에는 한 분야에서 창의력 있는 아이디어로 무장한 '기획형 전문가'의 시대가 열릴 거라고 예견한다. 자신만의 전문 분야를 가지면서 기획력이 탁월한 인재만이 살아남을 수 있다는 이야기이다.

　이러한 시대적인 추세에 뒤지지 않으면서 자녀들이 미래 사회의 주역으로 살아가기를 희망하는 부모라면, 해외 유학을 포함해 자녀들에게 최상의 교육 기회를 제공해야 한다. 그래야만 세계 어디에 내놓아도 경쟁력을 지닌 인재로 성장할 수 있기 때문이다. MBA가 각광 받는 시대를 예상하고 남보다 앞서 유학을 간 사람들이 성공 가도를 달리듯 자녀를 미래가 요구하는 기획형 전문가로 키우기 위해서는 지금부터 그 길을 찾아 투자하지 않으면 안 된다.

　미래에는 다른 사람과 별 차이 없는 '평균인'은 더이상 경쟁력이 없다고 말한다. 부모들이 이러한 사실만이라도 분명히 인식하고 자녀교육에 나선다면 절반은 성공한 것이나 다름없다. 민사고나 외고를 보내고 조기유학을 보내는 것 역시 이러한 인식을 바탕으로 해야만 성공할 수 있다. 남들이 간다고 특목고에 보내고 조기유학을 보낸다면 이는 목적 없이 항해하는 배와 다를 바 없는 것이다.

　자녀교육에 일찍 눈을 뜬 한양 조씨 집성촌인 경북 영양의 주실 마을은 이미 100년 전부터 자녀들을 서울이나 일본 등지로 유학을 보내는 것이 붐을 이뤘다. 수십 년을 앞선 이러한 유학 붐 덕분에 70가구도 안 되는 작은 시골마을에서 한국 인문학의 3대 거봉이 나왔고, 한의학과 양의학의 거목들을 배출할 수 있었다. 대학교수 14명을 포함해 박사학위자는 수십 명에 이르고 전현직 교장선생님만 19명이나 된다. 주실 마을이 안동 지역뿐만 아니라 한국에서 가장 많은 인재를 낳은 마을로 꼽히게 된 원동력은 바로 자녀들에게

최상의 교육 기회를 제공하려는 부모들의 시대를 앞선 선견지명과
열정, 그리고 헌신이 있었기 때문이다.

주실 마을 사람들이 자녀를 유학 보낼 수 있었던 것은 결코 부자
여서가 아니었다. 밥을 먹을 정도가 되면 죽을 먹으면서 자녀들의
학비를 댔기 때문에 가능한 일이었다. 당시는 서슬 퍼런 일제시대
였음에도 불구하고 주실 마을 사람들은 그 누구도 일제에 협력하지
않았다고 한다. 자녀들도 유학을 다녀왔지만 친일파 인사는 단 한
사람도 나오지 않을 만큼 지조를 지켰다.

조병희와 5명의 선각자에서 시작된 이러한 전통은 오늘날까지
도 이어지고 있다. 1세대를 거쳐 2, 3세대로 100년의 세월이 흐르고
있지만 이제는 일본뿐만 아니라 미국과 유럽 등지로 유학을 떠나고
있는 것이다. 이들 역시 귀국해 우리 사회의 당당한 주역이 되고 있
음은 두말할 나위가 없다.

요즘에는 자녀에게 최고의 교육을 시키기 위해 미국이나 캐나다
등지로 이민을 간다. 실제로 30, 40대의 이민 사유로는 '자녀교육
을 위해서'가 가장 많다. 그리고 이러한 자녀교육 열풍은 엄마가 아
이와 함께 유학길에 동행해 도우미 역할을 하고 아빠만 서울에 남
아 학비를 버는 이른바 '기러기 아빠' 신드롬으로 이어지고 있다.

'족집게 과외' 등 최고의 교육을 자녀에게 제공하려는 부모들
의 노력은 어제오늘의 일이 아니다. 족집게 과외는 조선시대에도
크게 성행했다고 한다. 당시 과거시험 전문학원으로 '거접居接'이
라는 곳이 있었다. 퇴계 이황도 과거를 공부하는 아들과 손자를 당

시 영주의 거접에 보내 시험을 준비하게 했다고 한다. 대학자인 퇴계도 자신은 학문의 근본을 가르치는 것을 고수했지만 자손들이 성공하기를 바라는 부모 된 심정은 어쩔 수 없어 그 역시 자녀를 거접에 보내는 교육책도 마다하지 않았다.

자녀의 성장 단계에 맞춰 최상의 교육 기회를 제공하라. 가난을 딛고 일어설 수 있는 원동력은 다름 아닌 교육의 힘이다. 비록 부자일지라도 자립할 수 있는 교육을 통해 자녀들의 홀로서기를 유도하는 게 오히려 최상의 교육이다. 그래야만 재산도 지키고 자녀도 사회가 필요로 하는 유능한 인재가 될 수 있다.

'노성 윤씨 주식회사'의 CEO들, 종학당을 만들다

─조선 최초의 '원스톱' 영재교육 프로그램

자식을 낳으면 철들 때부터 착하게 인도해야 한다.
어려서 가르치지 않다가 이미 자란 다음에 바로잡으려 하면
매우 어려울 것이다. 교육은 빠를수록 좋다.
— 이이

'백의정승'을 낳은 엄격한 가훈

"자녀를 엄하게 가르치는 것은 아버지의 자비이며, 자녀가 아버지의 엄격함을 오해하지 않도록 깨우쳐주는 것이 어머니의 자비이다. 나는 이것이야말로 가정교육의 근본을 가장 잘 설명하는 말이라고 생각한다. 자녀를 키우는 데 가장 중요한 것은 아이에게 제멋대로 하고 싶은 마음을 억제할 수 있는 의지력을 갖게 하는 것, 다른 사람을 배려하는 마음을 갖게 하는 것, 이 두 가지이다."

◀ 초등학교에서 대학까지 조선시대 최초로 체계적인 원스톱 자녀교육 프로그램을 갖춘 종학원의 모습. 충청남도 논산시 노성면 병사리에 있는 종학원은 문중 자제와 외척, 처가의 자녀들까지 합숙 교육을 받던 곳이다.

새삼스럽게 말할 필요도 없이 자녀교육의 기본은 학교나 사회가 아닌 가정에서 이루어져야 한다. 일본 에도시대 도쿠가와 막부의 신하였던 이세 사다타케는 그의 저서 『이세 사다타케의 가훈』에서 자녀교육에 대해 이렇게 말했다. "자녀들이 가정교육을 제대로 받지 않으면 부모에 대한 존경심이 저절로 우러나기를 기대할 수 없다"는 지적은 예나 지금이나 시공을 초월해 그대로 적용될 수 있을 것이다. 서글프게도 오늘날 가정에서 아버지의 엄격함을 논하다가는 부자유친父子有親은커녕 식구들에게마저 왕따 당하기 십상이다. 그래서 성현들은 '아버지가 되기는 쉽지만 아버지 노릇을 하기는 쉽지 않다'고 했다.

다음의 내용도 살펴보자.

宗法金石　종법은 금석과 같이 소중히 지키고
先訓鈇鉞　선조의 가르침은 부월같이 무섭게 알아야 한다.
敢有犯者　감히 이를 지키지 않는 자가 있다면
鈇鉞臨汝　그 부월이 너를 용서하지 않을 것이다.

이것은 가문에 내려오는 규율, 곧 종법을 자손들에게 귀히 여기고 어기지 말라고 당부하면서도 감히 이를 어기는 자는 부월(鈇鉞, 작은 도끼와 큰 도끼로 옛날에 천자가 장군이나 제후에게 생살권을 맡기는 표시로 주었던 것)로 응징하겠다고 했다. 실로 추상같은 가훈이 아닐 수 없다.

이 가훈은 조선시대 선비상의 전형을 보여준 명재 윤증을 배출한 충청남도 논산의 파평 윤씨 노종파, 일명 '노성 윤씨'의 가훈이다. 이러한 엄격한 가훈 속에서 '노성 윤씨'는 명재 윤증과 같은 큰 선비를 키워냈다. '노성 윤씨'가 배출한 최고의 인물로 꼽히는 명재明齋 윤증(尹拯, 1629~1714)은 조선시대 선비정신의 상징으로 통한다. 그는 평생 벼슬길에 나가지 않고서도 요즘의 총리급에 해당하는 우의정의 벼슬을 받았다. 명재가 지낸 벼슬은 다음과 같다.

36세 내시교관

38세 공조좌랑

39세 세자익위

40세 전라도사

41세 사헌부 지평

44세 진선, 사헌부 장령

45세 집의

53세 성균관 사예

54세 경영관

55세 장악원정, 호조참의

57세 이조참판

68세 공조판서, 우참찬

69세 좌주

명재는 이러한 관직을 받았지만 단 한 번도 벼슬길에 나아가지 않았다. 보통 서너 차례 거절하다가도 대여섯 번 제의가 들어오면 수락하는 경우가 대부분이다. 퇴계도 숱하게 벼슬을 사양했지만, 반대로 벼슬길에 나아간 것도 여러 차례였다. 하지만 명재는 끝까지 이를 거절했다. 우의정을 제수 받고 올린 사임 상소가 18번이고, 판중추부사 사임 상소가 9번에 달한다. 윤증이 사직 상소를 올리면 왕은 승지를 보내거나 사관을 보내 그를 불렀지만 명재는 끝내 벼

슬길에 나아가지 않았다. 조선시대에 벼슬은 부와 명예를 한꺼번에 얻을 수 있는 자리였다. 하지만 명재는 죽을 때까지, 나중에는 우의정 자리마저 거절했다. 이러한 명재에게는 어느덧 '백의정승', 곧 '관복을 입고 나간 적이 없는 선비 차림의 정승' 이라는 애칭이 붙게 되었다. 그리고 이러는 사이에 명재는 선비들로부터 존경을 받고, 재야의 영수로 사림을 대표하는 인물이 되었다.

　　명재는 팔송 윤황의 손자이자 노서 윤선거의 아들로 인조 7년에 한양 외가에서 태어났다. 명재의 집안은 당시 할아버지 5형제와 아버지 8형제, 그리고 명재 등 3대에 걸쳐 이름을 날리던 명문가였다. 가문 덕분에 명재는 훌륭한 가정교육과 더불어 당대 최고의 학자에

종학원은 크게 종학당(오른쪽 아래), 정수루, 백록당(중앙), 보인당(왼쪽)으로 구성된다. 오른쪽에 보이는 종학당에서 초등학교 교육을 받으면 그 위에 있는 중등 및 대학과정(백록당)으로 옮겨가게 된다. 보인당은 현재 매년 여름방학이면 문중 자제들의 생활교육 장소로 활용되고 있다.

게서 '과외'를 받는 행운을 누릴 수 있었다. 명재는 19세 때 조선 중기의 학자였던 권시의 사위가 되어 스승의 예로 섬겼고, 송시열에게 가르침을 받았다.

윤증은 어려서 백부인 동토 윤순거와 아버지인 노서 윤선거에게서 학문하는 방법과 함께 시문을 배웠다. 부친은 당시 우암 송시열, 동춘당 송준길, 시남 유계, 초려 이유태 등과 함께 충청 산림오현山林五賢으로 칭송 받던 인물이다. 이들은 학문적 유대뿐만 아니라 가문간의 통혼을 통해서도 서로 우의를 다지게 되는데, 윤선거의 형 윤문거는 송시열과 사돈관계이다. 송시열은 권시의 아들 권유를 사위로 맞았고, 권시는 장녀를 윤증에게 출가시켰다. 학맥이나 혼맥에서 알 수 있는 것처럼, 당시 명재 집안은 퇴계 중심의 남인과는 대립되는 율곡 이이의 학통을 이은 기호학파에 속한 명문가였다.

400년의 장기 발전 계획을 세운 윤순거 형제

파평 윤씨는 조선시대에 왕족인 전주 이씨를 제외하고는 가장 많은 과거합격자를 배출한 성씨로 기록되어 있다. 조선의 대과합격자 순위는 전주 이씨 844명에 이어, 파평 윤씨 412명, 안동 권씨 359명, 남양 홍씨 324명, 안동 김씨 310명 등의 순이다. 파평 윤씨 412명 가운데 노종파, 즉 노성 윤씨가 47명으로 아마도 단일씨족으로는 조선 최고의 기록이 아닐까 한다. '대과급제'란 곧 지금의 고시 합격과 같은 것으로 노성 윤씨 외에는 찾아보기 힘든 기록이다. 그 밖에도 노성 윤씨 가운데는 시호(諡號, 죽은 뒤에 공덕을 기려 임금이 내린 이름)를 받은 인물이 9명이나 된다고 하는데, 특히 윤황―윤선거― 윤증은 3대가 모두 시호를 받았다. 한 가문에서 이처럼 걸출한 인물 이 배출된 것은 그 유례를 찾아보기 어려운 일이다. 그렇다면 이와 같이 훌륭한 인물을 낳을 수 있었던 명재 윤증 가문의 자녀교육 비 결은 무엇일까?

무엇보다도 가문의 전통을 세우고 자녀교육의 기틀을 마련한 '가문의 기획자' 가 있었다는 점이다. 그는 명재의 백부이자 인재 산실의 역할을 해온 동토童土 윤순거(尹舜擧, 1596~1668)로, 종학당을 세운 사람이다. 윤순거는 파평 윤씨 노종파 인재 양성의 기틀을 다 진 인물로 종학당을 건립하고 서책과 기물을 마련해 자제들을 가르 치고 가문의 규칙을 마련한 주역이다.

종학당은 관학인 성균관과 대조를 이루는 문중의 사립학교였 다. 10세 아이부터 과거를 보는 청소년들까지 연령과 학문에 따라 단계적으로 공부할 수 있도록 체계적인 프로그램을 마련했는데, 교 육 과정을 보면 초중고에서 대학 과정, 나아가 고시 준비까지 포함 하는 규모였다. 이와 같은 체계적인 교육기관은 다른 데서는 찾아 보기 어렵다.

윤순거는 근대적인 교육 체계가 없던 당시에 가문 차원에서 체 계적인 자녀교육 커리큘럼과 프로그램을 만든 '사교육의 기획자' 였다. 윤순거는 그야말로 윤씨 집안의 400년 장기발전계획을 입안 한 셈이다. 동토 윤순거는 아우인 윤선거와 함께 가문의 규칙인 종

약과 가훈을 만들었다. 종약에는 종학당의 교육지침은 물론 운영과
관련된 내용도 들어 있다.

> "바야흐로 자라나는 아이들을 가르치고 배우는 일이 한번 잘못되
> 어 어릴 때 교양이 바르지 못하면 어리석고 어둡게 되는 것이니 이
> 는 매우 두려운 일이다. 열 살가량의 자제를 모두 한 당(堂)에 모아서
> 스승을 세우고, 글을 외우고 읽게 해 학업과 학예를 갈고닦게 함으
> 로써 반드시 인재를 길러내는 일이 필요하다."

윤순거가 종학당을 세우고 이처럼 후학 양성에 전념한 것은 병
자호란 때 아버지 윤황이 척화를 주장하다 귀양살이를 하고, 숙부
인 윤전이 세자 교육을 담당하던 시강원 벼슬을 지내다 강화도로
피난을 갔다 순국하는 등 잇단 불행을 겪었기 때문이다. 이로 인해
윤순거는 벼슬을 사양한 뒤, 향리에 은거하며 종학당을 세우고 후
학들을 교육하는 데 전력했다. 이러한 집안 내력으로 윤황—윤순
거, 윤선거—윤증으로 이어지면서 향리에 은둔하며 후학 양성에 힘
을 쏟는 가풍이 생겨났다.

명재의 일생에 커다란 변화를 가져온 사건은 명재 윤증이 아홉
살 되던 해에 병자호란이 일어나 양친과 더불어 강화도로 피난하던
때에 벌어졌다. 이때 강화도가 함락됨에 따라 어머니인 공주 이씨
는 오랑캐에 짓밟히는 것을 가문의 수치로 여기고 자결했다. 부친
윤선거는 다행히 강화도를 탈출했지만 부인의 순절과 대비되면서

종학원 처음 설계할 때부터 입지와 주변 여건을 철저하게 고려하고 디자인해 지었다고 한다.
마을과 떨어져 위치해 있는 종학원은 건물들이 모두 병풍처럼 둘러쳐진 산자락에 안겨 있다.
특히 종학원 앞에는 호수가 있고, 호수 건너편에는 파평 윤씨 문중의 선영이 자리하고 있어
자제들이 매일 선영을 바라보면서 '가문의 영광'을 다짐하도록 했다. 이곳에서 모두 47명의
과거급제자가 나왔다고 한다.

살아남은 것을 평생 부끄럽게 여겨 금산에서 후학 양성에 힘을 쏟게 된다.

후일 주위에서 명재의 문장을 칭찬하고 과거시험 보기를 권하자 명재는 "가슴에 통한을 지닌 사람으로 과거에 응시할 수 없으며 일평생 성리학 연구에 전념하겠다"고 말했다. 가슴에 통한이 된 것은 어렸을 적에 강화도에서 겪은 어머니의 순절을 일컫는데, 이는 윤증의 생애에 결정적인 영향을 미쳤다.

이후 종학당에서 많은 인재가 배출되면서 파평 윤씨 노종파는 사계 김장생을 낳은 연산의 광산 김씨와 송시열, 송준길 등을 배출한 은진 송씨와 더불어 충청 지역의 대표적인 명문가로 자리 잡게 된다.

초등학교에서 대학까지 '원스톱 교육기관', 종학당

종학당은 '초등학교에서 대학까지' 한곳에서 단계별로 교육하는 '원스톱 교육기관'이었다. 조선시대 지방교육기관으로는 향교, 서원, 서당 등이 있었다. 그러나 종학당은 서원이나 서당과는 달리 지금으로 말하면 초등학교에서 대학까지 교육할 수 있는 체계를 갖추고 있었다. 현대에 이르러 등장한 '원스톱' 교육, 즉 한군데에서 초중고, 대학 전 과정을 공부하는 시스템을 이미 400여 년 전에 도입해 시행했던 셈이다.

종학당은 명재가 백부 윤순거와 부친 윤선거에 이어 3대 학장(당장)에 부임하면서 명성을 드높였는데, 선비 교육과 함께 과거시험 준비가 모두 종학당에서 이루어져 수많은 인재를 배출했다. 명성이 높아지고 학생들이 늘어나면서 150년 후에는 동토의 5대손인 과천 윤정규가 건물을 늘려 확대 개편했다. 종학당은 조선 후기에 들어 최고의 명문사립대학으로 발돋움한 것으로 요즘으로 치면 서울의 연세대나 고려대에 해당한다고 하겠다. 종학당의 교육체제와 그 내용을 살펴보면 다음과 같다(윤정중, 『파평 윤씨 노종오방파의 유서와 전통』).

1 10세 이상의 어린 자제들을 모두 한곳에 모아 스승을 세우고 학문을 강의해 훌륭한 인재로 양성한다.

2 택사장擇師長 : 종인宗人 중에 재주가 있고 학문이 깊은 사람을 스승으로 삼고, 자제 중에 글의 의미를 잘 터득한 자를 장長으로 택하여 자제를 가르치게 한다.

3 서책書冊 : 오경五經과 사서四書를 비롯해 『주자가례』, 『소학』, 『심경』, 『근사록』 등의 책을 비치한다.

4 섬양贍養 : 스승에게 매월 쌀 9말을, 장에게는 쌀 7말을 지급한다. 수학자受學者는 매월 쌀 6말과 소금, 간장, 채소를 바치고 학생의 의복과 급식은 의곡(義穀, 종중 토지에서 수입되는 곡식)에서 유사가 맡아 처리한다.

5 과독課讀 : 10세 이상은 매일 과제로 공부하게 하고 30세 이상은 매달 과제를 주어 학문하게 한다. 독서의 순서는 율곡 선생이 가르치시던 법에 따라 소학을 가르치고 차차 『대학』, 『논어』, 『맹

종학원 내 정수루 과거 학문을 토론하고 시문을 짓던 장소이다.

자』 등으로 나가는 순서를 밟는다. 이단잡류(異端雜類, 유교에서 유
교 외의 모든 학설이나 책에 대해 일컫는 말)는 부정한 책이니 보지
말고 독서할 때 본 과목은 100번에 걸쳐 암송하고 부독본은 30~
40번 암송한다. 책 1권을 외우고 난 뒤 의문점이 없게 된 다음에
다른 책으로 옮긴다. 시험은 매월 초하루와 보름에 실시한다. 학

생은 독서한 책을 들고 이른 아침에 시험을 본다. 또 바른 행실과 가정을 다스리는 일, 재화財貨를 유리하게 운용하는 일, 종회의 예법 등에 대해 토의하는 시간을 갖도록 한다.

6 재의齋儀: 매일 스승과 당장(학장)은 아침 일찍 기상해 의관을 정제하고 자제들을 인솔하여 선조 산소를 향해 2번 절한다.

종학당의 규정이 적혀 있는 종법에는 이처럼 아주 구체적으로 종학당의 운영지침을 마련해 놓고 있다. 종학당은 일반서원이나 서당과는 달리 교육 과정과 목표를 설정하고 철저한 규칙과 규율 속에서 교육이 이루어졌다. 그 때문에 노성의 파평 윤씨 집안 사람들 대부분이 종약의 규율 아래 체계화된 프로그램과 엄격한 규칙에 따라 교육을 받을 수 있었다.

종법에는 또 공부의 근본인 독서에 대해 독서의 의의, 독서의 순서, 독서 방법 등으로 세분화하여 자세하게 강조하고 있다. 독서는 예나 지금이나 공부의 기본이지만 독서에도 방법이 있다. 초등학생이 중학생용 수준의 책을 읽으면 이해하기가 쉽지 않다. 또 초등학생이 처음부터 성인들이 보는 문학작품을 읽는다면 지루해서 책을 이내 손에서 놓고 말 것이다. 따라서 이러한 방법은 자녀들로 하여금 독서에 대한 흥미를 잃게 만든다.

아이에게는 우선 독서에 대한 흥미를 갖게 하는 것이 중요하다. 만화가 그려진 책이나 그림이 많은 책을 골라 우선 큰 의미만을 전달하고 이어 다음 단계로 약간의 설명이 부연된 책으로 넘어간다.

초등학교 2~3학년이 되면 그림보다 글이 많은 책을 읽히고, 고학년이 될수록 내용에 충실한 책으로 옮겨간다. 또한 분야도 점차 세분화시켜 책을 읽게 하는 것이 좋다.

옛날에도 이와 같은 단계를 거쳐 책을 읽었다. 무작정 『논어』를 읽을 수 없고 『주역』을 공부할 수 없기 때문이다. 율곡 이이에 따르면 독서의 순서로는 『소학』을 읽고 다음으로 『대학』-『논어』-『맹자』-『중용』-『시경』-『역경』-『춘추』-『근사록』-『소경』 등의 순서로 하되 시간이 있으면 '사서史書'를 읽어야 한다.

종학당은 현재 명재고택 바로 인근에 있는 논산군 노성면 병사리에 당시의 위용이 그대로 남아 있다. 초·중·고·대학이 들어선 4개의 건물로 구성된 종학당 앞으로는 저수지가 내려다보이고 저수지 건너에는 선영先塋이 있다. 자녀들은 조상에게 매일 문안을 드리면서 가문을 빛내겠다는 의지를 다잡지 않았을까. 동토는 이러한 점을 고려해 선영이 바라보이는 곳에 종학당을 세웠을 것이다.

1564년경 야트막한 니산 아래에 터를 잡은 파평 윤씨 일가가 명문가로 우뚝 서고 또 자녀교육 문화를 주도하게 된 것은 바로 이 종학당에서 이루어진 체계적인 교육에 힘입은 바 컸다고 할 수 있다.

'아침형 인간'을 강조한 종학당의 규칙

종학당은 교칙이 엄격했다. 여기에는 일용(日用, 하루에 할 일), 야매(夜寐, 밤에 잠자는 것), 지신(持身, 몸가짐의 방법), 사물(四勿, 하지 말아야 할 4가지), 독서지서(讀書之序, 독서의 순서), 독서지법(讀書之法, 독서의 방법) 등이 포함되어 있다.

특히 먼동이 트기 전에 일어나야 했다. 종학당에서 무엇보다 강조하는 것은 '아침형 인간'으로, 먼동이 트기 전에 반드시 일어나 부모의 처소에 가서 안부를 여쭤야 한다. 밤에는 늦게까지 공부한 후 잠자리에 들고 밤에 잘 때에는 부모님께 밤새 안녕하시기를 여쭙는다. 요즘 학생들과 마찬가지로 당시에도 아침에 일찍 일어나야 했을 뿐만 아니라 저녁에도 밤늦게까지 공부하고 잠자리에 들어야 했다. 이 가운데 몸가짐의 방법인 아홉 가지 자세에 대한 규칙九容을 살펴보자.

- 보행은 무겁게 걷는 모양으로
- 두 손은 공손한 모양으로
- 바라볼 때는 단정한 모양으로
- 말할 때는 그침을 알아야 하고
- 목소리는 성내지 말고 낮은 소리로
- 머리는 곧게 하여 바른 자세로
- 기상은 단정하고 엄숙하게
- 뜻을 세움에는 덕이 있게
- 기색은 단정하고 씩씩한 모양으로 한다.

또 '공경심을 항상 몸에 지녀야 한다'는 규정을 살펴보면,

- 의관을 바르게 하고

- 단정하게 정돈하고 근신 숙연하며

- 모든 일은 한 번 더 생각하고

- 속이지 말고 게으르지 말아야 한다.

또 몸가짐의 경우 하지 말아야 할 4가지四勿는 아래와 같았다.

- 예의에 어긋나면 보지 말며 非禮勿視

- 예의에 어긋나면 듣지 말며 非禮勿聽

- 예의에 어긋나면 말하지 말며 非禮勿言

- 예의에 어긋나면 움직이지 말 것 非禮勿動

흔히 유럽의 귀족들이나 명문가에서 자녀교육을 언급할 때 언행의 신중함과 절제미를 들고 있다. 우리나라의 명문가에도 명재가의 경우처럼 유럽의 귀족이나 명가보다 더 엄격하고 철저한 규율이 존재했고, 종법이라는 문서로 체계화되어 전승되고 있다. 명재가의 종법과 종학당의 학칙은 400년 동안이나 지속된 명문가의 자녀교육 노하우를 담고 있다. 종학당에서는 매일 이런 자세로 배우고 실천하면 성인이나 현인, 선비의 경지에 도달할 수 있다고 가르쳤다.

"배우는 자의 하루에 할 일은 아침부터 저녁까지 이 4가지 일을 그대로 지나치지 말 것이며, 실천할 경우 아주 성공하면 가히 성인의 경지에 이를 것이며, 다음으로는 가히 현인의 경지에 이를 것이고, 그 다음이라도 말할 나위 없이 청수한 좋은 선비가 될 것이다."

17세기에 경영학을 가르친 실용적인 학풍

종학당은 매우 검소한 가풍을 지니고 있었다. "선비 집안의 법도는 사치하지 않고 근검절약하는 것을 더없는 미덕으로 삼는다." 명재가의 가훈 첫 부분에 나오는 말이다. "옷은 화려하고 사치스러우면 안 되니 몸을 가릴 정도면 되고, 집은 편안하고 크게 하면 안 되니 바람만 가리면 될 뿐"이라며 다음과 같이 검소한 생활을 후손들에게 당부하고 있다.

1 남자는 오십이 되어야 비단옷을 허락하고 부녀자의 상용 의복은 베옷, 무명옷으로 하며 비단옷은 외출할 때만 잠시 갈아입되 고운 비단은 입지 말 것.
2 채소같이 소박한 반찬을 먹되, 담배와 도박을 금한다.
3 제물은 정갈하고 검소하게 하라.
4 선비가 빈둥거리고 노는 버릇은 패가망신하는 병폐이다.
5 공부하는 사람은 아침에 나가 일하고 저녁에 책을 읽도록 하라.

명재는 평생 검소한 생활을 실천하면서 허례허식의 폐단을 고쳤다. "씨만 1,000석"이라는 말을 들을 정도로 당대의 재력가였으면서도 그는 보리밥에 볶은 소금으로 끼니를 해결했다. 하물며 종가에서는 근래까지 생일잔치조차 제대로 하지 않았다고 한다.

명재가는 또한 매우 실용적인 가풍을 지니고 있었다. 종학당의 교육 체계에 따르면 "재화를 유리하게 이용하는 일"에 대해 토론하는 시간을 갖도록 되어 있는데, 지금으로 치자면 이는 곧 경영학에 해당한다. 돈을 관리하는 법을 학교에서 가르쳤다는 사실은 당시 분위기로 보아 상당히 파격적인 일이 아닐 수 없다.

이재理財와 관련해서는 이 집안에 전해 내려오는 유명한 일화가 있다. 명재는 벼슬을 사양했지만 녹봉은 꼬박꼬박 지급되었다. 그러나 명재는 이 또한 거절했고 명재 사후에 그의 후손들에게 그 돈을 받으라고 했지만 후손들 역시 끝까지 사양했다. 곤혹스러운 조정을 대신해 당시 임금이던 숙종이 나서 정 그러면 받지 않아도 된다고 '왕명'을 내림으로써 이 일은 일단락되었다고 한다. 일찍부터 이재理財에 대해 토론수업을 해온 가문다운 해결이 아닐 수 없다. 명재는 또한 양잠하는 것을 금지했는데, 이는 백성들에게 원성을 들으면서까지 재물을 모으지 않겠다는 명재의 이재철학이 반영된 것이다.

명재는 상속에 관해서도 '상속법'을 바탕으로 명확한 입장을 취했다. 후손들이 분란을 일으킬 수 없도록 아에 여지를 없애버린 것이다. 종손에게는 할아버지 대까지 물려받은 재산을 모두 상속 받게 했는데, 다만 아버지 대에 불어난 재산은 그 자식들에게 공평하

명재 고택과 사랑채 전경 특히 사랑채(오른쪽)는 담이 없는 개방형 구조로 한 가족만의
생활 공간을 넘어 마을을 향해 열려 있다. 사랑채의 구조에서 드러나는 명재가의 이러한
자신감은 도덕성을 겸비하지 않으면 불가능한 것이다.

게 분배했다. 즉 조상 대대로 내려오는 재산은 종손에게만 상속하도록 한 것이다. 이런 상속법 덕분에 명재가는 10만여 평에 달하는 부동산을 보유하고 있지만, 아직도 종가 재산을 둘러싼 집안 분쟁이 단 한 차례도 일어난 적이 없다.

명재는 유교사회의 폐단 가운데 하나로 꼽히는 제사의 허례허식을 개선해 제수품의 수도 줄였다. 당연히 제사상도 작은 것(68×99)으로 바꾸었는데, 이런 전통은 아직까지도 이어지고 있다. 예학을 중시하는 당시로서는 파격적인 조치가 아닐 수 없었다. 명재는 집안의 부녀자들이 잦은 제수품 준비로 너무 혹사 당한다며 이를 간소화했다고 한다. 요즘 표현으로 명재는 '페미니스트' 였던 셈이다.

또 하나 특기할 사실은 종학당이 문중의 자녀들뿐만 아니라 인근에 사는 중인의 자제들도 받아들였다는 점이다. 명재는 배움에 신분 차별이 있을 수 없다는 신념을 가지고 있었다. 양반, 상놈을 따지던 철저한 신분제 사회에서 중인들에게 교육의 기회를 제공한 것은 명재가의 개방성을 말해 주는 대표적 사례이다. 명재는 벼슬길에 대해서는 과도할 만큼 철저함을 보였지만 후학들의 교육에 관해서는 과격할 만큼 개방적이었다.

한 지역에서 수백 년 동안 명문가로 자리 잡은 집안에는 '주변 사람들로부터 인심을 얻는다' 는 공통점이 있다. 인심을 얻지 못하면 명문가는 존재할 수 없다. 예나 지금이나 법보다는 인심이 위에 있기 때문이다. 이러한 인심이 드러나는 시기는 평상시보다는 어려움에 처했을 때이다. 전쟁이나 자연재해를 입었을 때 인심을 얻으려면 평소에 베풀어야 한다. 명재 집안은 주변 백성들을 위한 베품의 방안으로 의창義倉을 운영했다. 명재가는 매년 각출하는 200석의 쌀로 수해나 가뭄 때 빈민구휼사업에 나섰던 것이다. 이러한 도덕성이 있었기에 명재는 당시 권력을 장악하고 있던 노론의 영수 송시열에 맞서 소론의 수장으로서 대항할 수 있었다.

또 하나 명재가의 특징은 담장에 있다. 명재종가에는 사랑채의 담장이 없다. 담장이 없기 때문에 외부인이 곧바로 사랑채에 도달할 수 있는 개방적인 구조이다. 이것은 남들 앞에 부끄러울 게 없고 감춰야 할 게 없다는 당당함의 표시가 아니고 무엇이랴. 이러한 당당함이 있었기에 종가 역시 주변의 인심을 얻어 동학혁명 때나 한국전쟁 때 단 한 사람의 인명 피해도 입지 않을 수 있었다.

기업계와 이공계 등 실용 분야로의 대대적인 진출

명재는 종학당에 은둔하면서 평생 후학 양성에 전념했지만 자녀들과 제자들이 과거시험을 보는 것에는 반대하지 않았다. 그래서 자신의 집안에서만 명재의 큰아들 윤행교가 과거에 급제한 것을 비롯해 45명이 과거에 합격하는 기록을 세웠다.

그렇지만 과거에 급제해 벼슬길에 나아가도 "높은 벼슬에 오르지 말고 가능하면 현실정치를 멀리하라"는 명재의 유지를 따랐다. "몇 해 전 6촌형이 논산에서 국회의원 선거에 나갔어요. 당선을 눈앞에 두고 있었는데 그만 교통사고를 당한 거예요. 집안에서는 '정

치에 나서지 말라는 가풍을 어겨 그런 일을 당한 게 아니냐' 는 말들
도 있었죠." 요즘도 명재 집안에는 정치인이 전무하다. 대신 공대출
신이나 기업경영자, 의사 등 실용적인 학문이나 전문분야에 종사하
는 이들이 주류를 차지하고 있다.

명재의 실용적인 가풍을 이어받은 후손 가운데 2명은 굴지의 대
기업 회장으로 당당히 살아가고 있다. 그중 한국야쿠르트의 창업주
인 윤덕병 회장은 명재의 8대손이다. 1969년에 설립된 한국야쿠르
트는 비락과 파스퇴르유업을 인수하는 등 중견그룹으로 성장했다.
또한 그는 파평 윤씨 대종회 회장을 오래 역임하는가 하면 문중에

명재의 12대손 윤완식 씨
(한국효문화원 이사). 고택
옆에 초월당이라는 카페
를 운영하며 고택을 배경
으로 다양한 문화행사를
열고 있다.

대한 재정 지원을 도맡아 해오고 있다. 윤 회장은 전문경영인이 소신대로 회사를 이끌어 나갈 수 있도록 일체 경영에 간섭하지 않은 것으로도 유명한데, 35년 동안 대표이사가 단 3명에 불과할 정도로 전문경영인이 소신 있게 일하는 회사로 키워왔다.

웅진그룹 윤석금 회장도 이 집안 출신이다. 윤 회장은 명재의 둘째 동생 윤발의 후손으로 노서 윤선거의 11대손으로 알려져 있다. 윤 회장은 일찍부터 직장생활에는 관심이 없었다고 한다. 그는 건국대 경제학과를 졸업한 뒤 직장을 구하지 않고 드링크제 대리점을 창업했으며, 이어 직접 제조업에 뛰어들었다가 실패를 맛보기도 했다. 그러다 브리태니커 백과사전 세일즈맨으로 영업력을 발휘해 성공시대를 열었다. 그리고 출판업에 뛰어들어 어린이 책이 크게 히트하면서 국내 최대 규모의 출판사를 일구었다고 한다.

재벌 회장이지만 그는 두 아들에게 돈 개념을 확실하게 심어주는 자녀교육을 실천한 것으로 유명하다. 미국 유학중인 장남은 지금까지도 보내준 돈에 관해서는 1원이라도 그 사용처를 반드시 보고해야 한다. 용돈도 단 한 번 풍족하게 준 적이 없다. 윤 회장은 아이들 엄마가 미국에 갔다 큰아들이 "제일 맛있으면서도 제일 싼 집"이라며 싸구려 식당만 모시고 다녔다는 말을 듣고 뿌듯했다고 할 정도이다.

윤 회장은 기업에서도 인재육성에 대한 철학과 고집으로 유명하다. 인재를 발굴하고 과감한 투자를 아끼지 않으며 '인사 파격'이라고 불릴 만한 사건을 많이 만들어냈다. 인재를 골라내는 윤 회장의 남다른 안목은 30대의 젊은 부장을 계열사 사장에 임명하기도 했다. 이러한 인재경영으로 윤석금 회장은 웅진식품, 웅진코웨이 등의 회사를 잇달아 반석 위에 올려놓으면서 '히트상품 제조기'라는 별명을 얻고 있다. 종학당 학장을 지낸 명재가 인재를 키웠듯이 윤 회장은 기업을 이끌고 갈 사장을 키워내고 있는 것이다.

윤덕병 회장과 윤석금 회장은 언론과 인터뷰를 하지 않는다는 공통점이 있다. 윤덕병 회장은 정부로부터 훈장을 받을 때도 대리인을 참석시킬 정도였다. 마치 명재 윤증이 임금이 불러도 벼슬길에 나아가지 않은 것과 비슷한 경우라 할 수 있겠다.

매년 여름방학이 되면 명재의 후손들은 종학당에 모여 명재의 가르침을 받는다. 대학생 등을 대상으로 한 문중교육의 전통이 수십 년째 해마다 이어지고 있는 셈이다. 매번 400여 명이 교육을 받는데, 400년 전에 자녀교육을 체계화한 가문답게 자녀교육의 지침을 담은 『훈강』이라는 교재도 매년 새롭게 만들고 있다. 검소한 선비정신을 실천하며 '노성 윤씨 주식회사'의 방향을 정립한 윤순거—윤선거—윤증 등 가문 CEO들의 가르침은 아직도 후손들의 정신 속에 깊숙이 남아 마음의 등대가 되고 있는 것이다.

아이들의 '멘토'가 되라

경기도 고양시에서 20여 년째 아이들을 지도해 오고 있는 이미미 씨는 "부모들을 상담해 보면 그들이 원하는 것은 오직 '점수'와 '명문대 진학'에 있다"면서 "사회가 급변하는데도 20년 전이나 지금이나 부모들이 전혀 바뀌지 않아 아이들만 점수의 노예가 되는 것 같아 안타까울 때가 한두 번이 아니다"라고 말한다.

이씨는 학생들의 이야기를 들어주고 고민을 함께 나누다 보면 아이들이 진정으로 원하는 것이 무엇인지를 자연스럽게 알 수 있다고 한다. 그는 아이들을 가르치기 전에 먼저 그들의 고민을 자연스럽게 들어준다. 고민보따리를 풀어 이야기를 한 이후에 수업에 들어가면 그렇지 않을 때보다 집중력이 훨씬 높아지기 때문인데, 상담을 통해 아이들의 속내를 속속들이 알다보면 눈높이에 맞춰 학습지도를 할 수 있다는 것이다. 이미미 씨는 자신이 아이들과 나눈 이야기를 부모들과의 상담을 통해 전달해 주고, 다시 피드백을 받으면서 학습 효과를 끌어올린다고 말한다. 그녀는 자신의 이러한 지도 방법을 자칭 '멘토학습법'이라고 부르는데, 지금도 '멘토학습법'을 통해 아이들 지도에서 탁월한 성과를 만들어내고 있다.

멘토는 트로이전쟁의 영웅인 그리스의 이타카 왕 오딧세우스가 전장에 나가기 전 자신의 친구인 멘토에게 아들 텔레마쿠스를 부탁한 데서 비롯되었다. 멘토는 오딧세우스가 없는 20년 동안 친구의 아들을 훌륭하게 키워냈는데, 그는 선생님처럼 행동하지 않고 동료처럼 혹은 친구처럼 가르쳤다고 한다. 여기에서 멘토는 단순히 학습지도만이 아니라 인생의 스승으로서 상담까지 해주는 지혜로운 스승을 의미하게 되었다.

교육전문가들에 따르면 요즘 부모의 역할을 다음의 3가지 기준에 따라 설명할 수 있다. 미래 비전을 제시하는가, 자녀의 생활습관을 관리하고 있는가, 자녀에 대하여 잘 알고 있는가라는 것이 그 기준이다. 이 3가지 기준을 모두 충족시키는 부모, 즉 미래의 비전을 제시해 주면서 자녀의 적성도 파악하고 생활습관도 관리하는 등의 역할을 제대로 하는 부모를 'CEO형' 부모라고 하여 가장 바람직한 유형으로 꼽고 있다. 그러나 중고생 자녀를 둔 대부분의 학부모들은 이러한 CEO형과는 거리가 먼 것으로 조사되었다. 대부분의 학부모들은 생활 규칙을 지켰는지 안 지켰는지에만 관심을 갖는 '사감형'이거나 사회 변화나 트렌드를 잘 모르기 때문에 일시적으로 유행하는 고액과외 등에 휩쓸릴 위험이 많은 '사교육형'이라고 한다. 심지어 자녀의 성적만 파악하고 있는 '방목형'과 교육에 관한 모든 문제를 자녀에게 일임하는 '남남형' 등도 있다(『현명한 부모는 아이의 10년 후를 설계한다』 중에서).

부모는 아이들에게 인생의 등대나 나침반 같은 '멘토'의 역할을 해야 한다. 부모가 자녀교육에서 멘토의 역할을 제대로 하려면 자녀의 생활습관을 관리하고 자녀의 적성 등을 잘 파악하는 것은 물론 미래 비전까지 제시할 수 있어야 한다. 급변하는 정보화 사회에서는 부모 역시 끊임없이 자기계발을 하지 않고서는 부모 노릇을 제대로 할 수 없다.

부모들도 세상이 어떻게 변하고 있고 미래에는 어떤 직업이 유망할 것인지 등을 스스로 공부해 자녀들의 진로를 코치할 수 있는 수준이 되어야 하는데, 그러기 위해서는 부모 역시 다양한 독서를 통해 시대의 흐름에 뒤지지 않도록 노력해야 한다. 무작정 '공부만 열심히 하라' 는 식의 지도는 더 이상 효과를 발휘할 수 없다. 또한 부모들은 이미미 씨처럼 자녀들의 상담자 역할도 병행해야 한다. 자녀들에게 무작정 공부하기를 강요하기에 앞서 자녀들의 고민이 무엇인지 이야기를 나눈다면 예상 외로 큰 효과를 거둘 수 있다고 생각한다.

앞서 8장에서는 가능하면 해외유학을 보내는 등 가정 밖에서 자녀들이 최상의 교육을 받을 수 있도록 부모들이 힘써야 한다고 강조했다. 그러나 외부에서 최상의 교육을 받는 것 못지않게 가정에서도 아이의 재능과 적성에 맞는 눈높이 교육에 나서야 한다. 그것이 바로 가정교육에서 부모가 자녀의 멘토 역할을 하는 것이라 말할 수 있다.

이는 명문가에 내려오는 가학의 전통을 현대적으로 되살리는 길이기도 하다. 요즘에는 누구나 인정하는 것처럼 학교 교육에만 모든 걸 맡겨놓을 수는 없다. 학교 교육이 입시 위주로 진행되면서 인성교육과 개개인의 능력을 살리는 적성교육에는 소홀할 수밖에 없기 때문이다. 따라서 가정에서 부모가 멘토 역할을 하면서 학교에서 소홀한 인성교육과 적성교육을 보완하며 인생의 조언자가 되어 나침반 역할을 하는 것이 절대적으로 필요한 상황이다.

조선시대 백의정승의 상징인 명재 윤증 가문은 조선 최초로 '가문학교'인 종학원을 세워 자녀들의 교육에 앞장섰다. 이러한 준비와 열성으로 윤증 가문은 47명이나 되는 과거급제자를 배출할 수 있었다. 종학당은 학문과 과거시험 공부만 가르친 게 아니라 수신제가修身齊家의 엄격한 생활교육을 함께 실천했다. 나아가 이재와 재산 관리에 대해서도 토론하면서 자녀들에게 근검의 정신을 가르쳤다. 지금으로 보면 지식교육뿐만 아니라 인성교육과 경제교육까지 했던 셈이다.

명재가의 이러한 자녀교육의 전통은 시대가 바뀐 요즘에도 부모가 자녀의 멘토 역할을 하면서 대물림되고 있다. 어린 시절 명재고택에서 자란 명재의 12대손인 윤여경 씨는 아들과 손녀의 멘토로 나서 진로를 선택하는 데 일조했다. 둘째 아들 호식은 아버지의 권유를 받아들여 서울대 공대에 진학했고, 졸업 후에는 미국 버클리대학에서 공학박사학위를 받아 미국에서 연구원으로 일하고 있다. 또 윤씨는 대원외고를 다니던 손녀(장남 윤춘식 연세대 의대 교수의 딸)가 법대에 진학하려 하자 "의사가 되면 남에게 의지하지 않고 자신의 의술을 펼치면서 살아갈 수 있다"면서 의대에 지원할 것을 권유했다. 윤씨는 손녀가 외국어에 능통해 여기에 의술만 더하면 전 세계 어디를 가더라도 베풀면서 살 수 있다며 의대 진학을 적극 권유했다는 것이다. 윤씨의 조언 덕분에 부자지간(윤여경-윤호식)은 서울대 공대 동문이고, 부녀지간(윤춘식과 그의 딸)은 연세대 의대 동문이 되었다. 인생 경험이 많은 할아버지가 아들과 손녀의 멘토를 자처했고 그 역할을 충실히 해낸 경우라 할 수 있겠다.

명재에서 시작된 실용적인 가풍은 후손들이 기업을 일구고 의사와 엔지니어 등 실용적인 분야로 대거 진출하도록 했다. 명재 윤증 사후 300년이 다 된 지금에도 그는 후손들의 진로에 '보이지 않는 힘'으로 작용하고 있는 것이 아닐까. 어쩌면 대학자이자 스승인 명재가 아직도 후손들에게 '멘토' 역할을 하고 있는 것인지도 모를 일이다.

학교와 학원이 지식 위주의 교육을 한다면 가정에서는 멘토의 입장에서 아이가 어떤 분야에 재능이 있는지를 발견하고 이를 더욱 장려하는 교육을 해야 한다. 사회생활에 필요한 덕목을 가르치는 생활교육도 잊어서는 안 되며, 명재가 400년 전에 그랬듯이 가정에서도 이재교육, 즉 경제교육도 실천해야 한다. 이러한 가정교육의 노하우가 쌓여야만 자녀와 대화가 통하고 나아가 진학 지도뿐만 아니라 직업의 선택에서도 부모가 멘토 역할을 담당할 수 있는 것이다. 평소에 무관심하게 자녀를 대하다가 대학 진학 시기에 이래

라 저래라 하면서 부모의 의견을 강요한다면 이를 그대로 받아들일
자녀는 별로 없다. 자녀교육은 평소에 씨를 뿌린 만큼 거둔다는 점
을 명심해야 한다.

만석의 재물은 사라졌지만 '육훈'과 '육연'은 살아 있다

—300년을 이어온 가훈의 승리

한 세대는 가고 한 세대는 오되 땅은 영원히 있도다.
— 구약성서 전도서 1장 4절

重要無形文化財 第86-ㅑ號
無形文化財
慶州 枝洞法酒
KYO-DONG BUP-JU
製造場 ・ 販賣場

아버지와 아들의 '신뢰'가 만든 10전 11기

300년 동안 모은 전 재산을 대학을 설립하는 데 기부하고 스스로 만석꾼의 지위를 반납한 경주 최부잣집은 21세기를 맞이하면서 명가 재건의 청신호를 울렸다. 마지막 최부잣집 최준 씨의 증손인 최성길 씨가 10전 11기로 역경을 이겨내고 사법고시에 합격해 판사가 됐던 것이다. 이로써 최부잣집의 "진사 이상 벼슬을 하지 말라"는 가훈 제1조는 잠정적으로 '효력 정지' 된 셈이다.

최성길 판사는 1981년 서울대 법대에 입학했지만 판사가 되기까

◀ 경주시 교동에 있는 최부잣집(오른쪽)의 입구 모습. 최부잣집은 '마지막 부자' 최준이 대학을 설립하면서 고택까지 기부해 현재 영남대 재단 소유로 되어 있다. 왼쪽은 최부잣집에서 가양주로 내려오는 교동법주(무형문화재)를 빚는 곳으로 쓰이고 있다. 교동법주는 조선 숙종 때 궁중음식을 관장하던 사옹원司饔院에서 참봉을 지낸 최국선이 처음 빚었다고 한다.

지 우여곡절이 많았다고 한다. 졸업 후 10년 동안이나 꼬박 고시에 매달렸기 때문이다. 아버지는 아버지대로 매일 아침 최부잣집의 수신철학인 '육연六然'을 쓰면서 마음을 가다듬었고, 아들 역시 아침 저녁으로 '육연'을 되새기고 긴 세월을 인내하며 와신상담했다. 결국 아들은 대학 입학 후 거의 20년 만에 판사가 될 수 있었다. 최부 잣집에서 최판사집이 되기까지 부자지간의 끈끈한 신뢰가 없었다면 이것은 불가능했을지도 모른다. 최부잣집 대대로 내려오는 '육연'의 수신철학과 함께 부자지간의 신뢰관계가 성공의 단초가 되었던 셈이다. 이처럼 대대로 내려오는 가훈은 위기 때 큰 힘을 발휘하고 가문과 개인을 다시 일으켜 세우는 원동력이 되기도 한다.

마지막 최부잣집인 최준 씨의 손자로 성길 씨의 부친인 최염 씨는 처음 아들의 법대 진학에 반대했다고 한다.

"법대에 가면 사법고시를 통과해 법조인으로 성공해야 하는데, 그렇게 하면 '진사 이상은 하지 말라'는 가훈을 어기게 될 게 뻔하니까요. 내심으로는 장차 중국이 크게 부흥할 것으로 예상되어 중국어를 전공해 비즈니스를 하길 바랐어요."

그는 아들에게 적극적으로 중국어과나 중어중문학과에 진학하기를 독려했다. 그러나 아버지의 강한 권유에도 불구하고 아들은 부친의 말에 별로 귀를 기울이지 않았다. 주변에서도 그 점수면 충분히 서울대 법대에 들어가고도 남는데, 왜 굳이 비인기학과에 원

최부잣집의 사랑채 터 1970년 화재로 소실되어 주춧돌만 남아 있다. 수많은 사람들이 적선을 입었던 이 사랑방은 손병희, 최남선, 정인보, 안희제, 여운형, 조병옥 등 숱한 명사들이 묵었던 곳이기도 하다. 손님이 많을 때는 큰 사랑채와 작은 사랑채에까지 100명이 넘을 때도 있었다. 경주시는 2007년까지 사랑채를 복원할 계획이다.

서를 넣으려 하느냐며 오히려 아버지를 타박했다고 한다.

결국 아들은 서울대 법대로 기울었다. 이에 최염 씨는 왜 법대에 가려는지 그 이유를 캐물었다. 아버지의 물음에 아들은 고시를 치르지 않고 학문적으로 법학을 공부하겠다고 말했다. 부친은 아들이 서울대 법대에 진학해 사법고시를 통해 판사나 검사, 변호사로 진출하는 다른 학생들처럼 아들의 생각이 달라질 것을 우려했지만 아들의 소망대로 따라주기로 했다.

서울대 법대에 무난히 합격한 아들은 입학한 이후 공부와는 담을 쌓고 지냈다. 당시는 전두환 정권 시절이라 대학가는 데모로 술렁거렸다. 하루는 아들이 집에 들어오지 않아 다음날 수소문해 알아보니 강남경찰서에 잡혀 있었다고 한다. 당시 아들은 3주간의 구류 처분을 받았고 결국 1년간 휴학을 하게 되었다.

최부잣집의 가족들 마지막 최부자인 최준의 손자 최염 씨(왼쪽에서 네 번째)는 10전 11기의 주인공인 최성길 판사(뒷줄 왼쪽 첫번째) 등 2남 1녀를 두었다. 그는 "살아오면서 최부잣집 손자라는 지위가 최고의 재산이었다"고 말한다.

5백년 명문가의
자녀교육

휴학을 한 아들은 술을 마시고 들어오는 날이 더 많았다. 1년이 지난 뒤 복학을 한 뒤에도 공부에는 그다지 뜻이 없는 듯했다. 당시 여느 대학생들처럼 마음을 못 잡고 방황하는 아들을 바라보는 최염 씨의 고민도 덩달아 깊어만 갔다. 4학년이 됐는데도 법학을 학문으로 전공하겠다던 아들은 대학원 진학 준비도 하지 않았다. 그렇다고 사법고시를 준비할 리도 만무했고 그런 낌새도 없어 보였다.

최염 씨는 이때 아들을 믿기로 했다. 아버지가 아들을 믿지 못하면 그 누구도 아들을 믿어주지 않을 거라는 생각에서였다. 옛말에도 "아들을 잘 알기로는 아버지만한 사람은 없다"고 하지 않던가.

"아들이 큰 문제를 일으키지 않으리라 생각했어요. 되도록이면 아들에게 잔소리도 하지 않았습니다. 낌새로 보아 아들은 입학할 때의 결심이 흔들리는 것 같았어요. 동기들이 대부분 사법고시를 준비하기 때문에 마음에 동요를 느끼는 것 같았죠. 그런데 사시를 보자니 구류를 산 게 마음에 걸려 이러지도 저러지도 못하는 것 같더군요."

그러던 중에 한번은 친구인 검찰총장이 집으로 놀러왔다. 최씨 집안의 전통주인 교동법주를 마시면서 최염 씨는 아들의 고민을 이야기했다. 그때 아들이 들어왔다. 친구가 아들에게 대뜸 "준비(사법고시)를 하느냐"고 물었는데 아들은 말이 없었다. 그러자 친구는 아들을 나무라면서 "사법고시를 봐서 1, 2차에 합격했는데 데모에

가담한 것 때문에 불합격되지는 않는다”면서 위안을 주었다. 아들
은 그때 번쩍 눈을 뜨면서 “그렇다면 준비를 한번 해보겠다”고 대
답했다.

이때부터 아들은 긴 방황을 끝내고 사법시험 준비에 돌입했다.
최염 씨도 이왕 법대에 간 이상 사법고시를 보는 것도 괜찮겠다고
마음을 고쳐먹었다. 만석꾼도 아닌 상태에서 이전의 가풍을 지켜야
할 이유도 사라졌기 때문에 아들이 고시에 합격해 판검사가 되는
것도 이제는 가능한 일이라고 생각했다.

공부를 시작하고 얼마 되지 않아 1차시험에 합격했다. 그런데
웬일인지 2차시험에는 계속 떨어졌다. 그것도 총점에서 딱 1~2점
이 모자랐다. 한두 번이 아니었다. 그런 식으로 한두 해가 지나자
부친도 조바심이 났다. 무엇보다 아들의 장래가 걱정된 아버지가
아들을 불렀다.

“실패했다고 창피하게 생각할 필요는 없다. 그리고 ‘육연’의 구절
처럼 실패했을 때 태연함을 유지해야 한다. 그게 정신수양이며 자
신을 이기는 길이다. 오히려 실패한 경험을 살린다면 그게 더 값진
인생 공부가 되는 것이다. 5년, 10년 늦었다고 그게 대수냐. 다시
시작해도 늦지 않다. 고시를 접고 새출발해도 괜찮다. 한번 생각해
보아라.”

아들은 이미 결혼한 상태라 며느리도 마음고생이 이만저만이 아

경주 교동 최부잣집의 안채 모습 최부잣집의 후손들은 이제 이곳에서 살지 않지만
'존경 받는 부자'로서의 명성은 여전히 남아 있다. 자녀를 존경 받는 부자로 키우고 싶다면
꼭 한 번 이곳을 방문해 그 정신을 배워야 하지 않을까.

니었다. 아들딸 두 아이를 둔 최성길 씨는 그러나 "끝까지 해보겠다"고 다시 한 번 결심했다. 드디어 그는 10전 11기로 시험에 합격했다. 세간에 회자되는 말처럼 그야말로 '최고집'이 이뤄낸 인간 승리였던 셈이다. 2001년에 그는 서울지법판사로 임용됐다. "최진사 댁 경사났네!"라는 노랫말처럼 경주 최부잣집은 수십 년만에 처음으로 잔치를 벌였다고 한다.

"계획이 실현되지 않았을 때는 그 좌절감이 평생을 가는데, 다행히도 아들이 고생은 무척 했지만 자신의 꿈을 이뤄 참 대견스럽습니다. 앞으로 살아가는 데 좋은 경험이 될 겁니다."

그는 아들에게 "진사 이상의 벼슬은 절대 하지 말라"는 가훈에 얽매이지 말고 법복을 입을 수 있는 데까지 알아서 복무하라는 '지침'을 내려주었다. 사실상 가훈의 '해금'인 셈이다. 그는 "세상이 변한 만큼 구태의연한 부분은 고치고 현대적인 기풍에 맞춰 생활하는 게 삶을 충실하게 살아 나가는 것"이라고 말했다.

"사람들은 '경주 최부잣집' 할아버지의 손자라면 누구든 신뢰를 주었고 가문에 존경심을 표했어요. 제 후손에게도 '최부잣집' 손자라는 말이 영광스럽게 기억될 수 있도록 힘을 쏟겠습니다. 비록 '진사 이상의 벼슬을 하지 말라'는 선대의 지침을 불가피하게 지키지 못했지만 집안에 유유히 이어져오고 있는 가진 자로서의 도덕적 의무나 수신修身의 지침은 마음속 깊이 간직해 대대로 전하도록 하겠습니다."

10전 11기는 최부잣집 아버지와 아들의 합작품이다. 아버지는 아들을 믿었고, 아들은 자신의 꿈을 이루고 가문을 재건하기 위해 10여 년을 인고하며 자신을 일으켜 세울 수 있었던 것이다. 교육 전문가들은 부모와 자녀 간의 신뢰관계가 성공의 원동력이라고 강조한다. 최부잣집 역시 그런 경우에 해당한다고 할 수 있을 것이다.

역사에 귀감이 된 존경 받는 부자의 길

역사상 재물로 사회를 환하게 밝힌 대표적인 가문을 꼽으라면 이탈리아 르네상스의 황금기를 연 금융재벌 메디치 가를 들 수 있다. 메디치 가는 은행업으로 모은 천문학적인 재물을 수많은 예술가들을 후원하는 데 사용함으로써 문화의 황금기를 이끌어냈다. 지금도 피렌체에는 메디치 가가 일군 찬란한 예술품을 전시한 우피치박물관 등이 수많은 방문객들을 맞이하고 있다. 메디치 가는 마지막 사라져가는 순간까지도 모든 소장품과 유물을 피렌체에 헌납하면서 이 도시를 사랑했다. 그리고 "자신들의 유물 하나라도 피렌체를 절대 벗어나게 하지 말아달라"고 당부했다.

이탈리아의 고도古都 피렌체에 메디치 가가 있다면 한국의 고도 경주에는 최부잣집이 있다. 피렌체에서 마지막 가문의 영광을 드러내고 있던 1700년대 초반, 우리나라에는 경주 최부잣집이 곤궁한 사람들의 삶을 어루만지는 상류층의 본보기가 되고 있었다. 이러한 선행은 인구에 회자되기 시작하더니 이내 조선 팔도 전역으로 퍼져 나가 최부잣집을 모르는 이들이 없을 정도였다. 재력으로 비교한다면 최부잣집이 메디치 가에 필적하지는 못하지만 그 쓰임새를 따진 다면 결코 메디치 가에 뒤지지 않는다고 할 것이다.

최부짓집과 메디치 가의 차이를 살펴보면, 메디치 가는 권력의 중심에서 귀족을 견제하고 평민의 권익옹호에 앞장섰다면, 최부잣 집은 권력과는 일정하게 거리를 두면서 자신이 할 수 있는 재력 내에서 가난한 자를 위한 도덕적인 의무를 다했다는 데 있다. 최부잣 집은 신분제 질서 하에서도 가진 자와 가난한 자들이 더불어 살아가는 상생相生의 철학을 실천했던 셈이다.

경주 최부잣집은 최치원의 17대손인 최진립(1568~1636)과 아들 최동량, 손자 최국선에 이르러 재물이 쌓이면서 '진사 이상 벼슬 금지' 등과 같은 가훈을 실천해 28대손인 최준(1884~1970)에 이르기까지 12대에 걸치는 300년간 존경 받는 부자로 명성을 누렸다. 특히 경주 최부잣집에 주목하는 이유는 이들이 쌓은 부富의 쓰임새와 부자로서의 도덕성에 있다. 아직도 한국사회에서 부자에 대한 사회적 인식이 그다지 좋지 않은 점에 비춰보면 경주 최부잣집은 부자도 재물을 어떻게 사용하느냐에 따라 얼마든지 존경의 대상이 될 수 있음을 보여주기에 충분하다.

그런데 3대 부자가 없다는 말을 비웃기라도 하듯 최부잣집이 300년 동안 만석꾼으로 살아온 비결이 무엇이며, 더욱이 전 재산을 대학 설립에 쏟아 붓고 만석꾼의 지위를 스스로 포기한 까닭은 무엇일까, 또 어떻게 자손에게 유산 한 푼 남겨주지 않고 그런 결단을 내릴 수 있었을까 하는 의문을 품지 않을 수 없다. 그 해답은 300년 동안 내려온 최부잣집의 자녀교육에서 찾을 수 있었다. 300년 동안이나 만석꾼 집안을 유지할 수 있었던 비결도 자녀교육에 있었고, 만석꾼의 지위를 스스로 포기한 것도 따지고 보면 자녀교육에서 비롯된 것이다.

최부잣집은 벼슬길에 나아가지는 않았지만 9대에 걸쳐 진사 집안을 유지했다. 진사는 과거시험의 1차 관문을 통과한 사람에게 주어지는 것으로 일종의 양반자격증을 획득한 것과 같다. 부자라고 해서 공부를 결코 게을리 하지 않았는데, 재물을 지키기 위해서는 재물을 가진 자에 걸맞은 도덕적 소양과 자질을 지녀야 함을 알고 철저한 자녀교육을 실천했던 것이다. 재물이 많으면 자만하기 쉽고 자만하면 재물의 소중함을 망각하기 마련이다.

중국 수조우蘇州에 있는 졸정원의 사례에서 보듯 아버지가 죽자마자 도박으로 창경궁만한 대저택을 날릴 수도 있다. 중국 수조우에 가면 한국인들의 필수 관광코스가 되어 있는 '졸정원拙政園'이라는 대정원이 있다. 예술적 조형미가 빼어난 중국 4대 명원의 하나로 꼽히는 이곳의 총 면적은 5만 평방미터에 달해 유럽의 성에 버금가는 규모이다. 졸정원은 명나라 어사였던 왕헌신이 낙향해서 지은 것으

로, 그에게는 아들이 하나 있었는데 공부는 하지 않고 주색잡기를
밥 먹듯 했다. 왕헌신이 죽자 그나마 훈계하던 아버지가 없어진 아
들은 매일 도박과 음주를 일삼았고, 마침내 도박판에서 졸정원마저
날리고 알거지가 되고 말았다. 당시 졸정원은 완공도 되지 않은 상
태였다고 한다.

세계 최고 갑부였던 철강왕 앤드류 카네기는 "부의 축적은 가장
저급한 우상 숭배에 불과하다. 인간에게는 숭고한 우상이 있어야
한다"고 말했다. 카네기는 더 가치 있는 인생 목표, 즉 소외된 자들
을 돕거나 사회의 인프라를 확충하기 위한 기부 등으로 인생 목표
를 잡아야 한다고 강조한다. 카네기는 미국 기부 문화의 초석을 다
지면서 '존경 받는 부자 문화'를 만드는 데 앞장섰던 인물이다.

최부잣집은 300년 동안 실천해 온 부자로서의 '사회적 역할'을
시대의 변화에 맞게 새롭게 변화시켰다. 그것이 바로 '교육사업'이
었다. 신분제 사회에서 민주주의 사회가 도래했고 사람들은 저마다
자신의 소질을 개발하고 발휘하는 시대가 온 것이다. 그래서 최부
자는 마지막으로 사회에 기여할 수 있는 길로 대학 설립을 결정했
다고 한다. 1949년의 토지개혁이 여기에 고삐를 당겨주었다. 내친
김에 최부잣집은 모든 이들이 골고루 자신의 능력을 기를 수 있는
학문의 전당을 만들기로 했다. 최염 씨는 이렇게 말한다.

"할아버지는 재물을 유지하는 것보다 골고루 나눠 모든 사람들이

5백년 명문가의
자녀교육

중국 수조우에 있는 졸정원 명나라 어사 왕헌신이 낙향해 지었으나 그의 아들이 채 완공도 되기 전에 도박판에서 날려버렸다. 자녀교육을 제대로 하지 않으면 아무리 많은 재물도 사상누각임을 일깨워주는 일화이다.

혜택을 받을 수 있는 길을 찾았습니다. 그게 자신이 해야 할 마지막 소명이라고 여기신 것 같아요. 재산을 뜻있는 길에 쓰지 않으면 자신의 인생뿐 아니라 300년 동안 이어져온 조상들의 정신마저 헛되게 할지도 모른다고 말씀하셨습니다.”

12대 부자의 마지막 인물인 최준은 300년 된 대저택과 논밭 24만 평, 860만원의 거금을 내놓으며 대구대학과 계림대학(현 영남대)을 설립했다. 일제 치하에서는 백산상회를 설립해 상해임정 등의 독립운동단체에 자금을 지원했던 경주 최부잣집은 해방 후에는 대한민국의 인재 양성을 위한 토대를 닦는 데 마지막 남은 재산을 기부하고 역사 속으로 조용히 사라져갔다. 12대 만석꾼, 9대 진사를 배출한 최부잣집은 이처럼 마지막까지도 가진 자로서의 책임을 철저히 실천했던 셈이다.

최부잣집은 300년 만석꾼에서 빈털터리로 돌아갔다. 실제로 손자인 최염 씨에게는 유산 한 푼 없었다고 한다. 할아버지가 남긴 유산은 최부잣집이 300년간 뿌려놓은 적선積善의 정신뿐이었다. 최염 씨는 “유산 한 푼 없이 세상에 나왔지만 ‘최부잣집 장손’이라면 누구든지 선뜻 도와주기를 주저하지 않아요. 그게 재산보다 더 소중하고 값진 유산임을 절감하고 있어요”라고 말했다. 후손들에게 남은 재산이라고는 ‘최부잣집의 후손’이라는 명예뿐이지만, 이는 후손들에게는 그 무엇과도 바꿀 수 없는 자산이 되고 있다.

경주 최부잣집의 제가철학, '육훈'

이제 최부잣집이 300년 동안 존경 받는 부자로 살아갈 수 있었던 원동력에 대해 살펴보자. 아마도 대대로 공유하는 철학이 없었다면 결코 12대를 이어올 수 없었을 것이다. 또한 공유하는 철학이 있다 해도 철저한 교육이 뒷받침되지 않으면 그 명맥을 이어오지 못했을 터이다. 집안을 다스리는 제가의 가훈인 '육훈六訓'과 자신의 몸을 닦는 수신의 가훈인 '육연六然' 속에 그 비밀이 숨어 있다. 14대 종손인 최염 씨는 지금도 매일 아침마다 대대로 내려오는 '육훈'과 '육연'의 계명을 마음속으로 되새기면서 조상들이 뿌려놓은 고귀한 정신을 되새겨본다고 한다.

첫째, 과거를 보되 진사 이상의 벼슬은 하지 말라.

부富는 명문가의 필수 조건이다. 부의 단계를 거치지 않고 곧바로 명문가로 부상한 가문은 흔치 않다. 부를 축적한 후에는 대부분 명예나 권력을 뒤쫓는 패턴으로 명가가 진화해 나간다. 이때 명가는 자칫 위기에 처할 수 있다. 명예와 권력은 함께 가질 수 없다는 것을 역사가 보여주고 있기 때문이다. 명예를 택하려면 권력의 욕망은 포기하고, 권력을 택하려거든 명예를 포기해야 한다. 부와 권력과 명예를 동시에 거머쥐려다 모든 것을 잃는 경우가 역사 속에서는 허다하다. 이러한 예를 거울로 삼았던지 경주 최부잣집은 돈은 벌되 권력은 처음부터 아예 포기했다. 최부잣집은 권력을 철저하게 멀리하면서 존경 받는 부자의 길을 선택했고, 결국에는 부와

최부잣집의 창고 흉년이 들면 굶주리는 사람들을 돕기 위해 800석이 들어간다는 이 창고의
문이 열렸다. 최부자는 매년 1,000석이나 되는 곡식을 가난한 사람들을 위해 썼다.

명예를 얻었다. 부를 손에 쥔 채 명예도 얻기란 결코 쉬운 일이 아니다. 요즘 일부 재벌가를 보면 이러한 사실을 쉽게 이해할 수 있을 것이다.

둘째, 만 석 이상의 재산은 사회에 환원하라.

명문가의 조건 가운데 중요한 것이 가난한 사람들에 대한 배려라고 할 수 있다. 높은 지위에 오르고 부와 명예를 가졌으면서도 가난하고 소외된 자를 위해 아무 일도 하지 않는다면 결코 사회적으로 존경 받을 수 없다. 직물업과 금융업으로 부흥한 이탈리아의 피렌체에는 노블레스 오블리제의 전통이 있었는데, '어떻게 돈을 벌었느냐'와 '재산을 교회 건립 등에 얼마나 기부했느냐'가 명문가의 중요한 기준이 되었다. 벼락부자나 졸부 또는 가난한 사람을 착취해 추악하게 돈을 번 경우는 결코 명문가로 인정해 주지 않았기 때문이다.

동서고금을 막론하고 '졸부'와 '존경 받는 부자'의 차이는 이웃들과 더불어 살아가는 자세를 갖고 있느냐에 달려 있다. 자신과 자신의 가족만을 생각한다면 아무리 재력을 갖춰도 사회적으로 존경 받지 못할 것이다.

최부잣집은 1년 소작료 수입이 1만 석을 넘지 않았다. 또 수확량이 많을 때에는 소작료를 할인해 주었다. 예컨대 다른 부잣집들이 소작료로 수확량의 5할을 받았다면 최부자는 4할로 낮춰 받는 식이었다. 논을 더 샀더라도 재산이 1만 석을 넘지 않으려면 소작료를 낮춰 받을 수밖에 없었다. 소작인들은 최부잣집의 논이 늘어나면 그만큼 소작료가 떨어지기 때문에 최부잣집이 땅을 사면 배 아파하기는커녕 자기 일처럼 기뻐했다고 한다.

셋째, 흉년기에는 땅을 사지 말라.

부자들은 대부분 재산을 더 악착같이 모으려고 한다. 그래서 있는 사람이 더 독하다는 말도 있지 않은가. 그러나 최부잣집은 최대보다는 차대次代 또는 차선을 택함으로써 장기적인 안목에서 부의 극대화와 안정을 도모했다. 재물이 넘치면 결국에는 시기와 질시를 받기 마련이고, 이는 장기적으로는 불안정을 초래할 수 있기 때문이다.

정주영 별장을 모씨가 헐값으로 사들여 한때 논란이 된 적이 있다. 현대아산의 경영난으로 결국 스스로 목숨을 끊은 정몽헌 회장이 죽기 전에 급하게 내놓은 별장을 시세보다 싼 33억 원에 매입한 사건이었다. 정몽헌 씨는 후계 승계 과정에서 틈이 벌어져 형제들과 상의할 처지가 아니었다. 정씨 집안에서는 뒤늦게 아산 정주영 회장의 체취가 담긴 별장이 팔렸다는 소식을 듣고 아연실색했다고 한다. 경기도 남양주시 조안리에 있는 이 별장은 3만여 평에 빼어난 주변경관으로 유명하다. 이 경우 모씨가 비난을 받은 것은 바로 도덕성의 문제였는데, 재벌가가 위기에 처하자 이를 헐값으로 재빠르게 사들였기 때문이다.

조선시대에는 흉년이 들면 수천 명씩 굶어죽었다고 한다. 가난

5백년 명문가의
자녀교육

한 사람들은 당장 굶어죽지 않기 위해 갖고 있는 논과 밭을 그야말로 헐값으로 내다팔 수밖에 없었다. 하지만 최부잣집은 이런 논밭은 사들이지 않았다. 최부잣집은 다른 사람이 위기에 처했을 때 이를 이용해 잇속을 챙기지 않았다. 가진 사람이 취할 도리가 아니라고 생각했기 때문이다. 최부잣집이 300년 동안 부를 이어온 배경은 다름 아닌 절제와 남에 대한 배려였다.

넷째, 과객過客을 후하게 대접하라.

엄밀하게 말하자면 나누는 것은 베푸는 것이 아니다. 원래 내 것은 아무것도 없다. 인도에서는 거지들이 적선을 받아도 고맙다는 말을 하지 않는다고 한다. 태어날 때부터 가진 자는 존재하지 않으며, 모든 것은 세상으로부터 받은 혜택이다. 따라서 세상으로부터 받은 온갖 혜택을 되돌려주는 것이 나눔이다. 최부잣집은 매년 1,000석의 쌀을 과객들의 대접에 사용했다. 그래서 사랑채에는 하루에 많게는 100명이 묵었을 정도였다. 사랑채에는 별도의 뒤주를 마련해 누구든지 쌀을 가져가 노자로 사용할 수 있도록 배려했다.

과객은 단순히 지나가는 나그네가 아니다. 조선시대 양반들의 사랑방을 찾은 과객의 신분은 학덕 높은 선비, 풍류객, 협객, 잔반 등이다. 이들은 세상 소식에 밝은 일종의 정보전달자로, 경주에 사는 최부잣집에게 세상 돌아가는 정세를 파악할 수 있게 해주는 중요한 정보 창구의 역할을 했던 셈이다. 또한 과객은 최부잣집의 존재를 세상에 알려주는 자발적인 홍보맨 역할도 했다. 이들은 각 지방을 다니면서 최부잣집의 후한 인심과 높은 학덕을 널리 알렸고, 그 때문에 팔도 전역에 최부잣집의 인심이 전해지게 된 것이다. 이러한 문화가 동서고금 그 어디에서 꽃피운 적이 있을까.

다섯째, 주변 100리 안에 굶어 죽는 사람이 없게 하라.

현종 때인 1671년 삼남지방에 큰 흉년이 들어 굶어 죽는 사람이 속출하자 최부잣집은 과감히 곳간을 헐었다. 집 앞 마당에 큰 솥을 걸고 굶주린 사람을 위해 연일 죽을 끓이도록 했는데, 지금도 죽을 쑤어 나눠주던 자리가 '활인당'이라는 이름으로 남아 있다. 이때 생긴 가훈이 '사방 100리 안에 굶어 죽는 사람이 없게 하라'이다.

부자가 존경 받기란 참으로 어려운 모양이다. "낙타가 바늘구멍을 통과하는 것이 부자가 하늘나라에 들어가는 것보다 쉽다"는 속담은 이를 두고 한 말이다. 그래서 최부잣집은 어쩌면 극히 예외적인 가문에 속한다.

사람들은 조상이 큰 부자로 이름을 떨쳤다고 해서 그 집안을 명문가로 대우하지 않는다. 마찬가지로 권력과 세도가 일세를 풍미한다고 해서 그 집안을 명문가라고 인정하지 않는다. 부귀영화와 권력을 누렸어도 대대로 이어지는 가법家法을 세우지 못했다면, 그리고 대를 이어 충실히 이것을 지켜오지 않았다면 명문가로 대접 받기 힘들다.

여섯째, 시집 온 며느리들은 3년간 무명옷을 입어라.

이는 살림을 맡아야 하는 며느리에게 근검절약하는 습관이 몸에 배도록 하기 위해서이다. 최부잣집이 300여 년 지속될 수 있었던 것은 정당하게 부를 축적하고 그 부를 사회에 환원함으로써 사회적 책임을 다했기 때문이다. 그러나 더 근본적인 이유는 다른 사람에게는 후하고 자신에게는 엄격한 처세라고 할 수 있다. 최부잣집은 보릿고개가 시작되면 쌀밥을 먹지 않고 은수저를 사용하지 않았다. 과객들에게 노자로 양식을 제공하고 소작인들에게 소작료를 적게 받으면서도 정작 만석꾼 부자였던 그들은 엄격한 도덕률 속에서 살았다.

요즘 부자들 가운데 명품 브랜드의 옷을 갖고 있지 않은 사람은 거의 없을 것이다. 무명옷은 지금으로 보면 '시장 브랜드'라고 할 수 있다. 반면 비단옷은 버버리에 버금가는 '명품 브랜드'에 해당한다. 이렇게 보자면 경주 최부잣집은 '젊은 재벌부인'에게 3년 동안 오직 무명옷만을 입게 했던 셈이다. 오늘날 재벌부인에게 동대문 상표 같은 시장 브랜드만 입으라고 한다면 어떤 반응을 보일까? 이러한 엄격한 가훈의 실천이 있었기에 최부잣집은 300년 동안 부를 유지할 수 있었고 조선팔도에까지 그 명성이 뻗어 나갈 수 있었던 것이다.

경주 최부잣집의 수신철학, '육연'

경주 최부잣집이 그렇게 담대하게 전 재산을 내놓고 빈손으로 돌아갈 수 있었던 배경에는 '육훈六訓'이라는 제가철학과 함께 '육연六

然’이라는 수신철학이 있었다. 300년 동안 대대로 이어져오면서 마음을 갈고 닦지 않았다면 재물을 그토록 미련 없이 처분할 수 있었을까. 메디치 가가 200여 년간이나 존속하는 데 법전과 같은 역할을 한 것이 있다면 "사람들의 시선을 늘 멀리하라"는 가훈이었다. 또 1513년 마키아벨리가 군왕의 국가경영철학을 담아 메디치 가에 헌정한 『군주론』도 가문의 수신제가의 지침서 역할을 했다.

최부잣집에는 메디치 가의 『군주론』처럼 상황에 따른 수신 및 처신 방법을 제시하는 육연六然이 있다. 최씨 집안에서 종손은 매일 아침 부모님께 문안을 드릴 때 '육연'을 붓글씨로 적으면서 되새겼다고 한다. 육연은 명나라 말기의 학자 육상객陸湘客의 글로, 우리나라에는 최부잣집의 수신 가훈으로 더 알려져 있다. 최부잣집의 자녀들은 어릴 때부터 육연을 통해 군자다운 행동을 하도록 철저하게 정신교육을 받았던 셈이다. 수신교육은 이처럼 동서양의 귀족이나 명문가에서 필수적인 덕목이었다.

육연 분당의 최부잣집에 걸려 있는 수신의 가훈.
면암 최익현의 현손으로 독립기념관장을 지낸 최창규 전 서울대 교수의 글씨이다.

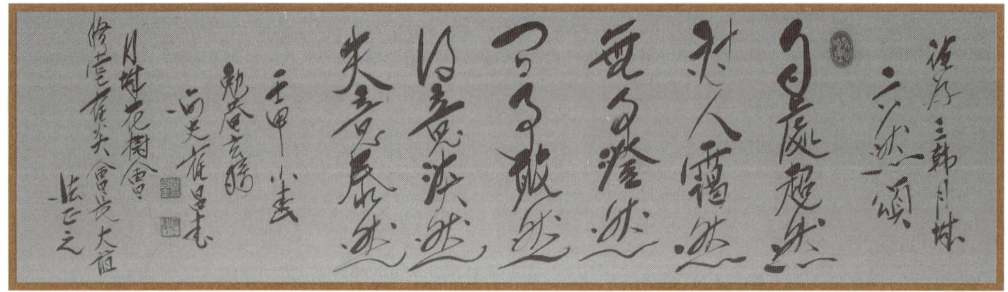

5백년 명문가의
자녀교육

육연六然이란 자기 집착에서 벗어나 자기에게 초연하고自處超然, 남에게는 언제나 부드럽고 온화하게 대하며對人靄然, 일이 없을 때에는 마음을 맑게 가지고無事澄然, 일을 당해도 겁내지 말고 용감하게 대처하며有事敢然, 성공했을 때에는 오히려 담담하게 행동하고得意淡然, 실의에 빠졌을 때는 오히려 태연하게 행동하라失意泰然는 것이다.

최부잣집의 '육연'은 희로애락이 중첩되는 인생의 길에서 흔들림 없이 처신할 것을 강조하고 있다. 험난한 세상을 살다보면 때로는 자신을 보호하기 위해 위장전술을 펴야 할 때가 있다. 최부잣집은 이런 위기 상황이 닥치더라도 감정을 드러내지 말고 담대하게 자신의 길을 갈 것을 주문하고 있는 것이다. 사람이란 실의에 빠졌을 때 슬픔과 고뇌의 표정을 짓기 마련인데 애써 태연하게 행동하는 것은 결코 쉬운 일이 아니다. 그러나 수없이 육연을 반복해 수련하다 보면 그 정신이 마음에 깃들게 되고, 또한 자연스럽게 행동으로 나타날 수 있다. 이러한 수신의 자세만 가다듬는다면 어떤 위기의 순간에도 의연하고 당당하게 대처할 수 있지 않을까.

경주 교촌의 최부잣집은 마지막 최부자인 최준이 고택을 포함해 전 재산을 대구대학교(현 영남대) 설립에 헌납함으로써 만석꾼의 지위를 스스로 포기했다. 최씨 집안의 부는 철저하게 가진 자로서의 책임을 다하며 대단원의 막을 내린 것이다. 세계 최고의 대부호인 록펠러는 시카고 대학을 비롯해 12개의 종합대학과 12개의 단과대학 및 연구소를 지어 사회에 기증했으며 4,928개의 교회를 건축했다. 또 '존경 받는 부자'의 효시인 강철왕 앤드류 카네기는 1911년 카네기재단을 설립한 이후 자선사업에 쏟아 부은 돈이 자그마치 5억 달러에 이르고 그가 지어 사회에 헌납한 도서관만 2,500여 곳에 달한다.

최부잣집이 물론 규모 면에서 세계적인 대부호인 록펠러 가나 카네기 가에는 미치지 못한다 하더라도 도덕적인 측면에서는 오히려 능가한다고 할 만하다. 록펠러 가의 후손은 되레 선조들의 업적에 자긍심을 가지지 못하는 등 고통을 받기도 했기 때문이다.

마키아벨리는 『군주론』에서 "운명의 풍향과 변모하는 상황이 그를 제약함에 따라서 자신의 행동을 거기에 맞춰 자유자재로 바꿀 태세가 되어 있어야 한다. 자신의 행동을 시대에 잘 적응시키는 사람은 행운을 누린다"는 조언을 하고 있다. 마키아벨리가 메디치 가에 올린 조언은 시공간을 뛰어넘어 지금, 우리에게도 그대로 통하는 경구가 아닐 수 없다.

명문가는 수백 년 동안 그 지위를 누린다 하더라도 도약과 정체를 반복하면서 때로는 흥하고, 때로는 추락하기도 한다. 어떤 명문가일지라도 영원할 수는 없고 시대에 따라 다른 모습으로 얼굴을 드러낼 수밖에 없다. 300여 년의 부를 정리한 경주 최부잣집은 지금, 다시 육연을 쓰면서 다가올 300년을 내다보며 종가 재건에 나서고 있다.

원칙을 정하고 끝까지 실천하라

여섯 가지로 이루어진 가훈과 '육연'이 경주 최부잣집을 300년 동안 '존경 받는 부자'로 만들었다. 모든 원칙이 그렇듯 지켜지지 않거나 실천하지 않는다면 무용지물이나 다름없다. 오히려 없는 것보다도 못할 것이다. 반면 한번 그 원칙이 지켜지고 관례로 자리 잡는다면 그것은 세상을 구하는 엄청난 힘이 될 수 있다. 어쩌면 명문가는 이러한 작은 원칙의 실천에서 시작한다고 볼 수 있다. 작은 실천이 하나둘 쌓이고 그것이 대를 이어 전승된다면 그것이 바로 명문가로 가는 지름길이라고 해도 지나친 말이 아닐 것이다.

지금까지 살펴본 것처럼 이 책에 소개된 명문가들은 각기 나름대로 가훈이나 원칙, 전통을 가지고 있다. 전통이 없다면 명문가를 수백 년 동안 유지해 오기 힘들다. 전통은 특히 위기 때마다 이를 극복하게 하는 '보이지 않는 힘'으로 작용한다. 원칙과 신념이 없다면 험한 세상에서 눈앞의 이익이나 불의와 타협하기 쉽기 때문이다.

경주 최부잣집은 흔히 메디치 가와 비교된다. 이 두 가문은 막대한 재력을 기반으로 존경 받는 부자의 위치에 오른 공통점을 지니고 있다. 메디치 가에는 "대중의 시선을 멀리하라"는 엄격한 가훈이 존재했다. 지나친 부자는 대중으로부터 질시와 시기, 중상모략의 대상이 되기 쉽다. 그래서 메디치 가는 존경 받는 부자에 오르기 전까지 철저하게 몸을 낮췄다. 자신의 목소리를 내고 싶을 때도 참았다. 그러면서 문화후원자로서의 입지를 점차 굳혀 나갔고 마침내 피렌체의 꽃이 될 수 있었던 것이다.

경주 최부잣집도 처음에는 제법 땅이 많은 부자였을 것이다. 그래서 인심을 얻는 한편 토지는 점점 불어났을 것으로 보인다. 사람의 욕심은 인류 역사상 변함이 없다. 재물을 가지면 권력과 명성을 얻고 싶은 게 인지상정이다. 메디치 가는 처음에는 대중의 시선을 멀리하는 등 극도로 몸을 사렸지만 일단 권력을 얻자 그것을 유지하기 위해 때로 비정해져야 했다. 이때 메디치 가의 아쉬움을 달래준 것이 바로 마키아벨리의 『군주론』이다. 『군주론』은 신생 군주라고 할 수 있는 메디치 가가 어떻게 권력을 유지할 수 있었는지에 대해 그 비법을 담고 있는 책이다.

그런데 경주 최부잣집은 달랐다. 벼슬을 하면 권력에 맛을 들이게 되고, 결국 조선시대의 당쟁에서 볼 수 있듯이 여기에 휘말려 삼족(본가, 처가, 외가)이 화를 입는 일이 비일비재했다. 이러한 권력의 비정한 속성을 간파한 최부잣집은 돈은 벌되 권력은 처음부터 포기하고 대신 '존경 받는 부자'라는 명예를 택했다. 돈과 명예가 조화를 이루기가 결코 쉬운 일이 아니지만 최부잣집은 엄격한 가훈과 수신철학으로 이를 가능하게 했다. 피렌체의 존경 받는 부자 메디치 가와 근본적으로 다른 최부잣집의 가훈인 '육훈'과 수신철학인 '육연'은 바로 이러한 배경에서 생겨났다.

최부잣집의 토지가 불어나자 가훈은 더욱 엄격하게 지켜야 할 원칙이 되었을 것이다. 특히 가훈 가운데 "재산을 만 석 이상 모으지 말라"는 원칙만큼 겸손한 덕목이 있을까. 이 원칙을 적용할 경우 최부자가 논을 더 사더라도 재산이 1만 석을 넘지 않으려면 결국 소작료를 낮춰 받을 수밖에 없는 것이다. 소작인들은 최부잣집의 논이 늘어나면 그만큼 소작료가 떨어지기 때문에 최부자가 땅을 사면 자기 일처럼 기뻐했을 게 분명하다. '과연 이 땅에서 이런 일이 일어났을까' 싶을 정도로 믿기 어려운 아름다운 이야기가 아닐 수 없다.

최부잣집은 12대에 걸쳐 가훈과 육연을 실천하면서 존경 받는 부자의 본보기를 보여왔다. 인류 역사상 수많은 부자가 명멸해 갔지만 최부잣집만큼 훌륭한 부자의 사례는 결코 흔치 않다. 이제 최부잣집의 만 석의 재물은 사라졌지만 그들이 남긴 '육훈'과 '육연'의 철학은 여전히 사람들 마음속에 살아 있다.

명문가는 하루아침에 이루어지지 않는다. 한 사람의 재능만으로 명문가를 탄생시키기란 불가능하며, 몇 대를 거쳐 정신과 철학이 이어져 가풍으로 자리 잡을 때야 가능한 일이다. 명문가에 대해 말할 때 미국에서는 에드워드 가문이 고전으로 회자된다. 한 언론사가 뉴저지대학(현 프린스턴대학)의 총장을 지낸 조나단 에드워드 가문과 같은 지역에 살고 있는 맥스주크 가문을 비교, 조사한 적이 있었다. 에드워드는 12세 때 예일대에 입학해 17세에 최우등으로 졸업한 천재 설교가로 미국 역사상 큰 영향을 끼친 개혁신학자였다. 에드워드 가문은 20세기 후반까지 14명의 학장, 100명의 대학교수, 100여명의 변호사, 30명의 판사, 60명의 의사를 배출했다. 실제로 이 가문이 미국 사회에 끼친 영향은 무척 컸다고 한다.

반면에 맥스주크 가문은 300명의 극빈자, 60명의 도둑, 130명의 유죄 판결을 받은 범법자, 그리고 55명의 성적 강박관념의 희생자를 낳았으며, 겨우 20명만 직업교육을 받았는데 그것도 10명은 감옥에서 받은 것이었다.

이 언론사에서는 이러한 차이가 무엇 때문인지 두 가문을 분석해 보았다. 결과는 다름 아닌 원칙의 유무였다. 대대로 이어지는 가문의 원칙이 존재하느냐의 여부에 가문의 흥망이 달려 있었던 것이다. 조나단 에드워드 가문은 기독교 신앙과 함께 '절대 남을 비방하지 말라', '함께 기도하자' 등의 5가지 원칙이 있었다. 이에 반해 맥스주크 가문은 원칙도 없이 되는 대로 살았던 것으로 드러났다.

자메이카 이민 2세대로 흑인으로는 처음 미국 국무장관에 오른 콜린 파월은 '공적을 나누어라', '사소한 일을 점검하라', '비전을 가져라' 등 13개 항목에 걸친 '콜린 파월의 규칙(Colin Powell's Rules)'을 만들어 일생의 신조로 삼아 마침내 '아메리칸 드림'의 주인공이 되었다. 이 가운데 '공적은 나누어라'는 사회인으로 성공하는 데 필수적인 덕목이 아닐 수 없다. 남의 공적까지도 가로채려 하는 게 요즘 세태이기는 하지만 공功을 독점하려는 사람은 결코 성공하지 못한다.

유대인이나 명문가 혹은 성공한 인물들의 공통점은 자신의 삶을 지탱해 온 지침이나 원칙이 존재한다는 것이다. 유대인에게는 성경과 『탈무드』가 있고 메디치 가에는 군주론이라는 처세에 관한 지침서와 함께 가훈이 자리 잡고 있었다. 우리나라 명문가에는 경주 최 부잣집처럼 수양과 처세에 관한 지침과 가훈이 존재했다. 비록 사소한 덕목일지라도 나름대로 가정의 원칙을 세우고 실천하면서 자녀교육에 적극 나서보자. 누구든 작은 원칙을 정하고 이를 지킨다면 이것이 씨앗이 되어 누구나 부러워하는 명문가로 올라설 수 있지 않겠는가!

'지혜의 전령사' 할아버지, 할머니를
이야기꾼으로 모셔라

할아버지, 할머니는 자녀들에게 지혜의 보물창고와 같다. 할아버지, 할머니 '냄새'가 난다면서 아이를 떼어놓지 말고 오히려 적극적으로 그들을 자녀교육의 현장으로 끌어들이는 게 어떨까?

예전에는 명문가든 아니든 대부분의 가정에서 손자들의 교육은 할아버지나 할머니가 맡았다. 할아버지는 손자와, 할머니는 손녀와 함께 잠자리를 같이 하면서 경험에서 얻은 지혜를 들려주었다. 할아버지와 할머니는 부모가 직접 교육을 하는 경우보다 아이들 정서에 좋은 영향을 준다고 하는데, 부모와 달리 한 세대를 건너뛰기 때문에 감정에 휩쓸리지 않고 혈연의 정을 나누면서 손자를 지도할 수 있기 때문이다. 대개 할아버지나 할머니가 있는 집안의 아이들은 예의도 바르고 김치나 된장 등 음식도 가리지 않고 잘 먹는 편이다. 또 친구들과의 대인관계도 원만하다고 한다. 이것이 바로 '격대교육隔代敎育'이라는 아름다운 우리의 전통이다.

특별히 교육이라고 말하지 않더라도 할아버지, 할머니의 구수한 얘기는 그 자체로도 교육적인 효과를 낳을 수 있다. 할아버지는 때때로 마른기침을 하면서 지나간 젊은 시절을 떠올리며 정겹고 감동적인 장면들을 하나씩 불러와 손자의 머릿속에 넣어준다. 아버지가 태어난 날의 이야기며, 또 손자가 태어난 날의 그 정겨운 모습을 다시 들려주는 식으로 3대에 걸친 가족사의 보따리를 풀어놓는다. 때론 손자가 궁금증이 발동해 엉뚱한 질문을 하기도 하면서 나이와 세대를 뛰어넘어 스승이 되고 친구가 되기도 하는 것이다. 요즘에는 핵가족화로 인해 할아버지, 할머니가 없는 가정이 더 많다. 아이들 버릇이 점점 더 없어진다고 개탄하는 것도 이런 사회현상과 맞물려 있다.

우리가 잘 모르고 무시하기조차 하는 것이 바로 우리의 전통이다. 전통은 무시하면서 서구의 것들은 우대하고 중시한다. 자녀교육도 별반 다르지 않다. 사람들은 미국이나 영국의 교육제도와 함께 유대인들의 자녀교육을 '대단한' 것으로 여긴다. 예컨대 할리우드 영화를 보면 아이들이 잠들기 전에 부모가 책을 읽어주는 장면이 나올 때가 있다. 이것을 흔히 '베드 사이드 스토리(bed side story)'라고 한다. 보편적인 자녀교육 스타일로 자리 잡은 이 문화를 처음 퍼뜨린 사람들은 다름 아닌 유대인들이다. 아이는 부모가 읽어주는 이야기책 속에서 상상의 나래를 펴면서 꿈속으로 빠져든다. 이러한 감성 체험은 훗날 아이에게는 상상력의 보물창고가 되고 가족의 정을 느끼는 경험이 되어준다. 그래서인지 요즘은 우리 부모들 역시 '베드 사이드 스토리텔링'을 열심히 하고 있다.

그러나 생각해 보면 이러한 자녀교육법은 전혀 새로운 게 아니다. 영어식으로 포장되어 색다른 자녀교육법으로 비춰지고 있지만, 실상은 예전의 우리 할아버지와 할머니들이 아이들의 베갯머리에서 늘 들려주던 바로 그 교육 방식과 별반 차이가 없다. '베드 사이드 스토리'나 '베갯머리 이야기'나 동일한 자녀교육 방식인데도 '베드 사이드 스토리'만 유독 부각되고 있는 격이다. 이는 스스로 우리 것에 자긍심을 갖지 못하기 때문에 생겨난 현상이기도 하고 전통의 단절로 인한 부작용이기도 하다.

그렇다면 이제 우리 문화 속에 숨어 있는 자녀교육의 지혜를 재발견할 필요가 있지 않을까? 특히 지혜의 전령사인 할아버지와 할머니를 자녀교육의 이야기꾼으로 다시 모셔보는 건 어떨까? 3대가 함께 동거하는 경우라면 어렵지 않게 시도해 볼 수 있을 것이다. 하지만 조부모와 함께 살지 않는 가정의 경우에는 한 달에 1번 정도라도 할아버지, 할머니가 계신 곳을 방문하는 것이 좋겠다. 다소 번거롭겠지만 예상외로 큰 교육적인 효과를 얻을 수 있을 것이다. 물론 이때 할아버지도 아이들의 흥미를 끌기 위해 나름대로 준비가 필요할 것이다.

5백년 명문가의
자녀교육

옛날 경상도 어느 고을에 참판댁이 있었단다. 농사를 짓는 몰락한 양반으로 가세가 이만저만 기운 게 아니었다. 집 앞에는 작은 강이 흐르고 있었는데, 농부는 아침에 그 강을 건너 농사를 짓고 저녁이 되어서야 돌아왔다. 또 항상 아침에 아들을 데리고 가 서당에 맡기고 일을 마치면 아들을 데리고 함께 돌아왔다.

그런데 이 집에서는 아침마다 참으로 희한한 광경이 벌어졌다. 아버지가 아침에 일어나 아들에게 "도련님 덕분에 양반 좀 돼봅시다. 제발 열심히 공부해 과거에 급제해 주세요"하면서 큰 절을 하는 것이다. 아들을 과거에 급제시켜 양반가문으로 재기해 보려는 아버지의 고육지책이었다.

처음에는 아들이 너무나 황망해 열심히 공부했지만 차츰 공부를 등한시하게 되었다. 하루는 서당훈장이 와서 이렇게 말했다.

"아드님은 더 이상 글공부를 해도 소용이 없습니다. 지게나 지게 하십시오."

이 말을 들은 촌부는 아들을 데리고 "같이 죽자"며 다짜고짜 강물로 뛰어들었다. 그제야 훈장도 화들짝 놀라 강물로 뛰어들며 말렸다.

"제가 성급했습니다. 아드님을 성심껏 가르쳐 보겠습니다."

아버지의 정성에 감복한 아들은 이후 열심히 공부해서 과거에 합격하고 참판이 되었다고 한다.

한 달에 1번씩 손자손녀들을 모두 불러 격대교육을 하고 있는삼보컴퓨터 이용태 창업자가 들려준 이야기의 한 토막이다. 땅이 좁고 자원이 부족한 우리나라는 예전부터 '글공부'가 최고의 경쟁력이었다. 각 고을마다 과거에 합격한 이들이 빠짐없이 존재했고 이에 대한 일화가 전설처럼 내려오기도 한다. 할아버지, 할머니들이 이런 이야기들을 들려줄 수도 있고, 비단 이런 이야기가 아니더라도 옛날 얘기를 들려주듯이 자신의 경험에서 우러나온 얘기들을 차분히 들려줄 수도 있을 것이다.

할머니의 이야기를 듣고 자란 아이는 나중에 살아가면서 그 할머니의 이야기를 되새김하며 큰 힘을 얻기도 한다. 고택으로 유명한 강릉 선교장에서 어린 시절을 보낸 이기웅 씨(열화당출판사 사장)는 할머니에 대한 추억을 아직도 간직하고 있다.

"네댓 살 되던 해 어느 날 저녁으로 기억합니다. 할머니는 내 손을 잡고 배다리 앞 시냇가로 나를 데려가셨지요. 무덥던 여름날 해가 서녘으로 기울면서 어둠이 깔리기 시작했고, 어디선가 바람이 산들산들 불어와 낮 동안 무덥던 여름 기운을 밀어내고 있었어요. 그런데 할머니는 갑자기 저 멀리 서쪽으로 검게 솟구쳐 있는 태백산맥 줄기를 가리키시는 거예요. 며칠 전부터 밤마다 태백산맥 한가운데서 붉은 점 하나가 반짝이고 있었어요. 산불이었죠. 그 이튿날도 할머니는 내 손을 잡아끌고 시냇가로 나가셨어요. 그러고는 마치 인디언 추장이 그의 어린 자식에게 하듯이, 다시금 태백산맥 줄기를 가리키시는 것이었어요. 불은 크게 번져 계곡 하나를 거의 삼키고 있었죠. 화전민들이 어찌어찌 실수하여 난 거라며, 결국에는 온통

불바다가 된 계곡에서 그곳에 살던 산돼지며 반달곰이며 꽃사슴들
이 불에 타 죽을 거라고 일러주셨습니다. 나는 숨죽이며 두려운 눈
으로 바라보았고 그날 밤 산불 꿈을 꾸었어요.”

할머니의 추억은 어린 시절에 대한 기억과 함께 혈육의 정을 새
삼 느끼게 하고 가족의 소중함을 일깨워준다. 또 매년 되풀이되는
영동 지방의 산불에서 보듯이 큰 산에 대한 경외심을 자아내기도
하며, 뭇 생명에 대한 사랑의 정신도 새삼 느낄 수 있다. 이게 바로
살아 있는 공부가 아닐까.

얼마 전 성공한 사람들에게 어린 시절 가장 좋아했던 사람이 누
구인지 설문조사를 한 적이 있었다. 재미있는 사실은 할아버지, 할
머니라고 응답한 사람들이 다수를 차지했다는 점이다. 할아버지,
할머니는 생활의 지혜를 들려주는 전령사인 동시에, 가족의 소중한
정을 전해주는 전령사이기도 하다. 가족의 소중한 정을 느끼고 자
란 아이들이 비뚤어지고 잘못된 길로 나가는 경우는 거의 없다고
해도 과언이 아닐 것이다. 할아버지, 할머니는 그 존재만으로도 소
중하다.

옛날 우리 가정에는 자녀교육과 관련해 조화와 리듬을 지켜왔
다. 엄한 부모에게서 심한 벌을 받게 되면 할아버지, 할머니가 자애
로운 마음으로 상처를 어루만지고 달래주었다. 이러한 환경에서 아
이는 따뜻한 사랑을 알게 되고 인간다운 성품이 길러지게 되었다.

유대인들 사이에는 아버지가 매주 1번씩 방문을 닫고 자녀와 마주앉아 인생의 상담자 역할을 하는 아름다운 풍속이 있다고 한다. 하지만 우리에게는 이에 못지않게 3대가 함께 하는 '격대교육'의 아름다운 전통이 존재한다. 늦었지만 격대교육의 전통을 그 정신만이라도 되살려보는 건 어떨까.

500년을 이어오고 있는 명문가들도 처음에는 평범한 가정에 불과했다. 그렇지만 부모들의 자녀교육에 대한 열정이 작은 씨앗이 되어 마침내 큰 열매를 맺을 수 있었다. 후손들은 부모의 열정을 이어받아 자신도 자녀를 교육하는 데 열과 성의를 다했다. 이러한 대물림이 하나둘 더해지면서 마침내 수백 년을 이어오는 명문가로 우뚝 설 수 있었던 것이다. 이 책의 메시지는 다음과 같은 짧은 문장으로 요약할 수 있겠다.

"500년 명문가도 그 시작은 작았다. 당신의 작은 실천이 바로 명문가를 낳는 첫걸음이 될 수 있다. 지금 당신의 선택 여하에 따라 자녀들의 미래가 달라질 것이다."

5백년 명문가의
자녀교육

"아버지도 가끔씩 자식 때문에 운다"

**누구에게도 말하지 못했던 아버지들의 고민과 슬픔
좋은 아버지가 되기 위한 구체적인 방법 담아…**

"내가 20살 되던 해 아버지가 돌아가셨다. 그러나 전혀 슬프지 않았다. 세월이 흘러 나 역시 한 아이의 아버지가 됐다. 어느 날 나는 아버지가 돌아가신 후 얼마나 슬펐는지 질문을 받았다. 나는 슬프지 않았다고 말하려고 했으나, 갑자기 눈물이 쏟아졌다."

우리 시대 아버지들의 고민과 해법을 담은 책 『아버지로 산다는 것』이 출간되어 잔잔한 화제를 일으키고 있다. 힘들고 험한 이 시대, 아버지들은 사회에서 받는 스트레스로 주눅 들고 가정에서는 따돌림 받기 일쑤다. 어디 가서 맘놓고 하소연할 곳도 마땅치 않다. 그러나 누구 하나 이런 아버지들의 힘들고 외로운 상황을 알아주는 사람이 없다.

혹독하고 엄한 부친 밑에서 자라나 아버지를 저주하며 '나는 그런 아버지가 되지 말아야지' 하고 다짐했지만, 자신도 어느새 아이들로부터 멀어져가는 것을 고통스러워하는 한 전신기사의 이야기 등 아버지로서 겪는 가슴 뭉클한 이야기들이 보는 이의 공감을 불러일으킨다.

그러나 무엇보다도 눈길을 사로잡는 것은 좋은 아버지가 되기 위한 구체적인 실천 지침과 방법이다. 어디에서도 이야기하지 못했던 아버지들의 고민과 슬픔을 공개하고 있는 것도 이 책의 큰 장점이다. 왜 많은 아버지들이 사랑 표현에 인색한지, 가족 몰래 뒤에서 눈물을 흘리는지 등에 관한 솔직한 이야기가 이어진다.

책은 '아버지는 언제나 강하고 무섭다' 는 생각에도 일침을 가한다. 특히 직업과 연령이 각각 다른 16명의 남자들이 아들로서, 또 아이들의 아버지로서 겪는 생생한 이야기는 보는 이들의 눈시울을 적시게 할 만큼 감동적이다.

카를 게바우어 지음 | 값 12,000원

예담

간디, 아인쉬타인 등 큰 인물들은 부모로부터 어떤 교육을 받았을까

아끼는 자식일수록 엄하게 키웠던
부모들의 탁월한 자녀교육법!
자녀교육의 방법을 모르는 아버지들에게 명쾌한 길을 제시…

루소, 노신, 제갈량, 마오쩌둥은 자식들을 어떻게 키웠을까? 사마천, 아인쉬타인, 에디슨은 부모로부터 어떤 교육을 받아 그토록 위대한 인물이 될 수 있었을까?

최근 출간되어 화제가 되고 있는 『교자서 敎子書』의 저자 샤오춘성은 큰 인물 뒤에는 반드시 훌륭한 부모가 있었다고 주장한다. 부모의 탁월한 교육법이 자녀 인생의 성공에 결정적인 영향을 미쳤다는 것이다. 책에는 조조, 제갈량, 아인슈타인 등 역사적 인물들의 자녀교육법 혹은 부모들로부터 배운 자녀교육의 노하우가 담겨 있다.

에디슨이 인류사에 남을 뛰어난 발명가가 된 것은 어머니의 정확한 판단과 도움 덕분이었다. 어렸을 때부터 호기심과 탐구심이 유달리 강했던 에디슨은 다른 사람들의 눈에는 이상한 아이로 비쳤지만, 어머니는 그것을 오히려 아이의 타고난 재능으로 여겼다. 그의 어머니는 쉬지 않고 질문을 하는 어린 에디슨에게 언제나 차근차근 설명해 주었고, 항상 엉뚱한 질문을 해 학교에서 쫓겨났을 때도 혼내지 않고 격려해 주었다. 에디슨의 위대한 발명 뒤에는 어머니의 현명한 가르침이 있었던 셈이다.

이 책은 부모들의 최대 관심사인 인성교육, 지적교육, 재능교육을 모두 담고 있으며, 각 장마다 매우 현실적인 자녀교육의 문제와 구체적인 상황 대처 방안, 그리고 알기 쉽게 정리된 '자녀교육 노하우'가 실려 있어 아이를 똑똑하고 올바르게 키우고 싶은 부모들에게 훌륭한 지침서가 되어줄 것이다.

샤오춘성 지음 | 값 9,800원

예담
friend